交通运输行政执法的证据、程序和文书制作实务

杨继勇　曹永胜　著

人民交通出版社股份有限公司
China Communications Press Co.,Ltd.

内 容 提 要

本书立足于交通运输行政执法的实际,对执法程序中的证明对象、责任、标准、证据收集方式和审查,以及交通运输行政许可、处罚、强制措施等程序,进行了系统阐述,并介绍了相关法律文书的制作、重点问题和注意事项,对交通运输执法有着较强的指导作用。

图书在版编目(CIP)数据

交通运输行政执法的证据、程序和文书制作实务 /
杨继勇,曹永胜著. — 北京 : 人民交通出版社股份有限公司,
2017.9

ISBN 978-7-114-14097-6

Ⅰ. ①交… Ⅱ. ①杨… ②曹… Ⅲ. ①交通运输管理—行政执
法—证据—中国 ②交通运输管理—行政执法—行政程序—
中国 ③交通运输管理—行政执法—法律文书—中国 Ⅳ.
①D922.14 ②D926.13

中国版本图书馆 CIP 数据核字(2017)第 199671 号

书 名:	交通运输行政执法的证据、程序和文书制作实务
著 作 者:	杨继勇 曹永胜
责任编辑:	陈 鹏
出版发行:	人民交通出版社股份有限公司
地 址:	(100011)北京市朝阳区安定门外外馆斜街 3 号
网 址:	http://www.ccpress.com.cn
销售电话:	(010)59757973
总 经 销:	人民交通出版社股份有限公司发行部
经 销:	各地新华书店
印 刷:	北京印匠彩色印刷有限公司
开 本:	787×1092 1/16
印 张:	15.25
字 数:	351 千
版 次:	2017 年 9 月 第 1 版
印 次:	2019 年 1 月 第 2 次印刷
书 号:	ISBN 978-7-114-14097-6
定 价:	35.00 元

(有印刷、装订质量问题的图书,由本公司负责调换)

　　《交通运输行政执法的证据、程序和文书制作实务》立足于交通运输执法的实际,对交通运输执法行政程序证据的证明对象、证明责任及证明标准、证据收集方式与审查,以及交通运输行政许可、行政强制措施、行政处罚、行政强制执行的程序进行系统的介绍和阐述,并对交通运输行政许可、行政强制措施、行政处罚、行政强制执行涉及的执法文书的制作、重点问题、注意事项等进行介绍和探讨。本书结合《行政诉讼法》、最高人民法院的相关司法解释,对证明对象的确定、证明标准等问题进行认真研究。力求做到不仅注重对行政执法证据规则的阐释,而且关注和总结交通运输执法实务中的具体运用;不仅注重对实务操作进行指导和研究,而且对可能出现的疑难问题进行探讨,并通过案例进行阐释。作者的许多思想和观点根植于交通运输执法的实践,本书具有很强的可操作性,对交通运输执法具有很强的指导意义。

　　本书撰稿分工如下:杨继勇撰写第一～三章、第六～十章,曹永胜撰写第四、五章。

目 录

第一编　交通运输行政程序证据

第二编　交通运输行政执法的程序与文书制作

第一编

交通运输行政程序证据

"先取证后裁决"是行政法的一项基本原则,交通运输行政执法也不例外,任何交通运输行政执法决定的作出,必须基于清楚的事实和充分的证据。尽管我国目前尚无独立的行政证据法,但并不等于没有证据规则,《行政处罚法》《行政诉讼法》《交通行政处罚程序规定》等法律法规,对证据取得的方式、程序以及证明标准等方面,都作了比较全面的规定,交通运输行政程序证据符合客观真实性、关联性、合法性的要求,满足不同具体行政行为的证明标准。其基本程序是:发现有关证据—对照法律法规确定适用的法律规范—认定该行为事实是否构成违法以及其他待证事实(证明对象)—完善证据—证据证明事实(具体行政行为依据的事实)—审查证据—作出具体行政行为。

第一章　交通运输行政程序证据概述

第一节　交通运输行政程序证据的概念及特征

一、交通运输行政程序证据的概念

一切以证据说话,证明案件真实情况的一切事实都是证据。交通运输行政程序证据是证据的一种。交通运输行政证据是在交通运输行政执法中用来证明案件事实的根据。行政法律制度要求行政机关作出具体行政行为先取证后裁决,所以行政证据一般在行政程序中应用。但是当事人对具体行政行为不服的,有权依法申请行政复议或者提起行政诉讼。在行政复议、行政诉讼程序中,行政机关作为被申请人、被告负有举证责任,所以行政证据也可能在行政复议、行政诉讼程序中应用。交通运输行政程序证据包括交通运输行政机关在行政程序中用以证明待证事实,以及交通运输行政案件办理程序的证明材料。具体而言,包括交通运输行政机关❶对当事人违法行为应予行政处罚,或者符合法定条件应予实施行政强制或者予以许可、行政确认等的事实,以及交通运输行政机关作出或者实施这些行政行为的步骤、方式、时限、顺序等方面的材料。《最高人民法院关于行政诉讼证据若干问题的规定》第2条、第4条、第14条等对行政执法取得的证据与行政诉讼证据进行了区分。

二、交通运输行政程序证据的特征

交通运输行政程序证据具有以下特征:

1. 证据运用、审查的职权性

除行政许可之外,交通运输行政主体收集证据是依据职权主动进行的。不论是其主动收集的证据还是相对人提供的证据,都由交通运输行政机关自己审查,并依据其认可的证据作出

---

❶根据《行政许可法》第23条、《行政强制法》第70条的规定,法律、法规(《行政强制法》规定为行政法规授权)授权的具有管理公共事务职能的组织在法定授权范围内,以自己的名义实施行政强制,适用行政机关的有关规定。《行政执法机关移送涉嫌犯罪案件的规定》第2条规定:“本规定所称行政执法机关,是指依照法律、法规或者规章的规定,对破坏社会主义市场经济秩序、妨害社会管理秩序以及其他违法行为具有行政处罚权的行政机关,以及法律、法规授权的具有管理公共事务职能、在法定授权范围内实施行政处罚的组织。”按照上述规定,行政法规授权的公路管理机构、道路运输管理机构、海事管理机构、航运管理机构可称为行政执法机关。

决定。虽然按照《行政强制法》《行政处罚法》等法律法规的规定，交通运输行政机关应当告知当事人作出具体行政行为的事实、理由和依据，当事人依法享有陈述申辩或者听证的权利，但是最后的决定权仍归属于交通运输行政机关，交通运输行政机关也无需请求第三者作裁判。

2. 证据运用、审查的技术性和专业性

交通运输行政事实更多具有技术性和专业性。如《道路危险货物运输管理规定》明确规定，专用车辆技术性能符合国家标准《营运车辆综合性能要求和检验方法》（GB 18565）的要求，道路运输管理机构许可时对车辆要进行审核，再如发生公路损坏案件要由公路管理机构进行勘察作现场笔录等。由此决定了行政证据具有技术性和专业性。交通运输行政机关收集证据的方法手段具有多样性，法律法规赋予其依法调查、证据先行登记保存、必要时可以扣留当事人的车辆和工具等物品，因此查证举证能力强。而且因为行政行为复杂多样，不同的行政行为的证据需要不同的证明标准和举证义务，如公路管理机构对涉路施工行为是否符合公路工程技术标准进行的现场勘验检测、对超限运输车辆通行证真伪的鉴定等活动，都是具有技术性和专业性的。专业性是行政主体的优势，而这种优势通过行政证据制度可以得到很好的体现。

3. 证据运用、审查的效率性

交通运输行政主体所处理的事务数量庞大，由此决定它不能用像法院一样的证明程序来处理案件。司法审判追求的首先是公平，同时兼顾效率；行政执法则不然，首先追求的是效率，同时兼顾公平。行政证据的效率性可以从行政主体单方收集证据作出的决定中体现，例如《行政处罚法》规定了行政处罚决定的简易程序和行政处罚决定的当场执行程序，无不体现行政程序证据运用和审查的效率性。而且行政主体作出的具体行政行为都可能要接受司法审查。行政突出效率，决定了行政程序中的证据规则比诉讼程序中的证据规则更注重效率。

三、交通运输行政程序证据的有关规定

目前，因为我国没有"行政程序法"，所以对行政程序的种类、取证方式、证明标准等没有完整的规定。行政程序证据的规定散见于一些单行的法律、法规和规章中，如《行政处罚法》第36条规定了证据收集的一般要求，即必须全面、客观、公正地调查，收集有关证据；必要时，依照法律、法规的规定，可以进行检查。第37条规定了收集证据的方式，行政机关在调查或者进行检查时，执法人员不得少于两人，并应当向当事人或者有关人员出示证件。行政机关在收集证据时，可以采取抽样取证的方法；在证据可能灭失或者以后难以取得的情况下，经行政机关负责人批准，可以先行登记保存，并应当在7日内及时作出处理决定，在此期间，当事人或者有关人员不得销毁或者转移证据。并规定了询问笔录、检查笔录等证据的种类。《行政强制法》规定，为防止证据损毁，依法对公民的人身自由实施暂时性限制，或者对公民、法人或者其他组织的财物实施暂时性控制的行为。第18条规定了听取当事人陈述和申辩、制作现场笔录及方法等。

就交通运输专业方面的规章而言，《交通行政处罚程序规定》就行政处罚方面证据取得的方式、程序等方面的规定比较全面，第15条规定了证据收集的一般要求、证据的种类；第16条规定了调查收集证据的一般程序和文书；第17条、18条规定了回避的要求和程序；第20条、21条及第三节规定了当事人陈述申辩、听证（即质证程序）；第19条、第22条规定了证据的审查。

关于证据的种类，按照《行政诉讼法》的规定，行政诉讼证据的形式有 8 种，分别是书证、物证、视听资料、电子数据、证人证言、当事人的陈述、鉴定意见、勘验笔录和现场笔录。《湖南省行政程序规定》行政程序中的证据也借鉴了《行政诉讼法》对行政诉讼证据的分类。同时结合《行政处罚法》第 37 条的规定，行政程序证据还应当包括检查笔录和询问笔录两种。《最高人民法院关于行政诉讼证据若干问题的规定》第 10 条第四项规定："被告提供的被诉具体行政行为所依据的询问、陈述、谈话类笔录，应当有行政执法人员、被询问人、陈述人、谈话人签名或者盖章。"将行政程序中的询问笔录、当事人陈述申辩等证据均归为行政诉讼证据的书证。所以，目前行政机关一般借鉴或参照《最高人民法院关于行政诉讼证据若干问题的规定》中的证据规则。其核心在于人民法院是具体行政行为及其依据的证据审查的最终机关，人民法院对行政程序证据的审查规则将决定行政机关作出的具体行政行为是否成立具有重要意义。

四、有关规定对行政程序证据的要求

行政程序证据的属性是指证据内涵的具体表现，目前比较统一的要求是合法性、真实性和关联性。如《最高人民法院关于行政诉讼证据若干问题的规定》第 39 条规定"当事人应当围绕证据的关联性、合法性和真实性，针对证据有无证明效力以及证明效力大小，进行质证。"

（一）行政程序证据的合法性

行政程序证据的合法性必须具备法定形式，由法定的主体依照法定程序收集和运用证据材料。

行政程序证据的合法性主要包括以下四个方面：

第一，交通运输行政程序证据必须由交通运输行政执法人员依照合法的程序和方法收集或提供材料，收集证据必须符合法定程序。例如，《行政处罚法》第 37 条规定："行政机关在调查或者进行检查时，执法人员不得少于两人，并应当向当事人或者有关人员出示证件。""行政机关在收集证据时，可以采取抽样取证的方法；在证据可能灭失或者以后难以取得的情况下，经行政机关负责人批准，可以先行登记保存，并应当在 7 日内及时作出处理决定，在此期间，当事人或者有关人员不得销毁或者转移证据。"《最高人民法院关于行政诉讼证据若干问题的规定》第 10 条、第 15 条、第 55 条均规定，书证、现场笔录以及证据的取得应当符合法律、法规、司法解释和规章的要求。再如《行政强制法》第 18 条规定了现场笔录制作的方式和内容。

第二，行政程序证据必须有合法的形式。《行政诉讼法》第 33 条规定了 8 种[1]证据形式：书证、物证、视听资料、电子数据、证人证言、当事人的陈述、鉴定意见、勘验笔录和现场笔录。尽管该证据形式是由《行政诉讼法》规定的，但是由于行政审判是对具体行政行为最终的审查程序，而且《交通行政处罚程序规定》第 15 条也明确规定，证据包括书证、物证、视听材料、证人证言、当事人陈述、鉴定结论、勘验笔录和现场笔录。所以，路政、运政、海事等行政执法证据形式应当符合上述规定。同时，在交通运输行政执法中，即使有些事实或材料与案件有一定的关联，如果不符合法定的证据形式，也不能作为认定案件事实的根据。

---

[1]根据 2014 年 11 月 1 日第十二届全国人民代表大会常务委员会第十一次会议《关于修改〈中华人民共和国行政诉讼法〉的决定》修正，修正后的《行政诉讼法》将行政诉讼证据由原来的 7 种增加为 8 种，增加了"电子数据"的证据形式。

第三，交通运输行政程序证据必须有合法的来源。在交通运输行政执法中，物证、书证可以出自任何公民或有关场所，但当事人的陈述申辩必须出自当事人本身；鉴定意见必须出自专业的行政机关或者聘请有关专业机构等。

第四，交通运输行政程序证据必须经法定程序查证属实。如《行政处罚法》按照规定的一般程序实施行政处罚，调查终结后，交通运输主管部门、公路管理机构、道路运输管理机构负责人应当对调查结果进行审查，根据不同情况，分别作出决定。对情节复杂或者重大违法行为给予较重的行政处罚，交通运输执法机关的负责人应当集体讨论决定。交通运输主管部门、公路管理机构、道路运输管理机构作出较大数额罚款❶、责令停产停业、吊销执照方面的行政处罚决定之前，应当告知当事人有要求举行听证的权利；当事人要求听证的，公路管理机构应当组织听证。

（二）行政程序证据的真实性

行政程序证据的真实性是行政程序证据的本质特征。它是指案件发生、发展过程中遗留下来的、客观存在的，并不以人的意志为转移的事实。正确理解行政程序证据的真实性，应当注重和把握两方面的内容：一是由行政案件本身的客观性决定的，任何一种交通运输行政违法行为或者其他与交通运输行政有关的活动都是在一定的时间和空间内发生的，只要行为发生，就必然和周围的事物发生各种各样的作用，从而留下各种不以人的意志为转移的证据。例如，损坏公路设施留下的各种实物或痕迹等。再如，当事人申请涉路施工许可，必然向公路管理机构提交申请书及相关资料。这些案件的发生、发展过程中遗留下来的事实，是客观存在的，也是不以人的主观意志为转移的，都可以作为查明案件真实情况的证据。二是没有客观依据的任何事实，都不能作为定案的根据。这就要求交通运输执法人员不能将个人主观的判断、假设、推理、臆想等作为办案依据。同时，行政证据的来源必须具备真实性，对于匿名信、小道消息、道听途说等，如果无法查证，就不具备真实性。

（三）行政程序证据的关联性

行政程序证据的关联性，亦即行政程序证据的相关性，是指行政程序证据必须与案件事实存在实质性的联系，从而对证明案情有一定的作用。行政程序证据的关联性是一种客观属性，根源于证据事实与案件事实之间的客观联系。

要正确认识和把握行政程序证据的关联性，应当把握以下三个方面：

一是一切用来证明行政案件的证据，都必须与案件事实之间有着客观联系。即证据事实

---

❶各省市自治区根据实际，对"较大数额的罚款"分别作出规定。例如：

河北省规定："对从事非经营活动的公民处以500元以上罚款，对从事非经营活动的法人或者其他组织处以5000元以上罚款；对从事经营活动的公民处以1000元以上罚款，对从事经营活动的法人或者其他组织处以10000元以上罚款，在作出行政处罚决定之前，应当告知当事人有要求举行听证的权利；当事人要求听证的，应当组织听证。"

吉林省规定："对个人处以1000元以上罚款的，对法人或者其他组织处以5000元以上罚款的，在作出行政处罚决定前，应当告知当事人有要求举行听证的权利，当事人要求听证的，应当组织听证。"

上海市规定："对非经营活动中的违法行为处以1000元以上罚款，对经营活动中的违法行为处以3万元以上的罚款。"

四川省规定："对非经营活动中的违法行为处以1000元以上罚款，对经营活动中的违法行为处以20000元以上罚款。"

要与案件事实有联系,这种联系是不以交通运输执法人员的主观意志为转移的,是真实的联系。例如,证明当事人实施违法行为的证据,一个人只能对自己的违法行为及危害后果承担法律责任,该联系即为该违法行为是由当事人实施的,或者该危害后果是由违法行为所导致的,存在直接的不以人的意志为转移的因果关系。

二是证明相对人违法应当受到行政处罚或者行政许可申请符合法律规定等方面的证据,必须与案件的事实存在着内在的、必然的联系。即这里的特定对象仅限于行政案件中证明相对人违法或申请人的申请合法的证据。

三是证据事实与行政案件事实之间的联系具有多样性和复杂性,有的容易判断,有的不容易判断。因此,交通运输行政执法人员在调查和收集证据时要从实际出发,客观地进行分析、判断和认定,从而防止错案的发生,保证案件办理质量。

第二节　行政程序证据与行政诉讼证据

一、行政诉讼证据与行政程序证据的区别

由于行政程序与行政诉讼程序是两个不同的法律程序,就交通运输执法而言,行政程序是指交通运输主管部门及执法机构行使行政权力,作出行政行为所应遵循的方式、步骤、顺序和期限的总和。行政诉讼程序是指当事人因具体行政行为发生争议,以自己的名义参加诉讼,以及人民法院审理案件依法应遵循的方式、步骤、顺序和期限的总和。行政诉讼证据与行政程序证据是不同的法律程序中的证据。同时,二者在基本理念和制度设计上存在着差异。行政程序的类型是多样的,就交通运输执法而言,存在着行政处罚程序、行政登记程序、行政许可程序、行政强制程序、行政处罚程序等,不同的行政程序对证据的要求也不一致。例如,在公路路政行政处罚程序中,公路管理机构主要是依据职权或法律法规授权获得其据以作出行政处罚决定的证据。通常情况下,只有在法有明文规定时才可以要求行政相对人提供证据,或者使行政相对人承担不提供证据的不利后果,如《公路安全保护条例》第65条规定,"未随车携带超限运输车辆通行证的,由公路管理机构扣留车辆,责令车辆驾驶人提供超限运输车辆通行证或者相应的证明。"如果当事人不能或者拒绝提供,将可能承担其车辆被扣留并被给予行政处罚的不利后果,同时还可能承担证据方面的不利后果❶。而且,除非法律另有规定,行政相对人也可以受"不自证有责"原则的保护,即可以拒绝于己不利的证据❷。在超限运输车辆行驶公路的行政许可中,申请人有提供其申请符合法定条件的证明责任,交通运输行政机关主要负责

---

❶《最高人民法院关于行政诉讼证据若干问题的规定》第59条:"被告在行政程序中依照法定程序要求原告提供证据,原告依法应当提供而拒不提供,在诉讼程序中提供的证据,人民法院一般不予采纳。"按照该规定,如果当事人拒绝在行政程序中提供有利于其的证据的,诉讼程序中提供,将失去意义。

❷虽然学界强调,行政相对人也可以受"不自证有责"原则的保护,即可以拒绝于己不利的证据,交通运输行政执法机关按上述原则,更有利于规避行政诉讼风险,但是也要注意,我国《行政处罚法》第37条也明确规定:"行政机关在调查或者进行检查时,执法人员不得少于两人,并应当向当事人或者有关人员出示证件。当事人或者有关人员应当如实回答询问,并协助调查或者检查,不得阻挠。"所以,对于行政处罚案件,不完全适用行政相对人"不自证有责"原则。

依法对其申请是否符合法定条件进行审查。行政诉讼证据与行政程序证据具体的区别有以下五个方面：

第一，性质不同。从性质上看，行政证据具有行政执行性，属于行政程序制度的内容；行政诉讼证据具有司法审查性，是司法制度的重要组成部分。具体来说，行政证据的调查收集主体是行政机关，是交通运输行政机关据以作出具体行政行为的事实依据；而行政诉讼证据的调查收集主体是法院，是据以对具体行政行为作出判决和裁决的事实依据。前者是交通运输行政机关运用行政权调查收集的事实和材料，后者主要是法院运用审判权调查收集的材料。行政证据主要是形成性证据，在交通运输行政机关作出具体行政行为之前，公民、法人或者其他组织之间不存在现实的行政法律关系。行政证据的作用正是为了证明公民、法人或其他法定的权利义务的真实性，证明行政法律关系各个构成要素的客观性。而行政诉讼证据主要是审查性证据，是对已经使用过的证据进行复查，以查明是否存在不合理或不合法的情况。由此可见，行政证据和行政诉讼证据是两种不同性质的证据。

第二，目的不同。从目的上看，交通运输行政机关运用行政证据的目的是把国家法律、法规、规章的规定正确实施于相对人，也就是说之所以要调查、运用证据，是为了使国家机关行使其法定的管理权力，即交通运输行政机关在行政程序中运用证据的目的是为了确保其作出的行政行为合法适当。行政诉讼证据则是要证明交通运输行政机关所作出的具体行政行为的正确性，即确认交通运输行政机关行为的合法性。而且行政相对人运用证据的目的也各不相同。行政相对人在行政程序中运用证据的目的是为了取得有利地位，比如取得行政许可证或者免除某种义务。行政相对人运用行政诉讼证据的目的是为了胜诉。法院运用行政诉讼证据是为了查明案件事实，准确地作出裁判。

第三，范围不同。行政证据仅限于作出行政决定，实施行政行为的客观事实根据。例如，行政处罚证据仅限于作出行政处罚的客观事实根据，即能够证明应受行政处罚的违法行为案件的证据，而不包括行政处罚的适用过程及处罚决定文书等证据。但是在行政诉讼证明中，根据《行政诉讼法》第34条的规定："被告对作出的具体行政行为负有举证责任，应当提供作出该具体行政行为的证据和所依据的规范性文件。"可见，行政诉讼证据不仅指相对一方当事人违法的证据（具体行政行为的事实依据），而且也包括作出具体行政行为的实体内容和程序过程及相关的法律文书，另外还包含了法律论据即规范性文件。可见，行政诉讼证据范围比行政证据范围要广泛得多。

第四，证明对象不同。行政证据的证明对象是行政事务，范围广泛，在交通运输领域包括行政许可、行政强制、行政处罚等，行政证据所要证明的是行政法律事实，既包括事实根据，也包括能引起行政法律关系产生、变更或消灭的法律事实。一般来讲，行政主体收集到证据以作出行政行为，它不再刻意收集证明这些行政行为是否是合法的证据，而诉讼证据的证明对象是与被诉具体行政行为合法性有关的事实。这既包括实体问题，也包括有关的行政诉讼程序问题，如期限、管辖等。总的说来，在行政诉讼证据中，一类是与行政证据有承接关系的，另一类是没有关联的。

第五，调查取证的阶段不同。行政证据的调查取证不仅只能发生在行政诉讼程序启动之前，而且只能严格限定在行政机关作出具体行政行为之前这一阶段。这是由行政合法性原则和"先取证、后裁决"的程序规定所决定的。而行政诉讼证据的调查取证虽发生在行政诉讼程序启动之后，但一般应界定在从法院立案到第一审诉讼程序庭审结束前这一阶段，二审法院在审查被诉行政行为合法性时，一般不重新调查、收集行政诉讼证据。

二、行政诉讼证据与行政程序证据的联系

由于行政程序证据可能进入诉讼程序而成为行政诉讼证据，因此，两者之间有密切的关系。

首先，行政程序证据是潜在的行政诉讼证据，如果行政相对人对具体行政行为不提起诉讼，据以作出具体行政行为的证据也就无法进入行政诉讼程序，从而不能由潜在的行政程序证据转化为现实的行政诉讼证据。但是，一旦行政相对人对具体行政行为提起诉讼，据以作出具体行政行为的证据也就进入行政诉讼程序，成为行政诉讼程序证据的重要组成部分。行政程序证据有两类，一类为证明行政相对人是否合法的事实证据；另一类为具体行政行为适用法律、法规及程序方面的证据材料。这两类证据材料进入诉讼程序后，均要向法院提交。

其次，行政程序证据是行政诉讼程序的复审对象。行政诉讼主要是一种复审程序，即此前（行政程序中）一般已经经历了完整的行政程序（如行政许可程序、行政强制程序、行政处罚程序等）。行政审判是一种由法院对被诉具体行政行为的复审。在行政诉讼中，法院对被告的合法性的审查是从认定事实、适用实体法律和程序法律以及依法适当行使行政裁量权的证据等方面进行的。其中，认定事实的审查主要是立足于审查行政程序中的行政机关认定事实的证据，因为行政程序中认定的事实同样是证据证明的事实。在证据规则上的突出体现是，行政审判的事实认定是以行政程序中收集的证据为前提和基础，对其在获取和处理证据及得出的事实结论上是否符合法律要求进行审查。因此，行政程序证据是行政诉讼中的复审对象，法院对涉诉的行政程序证据的效力再审查。

再次，行政程序证据与行政诉讼具有延续关系。在行政诉讼中存在着对行政程序中证据活动的尊重问题。例如，《最高人民法院关于行政诉讼证据若干问题的规定》第59条规定："被告在行政程序中依照法定程序要求原告提供证据，原告依法应当提供而拒不提供，在诉讼程序中提供的证据，人民法院一般不予采纳。"该规定典型地体现了行政诉讼程序对行政程序的尊重，即行政程序是法定程序，行政相对人有尊重行政程序的义务，倘若有关法律赋予行政机关要求相对人提供证据的权力，行政相对人在行政程序中拒不提供而在行政诉讼中提供证据的，人民法院在行政诉讼程序中可以否定此类证据的效力。

此外，行政程序证据与行政诉讼证据在证据形式、处理上也有相似性。例如，与行政诉讼程序证据一样，行政程序证据也不外有书证、物证、视听资料、证人证言等形式。在行政程序中也存在认证、质证等，如排除不真实的或者非法的证据，对证据的证明力进行认定等。相比较而言，在行政程序中可以借鉴行政诉讼证据制度进行取证、质证和认证。

第三节　交通运输行政执法程序证据的法定种类

按照目前的相关规定，交通运输行政程序证据的种类包括：书证、物证、视听材料、电子数据、证人证言、当事人陈述、鉴定意见、勘验笔录和现场笔录。

一、书证

(一)书证的概念

书证是指以文字、符号、图形等形式记载的,能够表达人的思想和行为的,用来证明事实的有关情况的材料和物品。书证是交通行政执法中最常用和最常见的一种证据。具体包括以下几个方面:一是证明当事人基本情况以及资格、资质的文书资料,如身份证、驾驶证、从业资格证等;二是当事人陈述和证明案件事实的文书,如陈述申辩书、行政许可申请书等;三是交通运输行政机关在管理过程中所作出的具体行政行为,大都是以书面形式作出的,这些书面材料是与当事人之间产生行政法律关系的重要凭证,如询问笔录、行政许可文书或凭证、行政许可补正通知书、违法行为通知书、行政处罚决定书、听证通知书、扣留(暂扣)车辆通知书等;四是其他载有文字、符号、图形、表格等内容的物件。

关于书证的种类,有的学者认为,当事人陈述等不属于书证❶。但是《最高人民法院关于行政诉讼证据若干问题的规定》第 10 条关于书证的要求中,将被诉具体行政行为所依据的询问、陈述、谈话类笔录列入书证的范围予以规范。

(二)书证的特征

1.书证具有直接证明性

书证由于有具体、明确的思想内容,所以通常情况下,能够依据其内容直接判明其与案件事实的联系。书证一般不需要通过任何媒介或中间环节来对其加以分析和判断,这是书证与物证的一个重大区别,而后者在多数情况下都要经专业鉴定人员进行鉴定,甚至通过特殊鉴定手段和方式来对其加以审查、分析和判断。书证作为一种体现证明价值的直接途径,其本身是证明内容与证明过程的有机统一。书证能够以其独特的客观化、具体化、形象化和固定化的文字、符号和图画本身所体现的思想内容起到证明案件事实的作用,如行车证对该机动车所有权关系、技术参数的证明,驾驶证对驾驶人员的身份、住址等的证明。因此,书证依其本身所具有的形式和内容,便可直接进入认证过程,而不必像物证那样必须以鉴定或勘验等特殊环节来作为进入认证过程的必要前提。正是由于书证具有这一优点,使其在各类证据中具有非常重要的意义。因此,在交通运输执法实践中,一旦能够收集到书证,便对认定案件事实具有积极的、显著的效果和证明价值。

2.书证具有稳定性

书证不仅内容明确,且形式上也相对固定,稳定性较强,如当事人申请许可提供的材料、交通运输执法人员通过调查按规定复制的书面材料等,一般不受时间的影响,易于长期保存。只要作为书证载体的物质材料本身未遭毁损,即使是经历了很长的时间,其特定的思想内容仍然能够借助有关的文字、符号或图画等起到应有的证明作用。在英美法系中,其最佳证据规则的适用对象便是书证,因为书证并不像当事人陈述、证人证言、被告人供述和辩解、被害人陈述等

---

❶何家弘. 新编证据法学[M]. 北京:法律出版社,2003.

证据形式那样常常会因为时过境迁和时间的推移而被淡忘或产生记忆模糊的现象,从而影响其证明价值。

3. 书证具有物质性

作为其所反映的内容的物质载体,书证以纸张最为常见,但也包括诸如布帛、皮革、金石、竹木等其他物质材料。

4. 书证具有思想性

作为以人类文明发展的象征——文字、符号或图画等来表述和反映人的思想、内心世界或信息传递的物质材料,书证是人的有意识的思想的反映;就书证的内在形式而言,书写或刻印在纸张等物体上的文字、符号或有关图案必然反映出一定的人的思想、事件或人的行为等内容。

二、物证

(一)物证的概念

物证,是指以其内在属性、外部形态、存在状况或空间方位等客观存在的特征证明案件事实的物体和物体痕迹。

(二)物证的特征

1. 物证具有较强的客观性

物证是客观存在的物体和痕迹,是以物质的存在形式证明案件事实的,因此,与其他证据相比,特别是与证人证言、询问笔录、当事人陈述等,具有较强的客观性。物证中储存着各种各样与案件事实有关的信息,可以为查明和证明案件事实提供重要的依据。正如美国著名法庭科学家赫伯特·麦克唐奈所说:"物证不怕恫吓。物证不会遗忘。物证不会像人那样受到外界影响而情绪激动,物证总是耐心地等待着真正识货的人去发现和提取,然后再接受内行人的检验与评断。这就是物证的性格。"❶在交通运输行政执法中,实际使用物证证明有关事实时,可能并不直接出示作为物证的实物,如超限运输的车辆及其货物、损坏的公路及设施,以及勘验现场时,对某些难以移动或易于消失的物品、痕迹需要拍摄照片、绘制勘验图、制作勘验笔录,在运用时往往是出示这些照片、勘验图、勘验笔录。记录有物证特征的照片、勘验图、勘验笔录虽然具有物证的证明效力,但作为物证发挥证据作用的,并不是这些照片、勘验图、勘验笔录,而是被拍摄照片、绘制勘验图、制作勘验笔录所固定和保全下来的物品形状或痕迹。

2. 物证的证明通常具有间接性

物证也被称为"哑巴证据",物证不能自己直接向执法人员和法庭证明案件事实,必须借助于其他证据,与其他证明手段结合起来,才能证明案件的主要事实,因此物证的证明具有间接性。任何一个间接证据,都只能从某个侧面证明案件的某一局部事实或个别情节,而不能直接证明案件的主要事实。因为对于交通运输行政案件,要证明的主要事实不仅是行政违法行

---

❶阿尔弗雷德·刘易斯.《血痕弹道指纹探奇》[M].何家弘,译.北京:群众出版社,1991.

为的发生,还要证明违法行为人是哪一个特定的人。在这一证明过程中,物证往往只能证明主要事实的某个环节,如某一货运车辆只能证明它是运输货物的车辆,是否超限,需要检测数据予以证明。如公路上的划痕,只能证明公路路面被硬物划伤,并不能因此而直接证明是哪个人的违法行为,也无法证明损失的大小。同时,物证通常要通过勘验和鉴定才能充分发挥其证明作用。物证能否发挥作用与其特征和待证事实的关系能否被人认识密切相关。物证本身及其特征有时需要采用专门的方法发现,通过勘验和鉴定活动,由具有专门知识的人并借助一定的仪器设备,可以更全面地发现物证有证明作用的特征,并将其固定下来。如某一建筑物是否在公路建筑控制区内,需要进行现场勘验或测量,如道路运输经营车辆所载运的货物,需要进行检验或以其他方式证明其是否为危险化学品。

3. 物证通常具有不可替代性

任何物品或物证痕迹只有在特定的时空中形成的,与案件事实发生特定的联系,才具有证据的资格,否则就不是物证,例如超限运输,必须有进行超限运输的物质基础车辆。因此,物证必须是直接反映案件事实的原始物证本身,而绝不是替代物、同类物。

(三)物证的种类

物证的表现形式多种多样。从与案件关系的角度看,在交通运输行政执法中,常见的物证有:(1)实施违法行为的工具,如非法超限运输的车辆、非法实施涉路施工活动的车辆和工具、盗窃公路设施的工具;未经许可擅自从事道路运输经营的车辆等。(2)违法行为直接侵犯的物证对象,如盗窃公路设施所取得的赃物等。(3)表现违法公路危害性后果的物品,如被非法涉路施工毁坏的公路边坡、护坡、边沟、路肩以及建筑控制区内非法修建的建筑物和构筑物等。(4)违法行为所产生的非法物品,如伪造、变造的超限运输车辆通行证、道路运输经营许可证等。(5)由违法行为产生的痕迹,如偷盗公路护网、安保设施留下的痕迹,车辆撞击公路附属设施遗留下的痕迹等。(6)在实施违法行为过程中或之后,违法行为人为掩盖、对抗调查而伪造的各种物品和物质痕迹。(7)其他可供查明案件真实情况的物品或物质痕迹,如道路运输经营车辆所载运的货物等。

另外,需要认定的是,伪造、变造的许可证、国家机关公文证件等是物证,而不是书证,因为这些证据是以自身具有的物质性特征证明案件事实的物品和物质痕迹的。比如伪造、变造的超限运输车辆通行证,如果仅从其证件上记载的文字、符号是无法证明该证件的效力的,只能通过鉴定或者向证件上记载的发证机关调查来确定其真伪。

三、视听资料

(一)视听资料物证的特征

视听资料,是以录音、录像等设备所储存的信息证明案件情况的资料。在 2014 年行政诉讼法修正之前,电子计算机存储的数据一般也被归于视听资料的范畴,2014 年行政诉讼法修正将电子计算机存储的数据作为独立的证据形式。

目前,我们接触到的有录音和录像。录音时采用笔式录音机或普通微型录音机、录音笔等,录音能逼真地反映出说话人的音质、音素、语言习惯、说话时的心态等,说话人一般不会加以否认,主要是向当事人或证人调查时辅助调查笔录使用,也可在现场情况复杂的情况下取证用,如当事人堵塞超限检测通道、以其他方式扰乱检测秩序、暴力抗拒交通执法等。

(二)视听资料的特征

1. 物质依赖性

视听资料既然以声音、形象、数据等来反映案件的真实情况,那它也就不能单独存在,而必须依存一定的物质载体(如录音带、录像带、电脑磁盘等),常见的有超限检测站(收费站)的监控资料、执法记录仪(行车记录仪)记录的信息等。

2. 高度的准确性和可靠性

各种言词证据都是违法信息在人的记忆里的反映,受到当事人的感受、判断、记忆和表达能力的限制,因而尽管许多人在同样的时间、地点,目睹了同一个事件,但在事后的作证时,所作的描述却可能大相径庭。而视听资料则以先进的科技设备(录音、录像设备和电子计算机等高科技设备)为载体,它是违法信息在这些高科技设备中的反映。由于这些高科技设备具有极强的保真、储存与再现事物本来面目的功能,因而它所记录和储存的有关违法的信息,就更为准确与逼真,受主客观因素影响而失真的可能性较小。

3. 高度的直观性

各种证词作为证据均是以语言、文字、手势等方式再现储存的信息,而视听资料是以画面和音像将实际情况加以直观的再现,往往可以成为认定案情的直接证据。

4. 动态连续性

各种实物证据是以静态的方式反映案件的某个片段或个别情况,而不能反映出案件的发展过程。而视听资料能够生动、形象地从动态上连续不间断地将在特定时间、地点所发生的事件经过与具体情节原原本本地记录下来,从而能够动态地、连续地反映有关案件的情况。

5. 信息量大、便于保存、便于使用

其他证据最终多以纸张为载体,以语言、文字等方式再现出来,不仅其体积大,查找繁琐且不便保存。而视听资料则以磁带、光盘、U盘、电子计算机等储存,具有体积小、重量轻、容量大、易保存等特点,且可反复使用,具有一定的稳定性和耐用性;

6. 容易被篡改、伪造

视听资料与物证不同,它不是自然形成的,而是由人来操作和驾驭的。人可以利用各种最先进的设备,故意地把某些情况记录下来,也可以把另一些情况"省略"掉,或者对录音、录像进行剪接或进行其他的"技术处理",对电子计算机储存的信息、数据,也可以人为地加以改动,以至使事情变得面目全非。

由此可见,视听资料虽然具有其他证据所无法比拟的优点,但又存在着被篡改、伪造的可能性。因此实践中,应全面认识这两方面的特点,不仅要准确、熟练地把视听资料按法定程序运用到交通行政执法活动中,而且还应当全面、认真地进行审查,不可盲目轻信。

四、电子数据

(一)概念

电子数据证据,是指借助现代信息技术和电子设备形成的一切证据,或者以电子形式表现出来的能够证明案件事实的一切证据,它也被称为电子数据。《最高人民法院关于行政诉讼证据若干问题的规定》第 12 条将计算机数据归入视听资料类证据。2014 年《行政诉讼法》修订时增加了"电子数据证据"。2012 年修订的《民事诉讼法》第 63 条、《刑事诉讼法》第 48 条从立法上明确电子数据为独立的证据种类。《最高人民法院关于适用〈中华人民共和国民事诉讼法〉的解释》(法释〔2015〕5 号)对电子数据证据进行了定义,即电子数据是指通过电子邮件、电子数据交换、网上聊天记录、博客、微博客、手机短信、电子签名、域名等形成或者存储在电子介质中的信息。并规定"存储在电子介质中的录音资料和影像资料,适用电子数据的规定。"

(二)电子数据证据的特点

1. 电子数据证据"潜伏"在特定的"系统"中

"潜伏",表明电子数据的虚拟性,其存储和解读需要借助特定的工具。"系统",表明电子数据证据主要存在计算机系统和网络系统,其以"系统化"方式作为其生存方式。

2. 电子数据证据具有多媒体性或多元性

电子数据证据超越了以往所有的证据种类,不仅有文字、图像、声音、视频等多种形式,而且还有将以上各种形式综合形成的多媒体形式。电子数据证据的表现形式非常庞杂,比如电话证据、电报证据、传真证据、电子文件、计算机日志、计算机输出物、计算机打印物、电子邮件、电子数据交换、电子聊天记录、电子公告牌记录、博客记录、微博记录、电子报关单、电子签名、域名、网页、IP 地址以及系统文件、休眠文件、日志记录、上网痕迹、手机录音证据、手机摄像证据、手机短消息证据、信令数据、通信痕迹、雷达记录证据、录音证据、录像证据、摄像证据、GPS证据等。

3. 电子数据证据具有极强的稳定性与安全性

电子数据证据容易被篡改或销毁。但是,这并不表明电子数据证据就不安全,相反,电子数据在"被篡改或销毁"时,一定会留下蛛丝马迹,从而可以通过技术手段被发现或被恢复。

4. 电子数据证据具有"跨界越狱"的特性或国际性

电子数据证据本质上是一种信息代码,它可在虚拟空间里无限地快速复制、传播,能迅速而轻易地跨越司法管辖的边界。

5. 电子数据证据的现场性和海量性

另外,电子数据证据的生成具有自动性。电子数据证据以电子设备为存储介质,许多电子设备都具有智能性,在进行设定后可以自动运行程序,并且自动生成电子数据证据。

需要注意的是:与视听资料不同,视听资料存在于磁介质上,电子数据存在电子载体上,且电子数据的信息和载体是可以分开的。随着电子数据不断发展,有"吃掉"传统证据的趋势。如果视听资料是以电子数据形式出现,则适用电子数据的举证规则。

五、证人证言

(一)概念

证人证言是指证人以口头或书面形式就其感知的案件情况向交通运输执法机关所做的陈述。此处的证人不包括鉴定人、当事人。

证人证言的内容包括对查清案件有意义的一切事实。但无法说清案件情况来源,或者道听途说甚至是毫无根据的猜测、推断或者幻想等,不得作为证据。

(二)证人证言的特点

证人证言是法定证据形式之一,在我国交通运输行政执法实践中广泛运用,其基本特点是:

(1)证人证言是证人就其感知的案件情况,向交通运输行政执法机关做的陈述,不是证人对案件情况进行的分析、判断、评价、推测、设想等。

(2)证人具有不可替代性。只有了解案件情况的人才能成为证人,证人证言的来源多样化。有些是自己亲自听到、看到的;有些是从他人处获悉的。证人对各种来源的证言必须首先说明来源等具体情况,因为道听途说、来源不清的不能作为证言。

(3)证人证言必须认真审查核实,未经审查核实的证言不得作为认定案件事实的依据。

(三)证人证言的作用

证人证言的作用主要有以下三点:

(1)有助于案件发生后交通运输行政执法机关及时了解案情。案件发生后,一个或多个证人向交通运输执法机关或执法人员及时说明自己了解的情况,从案件发生的时间、地点、原因、案件造成的后果,到违法嫌疑人案发时间的具体表现,行为人的动机与目的这些证人证言有利于交通运输行政执法人员迅速、全面了解案情,以便及时采取各种措施、收集其他证据,为下一步执法活动顺利进行打好基础。

(2)证人证言可以起到与物证、书证等证据相互印证的作用,从而判断物证、书证的真伪、证明力的大小,同时,从核实中可能发现新的调查线索,有利于案件的调查处理。

(3)有利于与其他言词证据相互印证,以利于案件的处理。

(四)证人的能力

证人的能力,也称证人的资格,是指哪些人可以和应当作为证人,哪些人不能作为证人。根据我国的有关规定,证人应当具备以下三个条件:

(1)证人应当是在执法活动开始之前就了解案件情况的人。一是必须了解案件情况;二是在交通运输行政执法活动前就了解案件情况,而非通过执法活动才知道案件的某些情况;三是凡在执法前就知道案件情况的人均应作为证人,履行证人的义务,即使是某些执法人员或者具有特定身份的人,也不得再让其担任该案件的检查、鉴定等工作,而必须作为证人履行证人义务。这是由证人的不可替代性和不可指定性所决定的。

(2)能够辨别是非、正确表达思想的人才能作为证人。《最高人民法院关于行政诉讼证据若干问题的规定》第 42 条规定,不能正确表达意志的人不能作证。首先证人应当能够辨别是非,这是认识、了解案件情况的前提。反之,如果太年幼、精神或生理上有严重缺陷,根本无法判明是非,也就无法了解案件情况和将案件情况告知执法人员。当然,并非一切有生理缺陷和年幼的人均不能作为证人。比如,聋哑人可以将看到的、盲人可以讲其听到的案发时的有关情况通过书写、手势、语言方式告知执法人员。年幼的人如果具备了辨别能力并能够正确表达,也可以就其感知一些简单的案件情节、事实告知执法人员,比如车辆的颜色、是客车还是货车等。

(3)证人必须是自然人。单位或法人不属于证人的范畴,因为它们不具备证人资格。《最高人民法院关于行政诉讼证据若干问题的规定》第 13 条规定,证人证言应当写明证人的姓名、年龄、性别、职业、住址等基本情况;第 42 条规定,根据当事人申请,人民法院可以就证人能否正确表达意志进行审查或者交由有关部门鉴定。必要时,人民法院也可以依职权交由有关部门鉴定。可见,证人必须是自然人。

六、当事人的陈述申辩

当事人陈述是行政诉讼的证据主要种类,《湖南省行政程序规定》《交通行政处罚程序规定》也规定为行政程序证据。在交通运输行政执法中,当事人的陈述主要表现为当事人的陈述申辩,通过《陈述申辩书》来体现。《行政处罚法》第 7 条规定,公民、法人或者其他组织对行政机关所给予的行政处罚,享有陈述权、申辩权。《行政强制法》第 18 条、第 35 条均规定,行政机关实施行政强制措施、作出强制执行决定前,应当听取当事人的陈述和申辩或告知当事人享有的陈述权和申辩权。所以,当事人陈述应当是交通运输执法机关保障当事人的陈述申辩权利,以及对交通运输执法机关的证据进行质证、适用法律进行申辩的证据材料。

交通运输行政执法程序中的当事人陈述申辩的内在特点,主要体现在以下几个方面:

第一,当事人陈述申辩是在交通运输行政执法程序中形成的证据,因而在产生的时间上具有事中性的特点,这一点与行政诉讼程序中的当事人陈述是有区别的,行政诉讼程序中的当事人陈述是在具体行政行为作出且被起诉到人民法院后形成的证据,具有事后性的特点。按照行政程序的规定,按照交通运输行政执法一般程序实施行政处罚的,该证据体现的时间应当在《违法行为通知书》送达之后,《行政处罚决定书》送达之前。在行政处罚简易程序中,当事人陈述申辩的内容可以体现在询问笔录中,以证明交通运输执法人员认真执行了《行政处罚法》第 32 条的规定。在行政强制措施中,时间节点应当为交通运输执法人员当场告知当事人采取行政强制措施的理由、依据以及当事人依法享有的权利、救济途径之后,交通运输行政强制措施决定书送达当事人之前。

第二,当事人陈述申辩是以证据主体对案件的真切感知为内容,这一点使之与鉴定意见区别开来。

第三,当事人陈述申辩是由作为行政相对人就案件事实、理由和证据所作出的陈述。这一点与证人证言不同。证人证言尽管也是对以案件事实的真切感知为内容和基础的,但证人是行政相对人以外的其他人员,而不属于与该案件处理结果有直接利害关系的其他人员,因而,就案件的真实性而言,证人证言的真实性高于当事人的陈述申辩。

第四,当事人的陈述申辩是在行政程序中,由相对人以书面形式或言词的形式,向交通运输执法人员或机关作出的陈述和申辩,性质属于行政执法程序范畴。

交通运输行政执法程序中当事人的陈述申辩具有双重性,一方面,当事人作为行政行为的相对人,是该行政法律实体关系的参与者,对于该法律关系的产生、发展、演变及发生争议,较之他人(如证人、鉴定人、勘验人等)更为了解。不仅全面,而且深刻。因此,当事人的陈述申辩比其他任何证据形式都能反映案件的全面情况,更加有助于执法人员掌握案件的全面情况。但是,另一方面,由于当事人陈述申辩所反映的内容通常难以保证它的真实性、客观性和全面性,而往往在真实的陈述中渗入虚假的成分,并始终带有陈述者的主观性和片面性。所以,对当事人的陈述申辩,执法人员既要重视,又不能轻易相信,而需要有同案的其他证据相互佐证、去伪存真。所以《行政处罚法》第32条规定:"当事人有权进行陈述和申辩。行政执法机关必须充分听取当事人的意见,对当事人提出的事实、理由和证据,应当进行复核;当事人提出的事实、理由或者证据成立的,行政机关应当采纳。"

七、鉴定意见

鉴定意见是在交通运输执法中,交通运输执法人员或者接受委托或聘请的鉴定人,运用自己的专门知识或技能,对案件中的某些专门性问题进行检验、分析后所作出的意见。现行《行政诉讼法》将"鉴定结论"修改为"鉴定意见",反映了立法者的意见,鉴定人提供的鉴定意见仅仅是一个证据材料,而不是作为定案根据的"结论",这种意见不是唯一的,交通运输执法机关、人民法院有权对其审查判定。它具有三个基本特点:一是独立性。它是交通运输执法人员或者鉴定人根据案件的事实材料,按科学技术标准,以自己的专门知识,独立对鉴定对象分析、研究、推论作出的判断。二是结论性。其他证据仅就某一个方面或某几个方面作证,通常不可能有结论性意见。结论只能由法官去做。鉴定意见则不然,它不仅要求交通执法人员或者鉴定人叙述根据案件材料所观察到的事实,而且更重要的是必须对这些事实作出结论性的鉴别和判断。三是范围性。对这种专门性问题所作出的鉴别和判断,只限于应查明的案件事实本身,而不直接涉及对案件的有关法律问题作出评价。对法律问题的评价,应由交通运输执法人员去解决,而不应属于鉴定意见的范围。

八、勘验笔录、现场笔录

勘验笔录,是指交通运输执法机关对于与案件有关的现场进行勘查、检验时所制作的实况记录,是用文字形式固定勘验工作情况的现场状况。勘验笔录及时固定了现场原貌,是证明案件现场状况的重要证据材料,经查证属实,可作为定案的根据。勘验笔录一般由现场文字记录、现场绘图和现场照片三部分内容组成,它们以不同形式、从不同角度完整地反映现场状况,客观、系统、全面地反映勘查的全过程和勘查结果及发现、提取痕迹、物品及其他物证的情况。

现场笔录,是指交通运输执法机关为行政目的,按照法定程序,对现场情况、当事人陈述、证人证言等所作的记录。现场笔录与勘验笔录不同,勘验笔录一般只记录现场事实情况,并不涉及对当事人、证人等的询问。现场笔录包括案件事实的记录和程序问题的记录两部分,包括对现场事实情况的描述;对当事人、证人等的询问;行政机关对违反法律法规行为进行处理时所进行的当场记录;根据公民、法人或其他组织的要求、申请而同意或拒绝作出的行政行为的当场记录。

勘验笔录和现场笔录在行政执法办案过程中对于不是非常复杂的案件,可二合一体现在一个笔录中,即先对案件现场情况进行记录,再对现场事实等进行记录,只要能保证其关联性、合法性和客观性,就可作为行政案件事实的证据材料。

第四节　行政程序证据的学理分类

一、行政程序证据学理分类[1]及意义

行政程序证据的分类,是指在学理上从不同的角度按照不同的标准将行政程序证据分为不同的类型。《行政诉讼法》《交通运输行政执法程序规定》等将证据的种类包括:书证、物证、视听材料、电子数据、证人证言、当事人陈述、鉴定结论、勘验笔录和现场笔录,这种分类方式属于立法分类。尽管学者将本节证据的分类方式定义为学理分类,但笔者认为该分类方式已经渗透到司法解释和司法实务中,如《最高人民法院关于行政诉讼证据若干问题的规定》第63条规定,证明同一事实的数个证据,原件、原物证明效力优于复制件、复制品,原始证据证明效力优于传来证据。这样的规定,事实上从司法解释的层面肯定了证据学理分类的法律地位。因此,对证据分类的研究,有助于交通运输执法人员明确各类不同证据的特点、作用及其证明力的大小,全面地收集证据,正确地运用证据认定案件的事实和处理案件,保证执法公平。

二、言词证据和实物证据

以证据的存在和表现形式为标准,可以把行政程序证据分为言词证据和实物证据。

言词证据是以人的陈述为表现形式的证据,它又称为人证。言词证据是有关人员对客观存在的事实情况的主观反映,它的主要表现是人们的口头陈述或者书面陈述。在行政证据的法定种类中,像当事人的陈述、证人证言以及鉴定意见等都属于言词证据。言词证据就其内容而言,是陈述人直接或间接感知的与案件有关的事实;就其形式而言,是通过询问而取得的,该陈述又往往固定于一定的载体之中。言词证据通常以记录材料为载体,如询问笔录、书面证词和谈话录音等。但不论记载的方式如何,记载的内容仍是陈述人陈述出来的案件事实。因此不能因为记载方式表现为实物而否认其为言词证据。

实物证据又称为物证,它是以实物形态为存在和表现形式的证据。我们这里讲的是广义上的物证。广义上的实物证据以物品或痕迹等实物的特性为其存在状态,以多种事物之间的

---

[1] 参考张英霞《刑事证据学》(广西师范大学出版社,2009年5月第1版)的分类方式。

联系等物理状态为其表现形式。在法定种类中，物证、书证、勘验笔录、现场笔录及视听资料都属于实物证据。

言词证据和实物证据各自具有不同的特点，言词证据有以下特点：

其一，言词证据与案件待证事实的关联性一般比较明显。言词证据具有明确的意思表示，其所表现的内容能够比较形象生动、详细具体地反映事实。只要查证属实，言词证据往往可以直接证明案件待证事实。而实物证据则是以实物为载体，证据信息比较稳定，比较客观可靠，不受人的主观因素的影响，不易失真，但不易直接证明待证事实。

其二，言词证据具有能动性，而实物证据证明案件事实一般是静态的、片段的；实物证据被人们称为"哑巴证据"，它如实记录下来客观发生的事实却不能主动向人们展示，其关联性并不明显，一般不能自己证明它与案件事实之间的联系，而需要其他证据揭示其证明意义。另外，除了视听资料外，实物证据一般只能反映事实的一个片段、一个侧面。

其三，言词证据的真实性受提供证据人的影响很大。言词证据是客观事物在人的头脑中映象和记忆的反映，一般包括感知、记忆和陈述三个环节。因而，陈述人的认知能力、立场观点、好恶心态等对言词证据的真实性具有决定性的影响。言词证据的真实性不仅受陈述人是否愿意真实提供的影响，而且还受其感知、记忆和表达案件事实时的主客观因素的影响，因而有可能出现虚假或者失真的情况。而实物证据则要靠人来收集，它承载的信息要靠人来揭示。可以说，人类的认识能力直接决定着实物证据的运用范围和准确程度。实物证据的种类和范围与人类的认识能力有密切关系。实物证据要靠人来收集，它承载的信息要靠人来揭示。可以说，人来的认识能力直接决定着实物证据的运用范围和准确程度。

其四，言词证据不易灭失。当人直接或间接感知案件事实后，感知到的事实被输入人的记忆神经中枢储存起来。由人的记忆规律所决定，记忆的内容往往能够保存相当长的时间。而实物证据容易灭失。实物证据是客观存在的物，其存在离不开一定的外界条件，一旦外界条件发生了变化，实物证据就有可能灭失，再也无法收集；另外实物证据也会因人的毁弃而灭失。

言词证据和实物证据各有其优缺点，言词证据的缺点正是实物证据的优点，反之亦然，这就要求我们在运用证据时，要把实物证据和言词证据结合起来使用，注意发挥其各自的优点，避免各自的弱点。

三、本证与反证

本证与反证是根据提出证据主体的不同及证据作用的角度而做的分类。

本证是指负有举证责任的交通运输执法机关或者行政许可申请人提出的用于证明他所主张事实的证据。而不是为了反对对方当事人所主张事实的证据，本证是为了证明没有提出的新的事实和主张。

反证是当事人为了反驳交通运输执法机关所主张的事实，从而推翻对方观点而提出的证据。当事人提供反证的目的就是为了推翻对方的观点，证明与交通运输执法机关主张事实相反的事实。反证并不证明新的事实和主张，而是用相反的事实来反对对方主张的观点。在交通运输执法机关作出的具体行为中，要为自己作出的具体行政行为的合法性承担举证责任。而行政相对人提出的证明行政主体具体行政行为违法的证据是反证。反证不同于反驳。反驳又称证据答辩,是一方对他方当事人提出的证据,指出其不合法或者不真实,从而否定其证明作用。但它并不证明别人的事实存在,并不能直接推翻对方所主张的事实。证据答辩的实质就是当事人质证,其目的是鉴别证据的真伪。

本证与反证针对当事人双方来讲,都可以提出支持自己一方主张的本证,也可以提出反驳对方主张的反证,本证和反证的划分与举证责任的分担在本质上是一致的,但二者属于不同范畴的问题。本证和反证是一种证据的分类方法,这种方法是从证据对事实和主张的证明作用的角度对证据所做的划分,而举证责任则是当事人在提供证据上的权利义务问题。将证据分为本证和反证,有利于调动当事人举证的积极性。根据举证责任的分担,主张某项事实的当事人应当提供足够的举证来支持自己的事实主张。如果不能够提供足够的本证,就要承担不利的后果,对方当事人有权提出反证,该反证查证属实后,可被采纳。证据划分为本证和反证,有利于迅速了解双方当事人的事实主张,尽快查明案件事实情况。

四、直接证据和间接证据

以证据和待证事实之间的关系为划分标准,可以将证据划分为直接证据和间接证据。

直接证据是指能够直接、单独证明案件中待证事实的证据。间接证据是指不能直接、单独证明案件中的待证事实,而必须与其他证据结合起来进行推论,才能起到证明作用的证据。间接证据通常只能证明案件的片段情况,只有综合若干间接证据,形成一个证明体系,经过科学推理,才能证明案件的主要事实。一般而言,从理论上说,直接证据与待证事实之间有直接的联系,仅凭该证据本身就能够把案件的事实揭示出来,无需办案人员再进行推理。例如,在交通运输行政执法中相对人对所争议的事实的陈述;目击证人对争议事项所做的证人证言;行政机关制作的并由当事人及见证人签名、盖章的现场笔录;执法人员摄制或截取的记录违法行为或事实的录像;超限检测站出具的超限检测报告等。

从证据的证明效力来看,直接证据要胜于间接证据。但从法律的社会实践来看,直接证据的范围极为狭窄,主要表现为证人证言、当事人的陈述及其他书证。物证中基本没有直接证据。间接证据的证明效力比直接证据的证明效力弱,但其范围极其广泛,数量也极大。值得注意的是,直接证据的证明力比较强,但也有弱点,其证据形式多表现为当事人陈述、证人证言、书证等形式。具有主观性、多变性、反复性、虚假和伪造的可能。相反,间接证据多是物证,其客观性、真实性相对较大。因此在交通运输执法中针对直接证据和间接证据的运用应多加注意,直接证据对案件的待证事实能够起到直接的证明作用,只要查证属实就可以作为定案的依据。因此,在交通运输执法程序中,要注意直接证据的收集和运用。另外,由于直接证据多是言词证据,受人的主观性影响较大,具有可变性和反复性,因而虚假和被伪造的可能性较大,在交通运输执法程序中,当事人、利害关系人为了自身的利益作虚假不实陈述的情况时有发生,证人证言也会因证人主、客观方面的原因使证言失真。因此在运用直接证据定案时,一定要特别慎重,必须经查证属实,才能作为定案依据。那么间接证据虽然不能直接、单独证明案件中的待证事实,但它的作用不容忽视。间接证据是获得直接证据的线索,是审查和鉴别直接证据真实性的手段。在无法取得直接证据的情况下,可以运用一定的规则,以间接证据定案。在运用间接证据定案时,要注意每个间接证据都要查证属实,被运用的每个间接证据都应当是客观事实并和案件本身有一定的关联性。间接证据中如果有一个是不实的,就会直接影响到案件的结果。在审查间接证据时,每个间接证据之间应该是没有矛盾的,并能形成一个严密的完整的证据体系。如果证据之间有矛盾、案件事实就无法认定。在应用间接证据定案时,间接证据所形成的证据体系得出的结论必须是唯一的、排他的,不存在其他可能性。

五、原始证据和传来证据

根据证据的来源不同,可以将证据分为原始证据和传来证据。

原始证据是指直接来源于案件事实或原始出处的证据。直接来源于案件事实是指证据是在案件事实的直接作用或影响下形成的;直接来源于原始出处是指证据直接来源于证据生成的原始环境。正因为如此,原始证据又称作从第一来源获得的证据或原生证据。在行政程序中,直接感知案件事实的证人证言、当事人的陈述以及书证原件等未经中间环节、直接来源于案件事实或原始出处的证据,都属于原始证据的范畴。传来证据是指经过复制、复印、传抄、转述等中间环节形成的证据。传来证据不是直接来源于案件事实或原始出处,而是经过了中间环节,是从原始证据派生出来的证据,如书证的复印件、证人转述他人感知事实的证言等。

对证据做原始证据和传来证据的划分,可以揭示不同类别证据的可靠程度和证明力的强弱。一般来讲,原始证据比传来证据的证明力要强。因为原始证据没有经过中间环节,而直接来源于证据信息源,它和证据信息距离最近,没有经过转述、传抄、复制等信息传播过程。这样就要求行政执法人员在行政执法过程中要尽可能地收集和运用原始证据。有原始证据的,直接收集原始证据;无原始证据而有传来证据的,也要尽可能地根据传来证据去努力收集原始证据。对收集原始证据确有困难的,也应该尽可能获取最接近案件事实的传来证据。《最高人民法院关于行政诉讼证据若干问题的规定》第10条、第11条对提供原始证据和传来证据作出明确规定。

六、主要证据和一般证据

以是否能够证明案件主要事实为标准,可以将行政证据划分为主要证据和一般证据。事实上,无论1989年的《行政诉讼法》,还是2014年的《行政诉讼法》均把"主要证据不足"作为人民法院判决撤销或者部分撤销,并可以判决被告重新作出行政行为的情形之一。由此可见,主要证据和一般证据的分类依据不仅仅是学理上的分类。

主要证据是指能够证明案件主要事实存在与否的证据。一般证据是指证明案件主要事实以外的其他事实的证据。

在行政证据中作出主要证据和一般证据的划分是必要的,某个证据是否是主要证据,要把它放在具体行政行为的合法性关系中去考察。如果能证明行政主体作出具体行政行为所依据的是基本事实,那么该证据即为主要证据,否则就是一般证据。例如,某承运人因超限运输车辆行驶公路被交通运输主管部门或公路管理机构处罚,其车货总质量或外廓尺寸是否超限就是本案的关键所在,这一事实直接关系到该行政处罚的合法性问题,因此证明车货总质量或外廓尺寸是否超限的证据就是主要证据,案件的其他事实中,比如车辆行驶的路线、时间、所载货物的品种等,这些事实的证据就是次要证据。

【案例】

某机械有限公司法定代表人林某不服
市公路运输管理处行政强制措施案

原告某机械有限公司法定代表人林某不服被告市公路运输管理处公路行政强制一案,于2011年5月31日向N市人民法院提起行政诉讼,该院于同日立案受理,2011年6月3日向被告送达起诉状副本和应诉通知书。该院依法组成合议庭,于2011年6月23日公开开庭审理了本案。

2011年5月26日,被告市公路运输管理处作出《道路运输暂扣车辆、设备凭证》(Y运0100729),认定原告机械有限公司所有的×B069××轿车涉嫌无道路运输证从事旅客运输活动,按照《中华人民共和国道路运输条例》63条,《Z省道路运输管理条例》第52条、第54条,《N市出租汽车客运管理条例实施细则》的规定,对该车辆予以暂扣。

被告在法律规定的期限内向法院提供的证据有:(1)现场笔录复印件1份,拟证明涉案车辆驾驶员涉嫌无证拉客;(2)乘客T某的询问笔录复印件1份,拟证明涉案车辆驾驶员违法拉客的事实;(3)全国公安综合信息查询系统——T某人口信息复印件1份,拟证明T某身份;(4)目击证人包某的询问笔录复印件1份,拟证明涉案车辆违法拉客的事实;(5)现场录音复制件一份,拟证明涉案车辆违法拉客的事实。被告向法院提交的作出被诉具体行政行为的依据为:(1)《中华人民共和国道路运输条例》;(2)《Z省道路运输管理条例》;(3)《N市出租汽车客运管理条例实施细则》。

原告机械有限公司起诉称,2011年5月26日下午5时,原告法定代表人林某驾驶涉案车辆路过城隍庙,免费带顺路人。林某问了2个人都不顺路,此时从路边过来一个人主动问林某去不去老庙,林某犹豫了下,想是顺路就让他上了车。上车后该乘客问林某要多少钱,林某回答说不知道。此时该车后门突然上来一个人,拔下车钥匙并亮出工作证说是被告工作人员,要以林某涉嫌非法营运为由暂扣该车,随即车上又上来四五个人,要把林某拉下车。在有人拨打"110"报警后,林某和被告工作人员被警察带至派出所。被告工作人员此时开始填写单子,取走涉案车辆车中文件,并将该车开走。被告作出被诉具体行政行为时已是晚上六点多,林某拒绝签字,被告将该扣车决定留置送达。综上,被告具体行政行为认定事实不清,程序违法,请求法院依法撤销被告作出的暂扣原告车辆的决定,归还原告×B069××轿车,并要求被告承担全部诉讼费用。

原告起诉时向本院提供的证据有:道路运输暂扣车辆、设备凭证复印件1份,拟证明被告作出的具体行政行为。原告当庭向法院提供的证据有:《N市交通行政执法现场操作规范》复印件1份,拟证明被告执法违反法定程序。

被告市公路运输管理处答辩称,2011年5月26日下午5时,被告的执法人员在城隍庙区域对出租车进行检查,发现×B069××轿车多次在路边进行拉客,有违章嫌疑,于是将该车拦停。经查当时车内有一位男子,经被告工作人员询问,该男子称:其在等出租车,×B069××轿车开到其面前问其去哪里,其回答去J区,×B069××轿车驾驶员一开始没让其上车,后又问去J区哪里,其回答说是老庙,此时×B069××轿车驾驶员才让其上车,并说好要收取其此段路程打出租车的运输费用。被告工作人员对该男子制作了询问笔录并进行了录音。被告工作人员要求涉案车辆驾驶员出示道路运输证及其他相关证明材料,但该车驾驶员拒不配合调查且当场无法出示道路运输证及其他相关证明材料。原告涉嫌未取得经营许可证从事出租车客运经营,被告遂依照《浙江省道路运输管理条例》第52条的规定,对该车辆予以暂扣,并对原告开具《道路运输暂扣车辆、设备凭证》(Y运0100729)。综上所述,被告的具体行政行为,认定事实清楚,证据充分,适用法律正确,程序合法,请求法院依法驳回原告的诉讼请求。

经庭审质证,法院对证据分析与认定如下:

对原告提供的证据:证据1,被告对其无异议,本院对此予以确认;证据2,被告对其真实性无异议,本院对此予以确认。

对被告提供的证据:证据1,原告对其真实性有异议,认为该现场笔录系事后补作,法院认为根据《道路运输暂扣车辆、设备凭证》(Y运0100729)上记载的内容,被告在作出具体行政行为之时尚不知道驾驶员的姓名、电话等基本情况,现场笔录主要内容部分却有"林某"字样的记录,该份现场笔录形成的时间应在被告具体行政行为作出之后,因此对该份证据本院不予确认;证据2、3,原告认为被告在10分钟之内不能制作完该份询问笔录,且该份询问笔录对象并非×B069××乘客,法院认为,该份证据由T某录音及包某询问笔录相互印证,原告质证意见无相应证据证实,对该份证据本院予以确认;证据4,原告认为被告在15分钟之内不能制作完该份询问笔录,且该份询问笔录对象是和被告工作人员在一起进行出租车检查,是被告利害关系人,本院认为,利害关系人的证言也是对其所了解的事实向行政机关所作的陈述,且该份证据能与T某笔录和录音相互证实,法院对此予以确认;证据5,原告认为录音有中断,且与T某笔录不相符,法院认为,该份证据能与其他证据相互印证,法院对该份证据予以确认。

法院根据原、被告提供的证据及当事人质证意见确认以下事实:2011年5月26日下午5时,原告某机械有限公司法定代表人林某驾驶该单位所有的×B069××轿车,在路经城隍庙时搭载T某上车,欲将T某送往老庙,并与T某约定按同路程出租车价格计算费用。后被在现场进行检查的被告工作人员发现,因林某无法当场提供经营许可证及其他道路运输业务相关证明材料,被告以该车涉嫌无道路运输证从事旅客运输活动为由,作出《道路运输暂扣车辆、设备凭证》(Y运0100729号),对该车予以暂扣,并将该凭证留置送达原告法定代表人林某。2011年6月29日,原告以被告公路行政强制违法为由诉至法院。

法院认为,被告作为N市道路运输管理部门,具有对在N市内的道路运输管理工作进行行政管理的法定职能。根据《Z省道路运输管理条例》第54条、52条的规定,道路运输管理机构对无经营许可证又无法当场提供其他有效证明的道路运输相关业务经营者,可以暂扣其设备、设施等有关物品,并出具省道路运输管理机构统一印制的暂扣凭证。原告法定代表人林某驾驶该单位×B069××轿车,在城隍庙附近搭载乘客上车,对乘车费用进行了约定,在被告工作人员检查时又不能当场提供经营许可证及其他道路运输业务相关证明材料,被告据此作出《道路运输暂扣车辆、设备凭证》(Y运0100729号),事实清楚,适用法律、法规正确,符合法定程序。原告机械有限公司的诉讼请求无法律和事实依据,法院不予支持。依照《最高人民法院关于执行〈中华人民共和国行政诉讼法〉若干问题的解释》第56条第4项的规定,判决驳回原告机械有限公司要求撤销被告N市公路运输管理处于2011年5月26日作出的《道路运输暂扣车辆、设备凭证》(Y运0100729)的诉讼请求。

评析：

上述案例中，被告市公路运输管理处向法院提交的 5 份证据全部是在行政程序中收集的，据以证明相对人机械有限公司非法从事道路运输相关业务的证据。这些证据是潜在的行政诉讼证据，如果行政相对人不对具体行政行为提起诉讼，据以作出该具体行政行为的证据也就不进入诉讼程序，从而不能由潜在的行政诉讼证据转化为现实的行政诉讼证据，而一旦行政相对人对具体行政行为提起诉讼，据以作出具体行政行为的证据也就进入行政诉讼程序，成为行政诉讼证据的重要组成部分。

行政诉讼的一部分证据来源于行政证据，只不过是证明对象改变而已。行政机关在行政程序中收集认定的证明相对人是否合法的证据进入诉讼程序后，由法院审查该证据的真实性，反向推导出行政机关作出的具体行政行为是否具有合法性。行政证据与行政诉讼证据都属于证据的种类，从本质上讲，都是具有法律意义的证据。因此，两者都具有证据的基本属性，即客观性、关联性、合法性。客观性，是指证据必须是客观存在的事实，并且应当查证属实。关联性，是指证据必须对证明案件事实具有实质性的作用，对证明行政事务的情形没有实际意义的不能作为证据。若与案件没有本质上的联系，即使表面上具有客观性，是真实的，也不能作为证据证明相关问题。合法性，是指不得采纳通过违法手段制作或者调取的事实材料作为定案根据。非法手段取得的证据，主要包括刑讯逼供、胁迫、欺诈等违背当事人意志的证据和通过秘密手段在当事人不知情的情况下获得的侵犯隐私权的证据。在客观性、关联性方面，二者的要求完全相同。合法性是证据的形式外壳。证据的合法性是指证据符合法律的规定，包括收集证据的主体合法、程序合法；证据形式和内容符合法定要求；证据的适用符合法律规定。行政证据与行政诉讼证据的合法性也包括上述几项内容。

上述案例中，法院依法对被告市公路运输管理处提交的证据进行了庭审质证，对前述证据进行了观性、关联性、合法性审查，并通过事实推定等推理方式，对证据 1 不予确认。被告市公路运输管理处提交的证据中，现场笔录复印件、乘客 T 某的询问笔录复印件、目击证人包某的询问笔录复印件、现场录音复制件为直接证据；全国公安综合信息查询系统——T 某人口信息复印件为间接证据。

所以，交通运输行政机关的行政行为都应当建立在合法的基础上，建立在符合法定程序，有证据事实的基础上。所有可能影响相对人权益的行政行为都应该有充足的证据加以证明，这既是贯彻依法行政要求，依法查处案件的需要，也是确保证据客观性、关联性、合法性的需要。如果没有充足的证据，这个行政行为就是无效的或是违法的，甚至是不成立的。

第二章　交通运输执法行政程序证据的证明对象

第一节　交通运输执法程序证明对象的概念和特征

证明对象是交通运输执法程序证明制度的首要环节,只有明确了证明对象,才能进一步明确如何进行证明及"证明程序""证明标准",即证明到何种为止。也只有明确了证明对象,取证、举证、质证和认证等一系列证明活动才能有的放矢地进行。

一、证明对象的概念

交通运输行政执法程序证明对象也称待证事实、要证事实或证明客体,是指证明主体所指向的客体,是在交通运输执法程序中必须用证据予以证明或确认的案件事实及有关事实。

二、证明对象与相关概念的理解

交通运输执法程序证明对象证明活动的首要和中心环节,是交通运输行政执法证明活动的起点和归宿,只有明确了证明对象,才会产出诸如证明主体、证明责任、证明标准、证明方法等问题,即证明活动都是围绕证明对象展开的,也是以证明对象为归宿的。

(1)证明对象是与案件有关联并对正确处理案件有影响的事实。

(2)作为交通运输执法行政程序证据中证明对象的事实,一般都以法律规范所调整,其中涉及案件实体处理的事实,由实体法规范调整,如申请人申请从事道路客运经营的,按照《中华人民共和国道路运输条例》的规定,应当向许可机关证明,其有与其经营业务相适应并经检测合格的车辆、有符合规定条件的驾驶人员、有健全的安全生产管理制度;涉及程序事项的由程序法规范所调整。

(3)作为证明对象的事实,必须是需要运用证据加以证明的事实,否则不能成为证明对象,而所有的证明责任,都是针对一定的证明对象而言的。

(4)证明对象与证明责任、证明标准紧密相关。凡列入证明对象的事实,有证明责任的一方必须提供证据予以证明,且提供的证明必须达到要求的证明程度,即达到证明标准。

三、交通运输执法行政程序证明对象的特征

交通运输执法行政程序证明对象的特征表现在以下三个方面:

（一）交通运输执法行政证明对象，具有普遍性

在交通运输执法行政执法中，要件事实包括实体法规定的要件事实和程序法规定的要件事实。实体法规定的要件事实是有关申请行为、违法行为的构成要件和执法人员裁量情节的事实，如未经许可擅自从事涉路施工活动，当事人从事涉路施工活动、未经有关机关依法许可是违法行为的构成要件；非法涉路施工造成公路损害的程度、对公路畅通的影响程度、配合公路管理机构查处违法行为是否有立功表现、对违法行为的纠正等情况属于裁量情节的事实。程序法规定的要件事实则是有关交通运输执法行为合法性的事实。法律法规没有规定的事实，一般不属于交通运输执法行政程序证明对象，当然，有些事实虽无法律明确规定，但对处理案件有影响时，也可成为个案的证明对象。

（二）交通运输执法证明对象是执法主体和当事人主张并且应当举证的待证事实，具有特殊性

在交通运输执法程序中，交通运输执法人员往往会依照法律法规的规定提出对案件的处理主张，为了使该主张能够得以成立，交通运输执法人员必须提出相关的事实以支持其主张。同时，在交通运输执法程序中，无论行政许可、行政强制还是行政处罚，法律法规均规定了当事人有陈述申辩的权利以及在特定情况下要求听证❶的权利。在这些程序中，当事人有时会提出自己主张申请事实成立、未构成违法或违法情节较轻等方面的主张。在这个过程中，事实主张就成为证明对象。

（三）交通运输执法证明对象是指在交通运输执法程序中需要用证据加以证明的事实

证明对象是法律法规规定的要件事实，但并非所有的要件事实都是证明对象。如果某一事实因为法律规定而处于已知状态，就无需通过证据这一中介环节从未知变为已知。而证明对象需要通过证据加以证明。那些根据法律规定无需通过证据加以证明的事实，可以通过交通运输执法机关的直接认知而成为作出行政决定的依据。

第二节　交通运输执法行政程序证明对象确定

一、交通运输执法行政程序证明对象的确定的意义

在交通运输行政程序中，准确界定证明对象，对于减轻交通运输执法机关的证明负担和保

---

❶如《行政处罚法》第 42 条规定，行政机关作出责令停产停业、吊销许可证或者执照、较大数额罚款等行政处罚决定之前，应当告知当事人有要求举行听证的权利；当事人要求听证的，行政机关应当组织听证。《行政许可法》第 46 条规定，法规、规章规定实施行政许可应当听证的事项，或者行政机关认为需要听证的其他涉及公共利益的重大行政许可事项，行政机关应当向社会公告，并举行听证；第 47 条规定，行政许可直接涉及申请人与他人之间重大利益关系的，行政机关在作出行政许可决定前，应当告知申请人、利害关系人享有要求听证的权利；申请人、利害关系人在被告知听证权利之日起五日内提出听证申请的，行政机关应当在二十日内组织听证。

证行政行为的合法性、正义性具有重大意义。交通运输执法机关是否应当作出某一具体行政行为,所涉及的不确定事实非常多,但是,只有属于证明对象范围的事实才是需要证明主体运用证据加以证明。证明对象的确定,有助于帮助交通运输执法机关明确证明方向,有效避免交通运输执法机关投入过多精力到证明对象之外的事实,有利于减轻行政程序的成本。同时,证明对象的准确界定,对于保障实体的正确也有重大意义,证明对象的准确界定不是随意的,必须根据法律、执法经验加以科学界定,然后确定哪些必须纳入证明对象的范围、哪些不必纳入证明对象的范围。如果必须证明的事项没有纳入证明对象的范围,则对于案件就不能得到完整的证明,将造成实体的错误。

二、交通运输执法行政程序证明对象的确定的基本原理

作为交通运输执法所表现出来的具体行政行为所依据的事实需要运用证据加以证明,因此具体行政行为依据的事实就是交通运输执法行政程序证明对象。关键是交通运输执法机关只有在事实存在且有证据能够证明的情况下才能作出相应的具体行政行为,并非先有具体行政行为,而是先把握其依据事实,而后才有证明对象。它们之间的逻辑关系是发现有关证据—对照法律法规确定适用的法律规范—认定该行为事实是否构成违法的其他待证事实(证明对象)—完善证据—证据证明事实(具体行政行为依据的事实)—具体行政行为,那么证明对象是如何确定呢?

交通运输行政执法是交通运输执法机关(包括公路管理机构、道路运输管理机构、海事管理机构、综合执法机构)❶执行法律规范的活动,是交通运输执法机关将法律规范的抽象规定适用于具体对象或案件的活动。行政执法行为从抽象的法律规定到具体的特定人、特定事的过程,其表现出来的具体行政行为依据的事实也是一个从法律抽象的规定到具体的法人、社会组织和公民的具体事实。因此证明对象的确定也就是一个从抽象存在的证明对象到行政执法层面上的具体化的证明对象,再到需要证据证明的证明对象过程。

三、交通运输执法行政程序证明对象的确定基本方法

交通运输执法行政程序证明对象是法定的,法律法规没有规定的事实,一般不属于证明对象。所以,交通运输执法行政程序的证明对象体现的具体的法律规定中,这些法律规定既有实体法的规定,也有程序法的规定。考虑到行政执法的效率,就行政处罚而言,交通运输执法可以将违法行为的种类进行梳理,对每一种违法行为的法律规定进行分析研究,确定该种违法行

---

❶如《行政强制法》第 70 条规定,法律、行政法规授权的具有管理公共事务职能的组织在法定授权范围内,以自己的名义实施行政强制,适用本法有关行政机关的规定。再如《行政许可法》第 23 条规定,法律、法规授权的具有管理公共事务职能的组织,在法定授权范围内,以自己的名义实施行政许可。被授权的组织适用本法有关行政机关的规定。因此,公路管理机构、道路运输管理机构、海事管理机构基于《公路安全保护条例》《中华人民共和国道路运输条例》《中华人民共和国内河交通安全管理条例》等法律法规的授权,在依法实施行政许可、行政强制时适用行政机关的有关规定。

在《交通运输部办公厅关于明确交通运输综合行政执法机构执法主体资格的复函》(交办法函〔2016〕919 号)中明确:经本级人民政府批准建立,经地方机构编制部门明确依法履行《公路法》《公路安全保护条例》《道路运输条例》等法律法规授予公路管理机构、道路运输管理机构的部分职责。交通运输综合行政执法机构属于上述法律法规授权的公路管理机构、道路运输管理机构的范畴,具有相应的行政执法主体资格,以其自己的名义实施交通运输执法权,并对其作出的行政行为独立承担法律责任。

为所必需的证明对象。我国目前尚无较为完善、系统的行政程序证明规则,笔者建议可通过下列方式确定证明对象。

(一)借鉴行政法律关系的构成原理确定行政许可行为的证明对象

按照目前我国的行政法理论,行政法律关系由行政法律关系的主体、客体、内容等要素构成。行政法律关系的主体,亦称行政法律关系当事人,指行政法律关系中权利的享有者和义务的承担者,包括行政主体和行政相对方;行政法律关系的客体,是行政法律关系当事人的权利义务所指向的对象;行政法律关系的内容是指行政主体和相对方在行政法律关系中享有的权利和承担的义务。在行政许可中,其基本要求是申请人负有证明自己符合法定的许可条件,交通运输许可机关进行符合性审查,第一个证明对象是行政许可申请人是否适格,例如《公路安全保护条例》第 27 条规定,涉路施工行政许可的申请人为建设单位,该建设单位应当是涉路施工形成设施的所有人或管理人,如果施工单位申请该事项,即属主体不符合法律规定。第二个证明对象是涉路施工活动符合法律法规规定的条件,例如《公路安全保护条例》第 28 条规定需要提交的材料。第三个证明对象是申请人的法定义务和许可机关的法定职责的履行情况。如果交通运输许可机关拟作出不予许可的决定,其证明对象为申请人不符合法律规定,或者该申请不符合法律规定。

(二)借鉴刑法学中犯罪构成的原理确定行政处罚证明对象

犯罪构成是指依照我国刑法规定,决定某一具体行为的社会危害性及其程度,为该行为构成犯罪所必需的一切客观和主观要件的有机统一,是使行为人承担刑事责任的根据。任何一种犯罪的成立都必须具备四个方面的构成要件,即犯罪主体、犯罪主观方面、犯罪客体和犯罪客观方面。那么借鉴上述理论,交通运输违法行为的构成要件也可以概括为四个方面的构成要件,即违法主体、违法主观方面、违法客体和违法客观方面。

违法主体是符合法律规定的违法当事人,即实施交通运输违法行为,依法应当承担行政法律责任的公民、法人或其他组织。有些是一般主体,如《中华人民共和国道路运输条例》第 64 条规定的非法从事经营性道路运输行为,一般主体未取得道路运输经营许可,擅自从事道路运输经营皆可构成该违法行为的主体。有些是特殊主体,例如,不按照规定携带车辆营运证的违法行为的主体只能是已经取得相关许可的客运经营者、货运经营者。

违法主观方面,是违法行为人实施违法行为所持的主观形态。通过对交通运输法律法规的梳理,不难发现,行政违法中,除法律法规明确规定的个别情形为过失外,其主观心态全部为故意,如《公路安全保护条例》第 69 条规定:"车辆装载物触地拖行、掉落、遗洒或者飘散,造成公路路面损坏、污染的,由公路管理机构责令改正,处 5000 元以下的罚款。"构成本条规定违法行为的主观方面为过失。

违法客体,交通运输行政违法行为均侵害了法律法规所保护的社会关系;违法客观方面,交通运输行政违法均实施了法律法规所禁止的行为,以及在一些情况下违法行为所造成的实际损害后果。一般情况下,过失构成行政违法的,要形成一定的危害后果,这也与我国刑法规定是一致的。

所以,借鉴刑法学中犯罪构成的原理,确定交通运输行政违法行为证明对象为:主体事实、主观方面的事实、成立事实或违法事实,其中,主体事实方面,包括当事人情况、执法机关及执法人员情况;主观方面的事实是当事人实施违法行为的主观心态;违法事实主要指实施了违法行为,在有些交通运输行政违法行为中,还需要证明违法事实中的造成后果的情况。

当然,交通运输行政许可的证明对象由于证明责任区别于交通运输行政强制和行政处罚,无法借鉴刑法学中犯罪构成的原理。

(三)借鉴行政违法的构成理论确定行政强制措施的证明对象

需要说明的是,并不是所有的行政强制措施针对的都是违法行为,但是交通运输行业的行政强制措施主要为扣押财物,按照《行政强制法》第23条的规定,扣押财物的行政强制措施主要针对与违法行为有关的财物,所以交通运输行政强制措施针对的都是违法行为。按照行政违法的构成理论,行政相对人行政违法的构成要件有:一是行政相对人具有责任能力。二是行政相对人从事了违反行政法规的禁止性义务的行为。三是行政相对人的违法行为侵害了行政法所保护的行政关系。四是行政相对人的违法行为主观上有过错。行政强制措施的证明对象可以从以上四个方面加以确定。但是由于扣押财物涉及物权保护,应当证明物的所有人,同时要考虑行政强制措施的目的主要在于制止违法行为、防止证据损毁、避免危害发生、控制危险扩大等,因此只要证明涉嫌构成违法即可。

(四)从法律规范中查找和发现具体的证明对象

行政机关围绕所适用法律、法规条款规定的构成要件认定事实,必须同时符合以下两方面要求:一方面必须全面认定构成要件事实,不能缺位,或者不做认定,或者只认定其中部分构成要件事实;另一方面,要确保所认定的构成要件事实清楚,有足够且合法的证据支撑。如果不符合上述任一要求,行政机关所做的行政决定则构成主要证据不足、事实不清。法律适用是一个逻辑与经验交互作用的过程,作为应然状态的法律规范适用于作为实然状态的案件事实,需要一个类比的过程。一方面是法律规定的行为构成,一方面是实际发生的事实行为,只有二者能够彼此对称时,法律规范才能够适用到具体的案件当中❶。无论行政许可、行政强制,还是行政处罚,其实体性证明对象和程序性证明对象在有关法律规定的具体条文中。实体性证明对象反映在交通运输法律法规的实体法规定的具体条文中,但是由于一个法律规范一般由一个或几个法律条款构成,所以不能局限于某一个法律条文中查找证明对象,而是在一个完整的法律规范中查找和发现具体的证明对象,例如,客运经营许可,其证明对象在《中华人民共和国道路运输条例》第8条、第9条、第12条中,第8条、第9条要求申请人达到什么要求、需要做什么,第12条为许可机关必须考虑的条件和因素。再如,道路运输执法中的擅自从事道路运输经营的证明对象,就体现在《中华人民共和国道路运输条例》的第8条、第9条和第22条、第23条及第64条等条文中。第8条、第9条和第22条、第23条为义务性规范,要求从事道路运输经营必须具备的条件并取得相应的许可,第64条为违反义务性规范所有的承担的责任。

一般来讲,程序性证明对象的发现和查找,需要对所有法律条文中的程序性规定进行梳理,如前述实施扣押的行政强制措施的证明对象,体现在《行政强制法》第18条、第25条、第

---

❶牟治伟.经验比逻辑更重要吗?〔N〕.人民法院报,2016-8-12.

27 条、第 28 条等多个条文中,需要细心梳理,以避免遗漏。

(五)运用逻辑关系确认交通运输执法行政程序证明对象

一切法律皆离不开逻辑,将法律和逻辑紧密联系起来的桥梁和纽带便是法律逻辑。与司法裁判相类似,行政机关在作出行政行为时,也需要运用三段论演绎逻辑推理,以确保其行政行为合法、正当。演绎推理是最常见、最重要的推理形式之一,它指由一般到特殊的推理,即根据一般性的知识,推出关于特殊性的知识。由于是由一般到特殊,结论寓于前提之中,或者说结论与前提具有蕴含关系,所以,它又是必然性推理❶。法律逻辑是将法律规定适用于具体案件,从而得出评价、裁决结论的过程,总体上表现为一种"演绎论证模式",即法律的规则为大前提、执法人员认定事实为小前提,推理的结论便是具体的行政决定。当然,形式逻辑考察推理并不追问推理前提的真实与否,只是理论上假定前提是真。但法律推理不可能假定为真的命题作为前提进行推理。但这并不妨碍在交通运输行政执法过程中运用形式逻辑的方法去确定法律规范和具体法律条文中要求的大前提,即哪些是必须需要证明的对象。

虽然从法律条文中可以发现和查找到法定的证明对象,但是否全面和完整,是值得注意的问题。实体性证明对象的发现和查找,需要把握其内在的逻辑关系,其逻辑关系就是假言判断中必要条件推理在法律中的具体体现。首先,这种联系的内部存在一种逻辑关系。必要条件是指,如果没有事物情况 A,则必然没有事物情况 B;如果有事物情况 A 而未必有事物情况 B,A 就是 B 的必要而不充分的条件。例如,构成"未取得道路运输经营许可,擅自从事道路运输经营的"这个违法行为必须具备至少三个条件:一是当事人从事道路运输活动;二是该从事道路运输是经营性的;三是未取得道路运输是经营性许可。上述三个条件中的任何一个都是构成"未取得道路运输经营许可,擅自从事道路运输经营的"违法行为的必要条件,如果仅具备其中的一个或两个条件,并不必然构成"擅自从事道路运输经营"违法行为;但是如果缺少其中的任何一个条件,必然不构成"擅自从事道路运输经营"违法行为。运用假言判断原理中的必要条件首先要厘清某一违法行为所有的必须具备的条件,可以准确全面把握某一交通运输案件处理所应有的全部证明对象。尽管在案件的调查处理中,收集证据是在当事人实施违法行为之后进行的,但是为了提高行政效率,准确把握证明对象,交通运输执法机关可以对专业法中法律责任中的条款以及行为模式方面的条款进行梳理,总结归纳各种构成违法行为所必需的必要条件。

四、通过适当的法律解释方法把握证明对象

如前所述,实体性证明对象和程序性证明对象在有关法律规定的具体条文中。交通运输执法人员在依据法律实施执法活动之前,需要正确确定法律规定的含义,取证活动也不例外。例如,《道路危险货物运输管理规定》第 64 条规定,道路危险货物运输企业或者单位以及托运人违反规定,未添加运输危险化学品需要添加抑制剂或者稳定剂,或者未将有关情况告知承运人的,由县级以上道路运输管理机构责令改正,并处 5 万元以上 10 万元以下的罚款,拒不改正的,责令停产停业整顿;构成犯罪的,依法追究刑事责任。对该条文中"添加抑制剂或者稳定

---

❶解兴权. 通向正义之路——法律推理的方法论研究[M]. 北京:中国政法大学出版社,2000:99.

剂"的理解既关系到对当事人行为性质的把握,也关系到取证问题。这就涉及法律解释问题。法律解释是指一定的人或组织对法律规定含义的说明。法律解释不仅仅是对法律规定的含义进行解释而且也对法律制度的内涵、有关背景和其他有关情况往往也要作出解释。法律解释既是人们日常法律实践的重要组成部分,又是法律实施的一个重要前提。对法律概念的理解,一是要看有关上级机关的解释;二是执法人员按照一定的解释方法进行解释或理解,尽管交通运输执法人员对法律的解释并非法定解释或正式解释,从法律规定的角度不具有法律上的约束力,但其作出的决定却可以直接影响当事人的权益,所以从某种意义上讲,其解释比有权解释更有实际意义。

(一)关于"挂靠经营"的解释

《道路旅客运输及客运站管理规定》第 5 条规定:"国家实行道路客运企业等级评定制度和质量信誉考核制度,鼓励道路客运经营者实行规模化、集约化、公司化经营,禁止挂靠经营。""挂靠经营"的含义是什么呢? 交通运输部对海南省交通运输厅《关于予以明确界定"挂靠经营"含义的紧急请示》的复函❶中明确:《道路旅客运输及客运站管理规定》所称"挂靠经营",是指道路客运车辆的机动车登记证的所有(权)人不具备道路客运经营资质,但以其他具备资质的企业名义从事道路旅客运输经营活动的行为。挂靠经营者的相关经营行为由被挂靠的企业承担相应的法律责任。

(二)关于许可证件的解释

《公路安全保护条例》第 65 条规定:"未随车携带超限运输车辆通行证的,由公路管理机构扣留车辆,责令车辆驾驶人提供超限运输车辆通行证或者相应的证明。"上述规定的许可证件的内涵是什么? 如果当事人未随车携带任何形式的超限运输车辆通行证,当然公路管理机构扣留车辆不存在任何问题,如果其携带的超限运输车辆通行证系伪造变造或者过期失效的许可证件的行为,如何认定其事实,如何调查取证? 可见准确理解法律规定的概念,准确把握其内涵和外延,至关重要。《中华人民共和国道路运输条例》等法律法规也有类似的规定。

以《公路安全保护条例》的规定为例,对涉及超限运输许可方面可以采取扣留车辆的行政强制措施的规定有:第 65 条第一款,"未随车携带超限运输车辆通行证的,由公路管理机构扣留车辆,责令车辆驾驶人提供超限运输车辆通行证或者相应的证明。"第二款,"违反本条例的规定,经批准进行超限运输的车辆,未按照指定时间、路线和速度行驶的,由公路管理机构或者公安机关交通管理部门责令改正;拒不改正的,公路管理机构或者公安机关交通管理部门可以扣留车辆。"但却未规定对当事人持有伪造、变造、超过有效期限的超限运输车辆通行证的违法行为是否可以扣留车辆。在此情况下,对第 65 条第一款中"超限运输车辆通行证"的理解或解释就至关重要。通过文理解释、系统解释❷等解释方法,不难得出该概念的准确意思是

---

❶见《交通运输部办公厅关于"挂靠经营"含义的复函》(交办运函〔2016〕703 号)。
❷文理解释又称语法解释或文义解释,即依照文法规则分析法律的语法结构、文字排列和标点符号等,以便准确理解法律条文的基本含义。系统解释是从某一法律规范与其他法律规范的联系,以及它在整个法律体系或某一法律部门中的地位与作用,同时联系其他规范来说明规范的内容和含义。

"合法有效的超限运输车辆通行证"。如此理解就可以解决执法人员有证据证明当事人所持超限运输车辆通行证如系伪造、变造、超过有效期限的,即可依法采取行政强制措施,并对该违法行为作出相应的行政处罚。由此可推而广之,法律法规规定的诸如道路运输经营许可证、车辆营运证以及驾驶人员的驾驶证和从业资格证等均应为合法有效。

因此,同一法律使用的统一术语,或者不同法律使用的统一术语,如没有特殊的理由,均应做相同解释。

(三)关于不确定概念和名词术语的解释

任何一个法律概念都具有概念内涵和概念外延两个部分,只是对于不确定法律概念而言,由于它的概念外延特别宽泛,它的边缘地带特别模糊,所以一般将这样一种法律概念单独称为不确定法律概念。例如《收费公路管理条例》第 26 条规定,收费公路经营管理者应当按照国家规定的标准和规范,对收费公路及沿线设施进行日常检查、维护,保证收费公路处于良好的技术状态。该"良好的技术状态"就属于不确定概念,再如,《中华人民共和国道路运输条例》第 8 条规定的"有健全的安全生产管理制度"中的"健全"等。准确理解和把握这些不确定概念对确定证明对象具有非常重要的意义。对不确定概念的解释有以下几种方式。

1. 系统性解释

把不确定概念置于某一领域法律体系中去解释。如前文所提的《收费公路管理条例》规定的"良好的技术状态",在《收费公路管理条例》中无法找到相关解释,但是《公路安全保护条例》第 44 条作出了较为明确具体的解释,即"良好技术状态,是指公路自身的物理状态符合有关技术标准的要求,包括路面平整,路肩、边坡平顺,有关设施完好。"再如《中华人民共和国道路运输条例》第 8 条规定的"有与其经营业务相适应并经检测合格的车辆",在该条例中也难找到相应的解释,但是《道路旅客运输及客运站管理规定》作出了相对具体的规定。

2. 适用技术标准和技术规范进行解释

《公路安全保护条例》第 11 条规定"公路弯道内侧、互通立交以及平面交叉道口的建筑控制区范围根据安全视距等要求确定。"此处的"安全视距",从公路有关的法律法规中无法找到相关解释,在《公路工程技术标准》(JTG B01—2014)、《公路路线设计规范》(JTG D20)中,对安全视距作出了规定,即安全视距指的是驾驶人在行车中从发现路面异常情况到采取措施避险所需的视线范围。它分为三种:停车视距、会车视距、超车视距等。再如,《危险化学品安全管理条例》第 86 条关于"未根据危险化学品的危险特性采取相应的安全防护措施"规定中,涉及"危险化学品""危险特性"两个术语,该术语的理解就需要通过《危险化学品目录》和相关技术标准、专业规定加以理解。

(四)对有关法律条款的文义进行解释

文义解释,又称语义解释、语法解释、文法解释、文理解释等,是指按照法律条文的文字、语法去理解法律规范的内容和意义的解释的方法。对有关法律条款的文义解释,有利于准确把握法律条文规定必须证明的对象。例如,《公路安全保护条例》第 72 条规定,"造成公路、公路附属设施损坏,拒不接受公路管理机构现场调查处理的,公路管理机构可以扣留车辆、工具。"

该条文规定的"拒不",其意思是"抵挡、抵抗、不接受",但其方式是多种多样的。因此,对其的理解应当是不论任何方式,拒绝"接受公路管理机构现场调查"或者"接受公路管理机构现场处理"符合法律本意,即可决定扣留车辆、工具。再如,《行政强制法》第 18 条第 5 项规定,"当场告知当事人采取行政强制措施的理由、依据以及当事人依法享有的权利、救济途径。"该规定中的告知"救济途径"是否为应当证明的对象呢?从《行政强制法》第 18 条可以看出,在听取当事人的陈述和申辩,行政执法机关尚未作出具体行政行为,而法律规定的救济途径是指行政复议和行政诉讼,如果行政执法机关尚未作出具体行政行为,当事人因无复议或诉讼的对象,使该规定中告知"救济途径"失去意义。而且《行政强制法》关于查封、扣押等具体行政强制措施适用规定的有关决定书中也明确要求告知当事人"申请行政复议或者提起行政诉讼的途径和期限"。因此,通过文义解释可以理解行政执法机关是否在该程序或环节中无需告知当事人"救济途径",也无需证明履行了该程序。

第三节　交通运输执法行政程序证明对象的主要内容

按照本章第二节的方法可以确定,一般交通运输行政执法案件的证明对象分为一般证明对象和特殊证明对象。一般证明对象是指所有案件都必须证明的对象,主要是案件当事人的有关事实和交通运输执法机关履行法定程序的有关事实。特殊证明对象是指交通运输执法个案所需要证明的对象。其中,案件当事人的有关事实、当事人的行为事实和结果事实属于实体性事实,交通运输执法机关履行法定程序的有关事实为程序性事实,此外还包括不需要证明的事实等。

一、实体性事实

实体性事实是指由交通运输实体法规定的,交通运输行政执法机关作出行政决定必须证明的事实。实体性事实是行政程序证明对象的主要部分,实体性事实的查明与证实是实现行政实体公正的保障。实体性事实作为证明对象一般由各具体实体法律规范规定,例如,《公路安全保护条例》规定的建造违法建筑物和地面构筑物行为的事实、未经许可超限车辆擅自行驶公路的事实,《中华人民共和国道路运输条例》规定的客运经营者、货运经营者擅自改装已取得车辆营运证的车辆的事实,《收费公路管理条例》规定的擅自在公路上设立收费站(卡)收取车辆通行费或者应当终止收费而不终止的违法事实等。实体性事实包括主体事实、行为事实、结果事实和情节事实等。

(一)主体事实

主体事实是关于主体是否具备资格、是否是该主体作出的行为等事实,一般在法律法规中均做较为明确的规定。包括以下四类:

1. 行政许可的申请人的主体资格方面的事实

如收费公路方面,申请设立公路通行费收费站的主体是否为依法成立的从事建设、经营公路企业法人或者依法设立专门从事政府还贷公路建设和管理的不以营利为目的的法人组织。如果不具备上述主体资格条件,行政机关不能作出准予许可的决定。再如,道路运输管理方面,依照《中华人民共和国道路运输条例》的规定,申请从事客运经营的,应当具备下列条件:一是有与其经营业务相适应并经检测合格的车辆;二是有符合规定条件的驾驶人员;三是有健全的安全生产管理制度。

2. 作出的行为违法行为人以及被处罚主体资格问题

该证明对象涉及诸多方面,如被处罚主体、被处罚主体资格、违法行为实施的当事人情况等。

(1)谁是被处罚主体

谁实施的违法行为,谁应当对违法行为承担相应的法律后果。如受委托的组织或个人实施的违法行为,委托人为被处罚主体;违法者为法人组织的分支机构,该法人组织为被处罚主体。值得注意的是《侵权责任法》第 49 条、第 50 条、第 51 条及《最高人民法院关于审理道路交通事故损害赔偿案件适用法律若干问题的解释》(法释〔2012〕19 号)对机动车交通事故责任的规定中对责任承担作出了明确规定:一是租赁、借用等情形机动车所有人与使用人不是同一人时,发生交通事故后属于该机动车一方责任的,由保险公司在机动车强制保险责任限额范围内予以赔偿。不足部分,由机动车使用人承担赔偿责任;机动车所有人对损害的发生有过错的,承担相应的赔偿责任。二是当事人之间已经以买卖等方式转让并交付机动车但未办理所有权转移登记,发生交通事故后属于该机动车一方责任的,由保险公司在机动车强制保险责任限额范围内予以赔偿。不足部分,由受让人承担赔偿责任。三是以买卖等方式转让拼装或者已达到报废标准的机动车,发生交通事故造成损害的,由转让人和受让人承担连带责任。四是以挂靠形式从事道路运输经营活动的机动车发生交通事故造成损害,属于该机动车一方责任,当事人请求由挂靠人和被挂靠人承担连带责任的,人民法院应予支持❶。五是被多次转让但未办理转移登记的机动车发生交通事故造成损害,属于该机动车一方责任,当事人请求由最后一次转让并交付的受让人承担赔偿责任的,人民法院应予支持。

(2)被处罚主体资格问题

行政处罚主体资格方面,法人和其他社会组织均可成为被处罚主体;公民应当具备行政责任能力,行政责任能力是指行为人具备行政法意义上辨别和控制自己行为的能力。我国《行政处罚法》对公民行政责任能力的规定与我国《刑法》的规定基本一致,即:不满 14 周岁的人有违法行为的,该行为人不具备被处罚主体资格;精神病人在不能辨认或者不能控制自己行为时有违法行为的,不予行政处罚;间歇性精神病人在患病期间实施的违法行为不予处罚,但在精神正常时有违法行为的,应当给予行政处罚。确认当事人的行政责任能力,可以通过查证当事人的身份证、户籍证明以及精神状况鉴定等方式进行。

(3)实施违法行为当事人的情况

实施违法行为当事人的情况也直接影响到行政程序的实施。如《行政处罚法》第 33 条规

---

❶见《最高人民法院关于审理道路交通事故损害赔偿案件适用法律若干问题的解释》(法释〔2012〕19 号)。解释规定:"以挂靠形式从事道路运输经营活动的机动车发生交通事故造成损害,属于该机动车一方责任,当事人请求由挂靠人和被挂靠人承担连带责任的,人民法院应予支持。"

定,"违法事实确凿并有法定依据,对公民处以50元以下、对法人或者其他组织处以1000元以下罚款或者警告的行政处罚的,可以当场作出行政处罚决定。"依该规定,如拟对当事人处以500元罚款,如果当事人为法人或其他组织,则可适用简易程序;如果当事人为公民,适用简易程序则违反法定程序。再如,《行政处罚法》第42条规定,"行政机关作出责令停产停业、吊销许可证或者执照、较大数额罚款等行政处罚决定之前,应当告知当事人有要求举行听证的权利。"根据交通部《行政处罚程序规定》第25条的规定,听证程序只适用于责令停产停业、吊销证照、较大数额的罚款。较大数额罚款的"较大"为"地方交通管理部门按省级人大常委会或者人民政府或其授权的部门规定的标准执行;交通部直属的交通管理机构按5000元以上执行,港务(航)监督机构按10000元以上执行"。山西省《关于贯彻实施〈中华人民共和国行政处罚法〉的通知》(晋政发〔1996〕92号)规定,"听证范围中的'较大数额的罚款'一项,我省暂定为对非经营活动中的违法行为处以1000元以上的罚款;对经营活动中的违法行为,没有违法所得的处以10000元以上的罚款,有违法所得的处以30000元以上的罚款。"可见,当事人所从事的活动是否为经营性行为,也应当为证明对象。此外,当事人的通信地址、联系方式等也需要证明,主要目的是将来文书的送达。

3. 鉴定人的主体资格

鉴定人是否具备相应的鉴定资格,直接决定鉴定意见是否合法有效。《最高人民法院关于行政诉讼证据若干问题的规定》第14条规定,被告向人民法院提供的在行政程序中采用的鉴定结论,应当载明委托人和委托鉴定的事项、向鉴定部门或机构提交的相关材料、鉴定的依据和使用的科学技术手段、鉴定部门和鉴定人鉴定资格的说明,并应有鉴定人的签名和鉴定部门的盖章。通过分析获得的鉴定意见,应当说明分析过程。所以,将鉴定人的主体资格作为证明对象也是非常必要的。例如,对非法超限运输车辆的检测,超限检测点应当为省级人民政府批准设置的,且该检测设备经质监部门依法检定❶。

4. 违法行为人的主观要件

就公路行政处罚而言,《公路法》法律责任一章中规定的行政处罚的情形有:擅自在公路上设卡、收费的;未经有关交通运输主管部门批准擅自施工的;擅自占用、挖掘公路的;从事危及公路安全的作业的;铁轮车、履带车和其他可能损害路面的机具擅自在公路上行驶的;车辆超限使用汽车渡船或者在公路上擅自超限行驶的;损坏、移动、涂改公路附属设施或者损坏、挪动建筑控制区的标桩、界桩可能危及公路安全的;造成公路路面损坏、污染或者影响公路畅通的;将公路作为试车场地的;在公路用地范围内设置公路标志以外的其他标志的;未经批准在公路上增设平面交叉道口的;在公路建筑控制区内修建建筑物、地面构筑物或者擅自埋设管线、电缆等设施的以及造成公路损坏未履行报告义务的12种。上述情形从行为人主观分析,

---

❶对超限运输车辆车货总质量的检测结果能否作为证据,关键是审查其是否能够反映事实本身。私人磅房计量器具也是计量器具,与其他计量器具同样能够反映物体的重量,反映事实情况。根据《计量法》的规定,其是否能够准确反映检测物的重量,关键是审查该计量器具是否经过计量行政部门依法检定并认定合法有效,因此,如无特别规定,经法定质量技术监督检验测试机构检验并持有合法有效的检定证书,检测结果所认定的事实是客观真实,其检测结果可以作为证据。2016年新实施的《超限运输车辆行驶公路管理规定》第34条作出"采取固定站点检测的,应当在经省级人民政府批准设置的公路超限检测站进行"规定后,检测结果以公路超限检测站检测结果作为证据。

其心态全部为故意。此外，《公路法》第 78 条规定，违反本法第 53 条规定，造成公路损坏，未报告的，由交通运输主管部门处 1000 元以下的罚款。从该规定及《公路法》的有关可以看出，过失造成公路损坏，不可能导致行政处罚，但是，造成公路损坏，未履行法律规定的报告义务，其主观方面即为故意，《公路法》规定了可以给予 1000 元以下的处罚。从《公路法》和《公路安全保护条例》的规定可以看出，对当事人违法行为中，除"车辆装载物触地拖行、掉落、遗洒或者飘散，造成公路路面损坏、污染的"外，规定有行政处罚的，违法行为人的主观心态均为故意。即过失行为一般不构成行政违法，但是不构成行政违法，并不能免除其民事责任。

从《道路运输条例》等有关规定看，道路运输违法行为的主观心态均为故意。例如，《道路运输条例》第 64 条规定，违反本条例的规定，未取得道路运输经营许可，擅自从事道路运输经营的行为，当事人应当知道从事道路运输经营，应当取得相应的许可。

（二）行为事实

行为事实是主体是否实施了法律肯定或否定行为的事实。行为事实包括行政相对人是否实施了法律肯定的事实和是否实施了法律否定的事实。

行为事实主要体现在交通运输专业法的具体条款中。

例如，《公路安全保护条例》第 64 条规定："违反本条例的规定，在公路上行驶的车辆，车货总体的外廓尺寸、轴荷或者总质量超过公路、公路桥梁、公路隧道、汽车渡船限定标准的，由公路管理机构责令改正，可以处 3 万元以下的罚款。"如果适用该条对当事人进行调查，并实施相应的行政处罚。执法人员应当从《公路安全保护条例》中的义务性规定或禁止性规定中确定证明对象。《公路安全保护条例》中与此相对应的义务性规定或禁止性规定为第 33 条："超过公路、公路桥梁、公路隧道限载、限高、限宽、限长标准的车辆，不得在公路、公路桥梁或者公路隧道行驶；超过汽车渡船限载、限高、限宽、限长标准的车辆，不得使用汽车渡船。"第 35 条："车辆载运不可解体物品，车货总体的外廓尺寸或者总质量超过公路、公路桥梁、公路隧道的限载、限高、限宽、限长标准，确需在公路、公路桥梁、公路隧道行驶的，从事运输的单位和个人应当向公路管理机构申请公路超限运输许可。"结合《超限运输车辆行驶公路管理规定》第 27 条第 2 款中关于"在公路上行驶的车辆，其车货总体的外廓尺寸或者总质量未超过本规定第 3 条规定的限定标准，但超过相关公路、公路桥梁、公路隧道限载、限高、限宽、限长标准的，不得在该公路、公路桥梁或者公路隧道行驶。"的规定，所以，证明对象应当为：①车辆及所载货物总重、外廓尺寸超过国家规定的标准，或者超过公路、公路桥梁、公路隧道的限载、限高、限宽、限长标准；②车辆行驶公路（如果车辆超过限定标准装载，但未行驶公路，显然不构成违法）；③证明该超限运输行驶公路的行为违法。对该证明对象的证明有两个方面，一是车辆装载的物品如系可解体物，自然无需证明该超限运输活动是否取得许可。因为根据道路运输条例第 35 条的规定，只有运输不可解体物的车辆超限行驶公路，方可取得许可。即使该运输车辆取得超限运输许可，其行为也是违法的，因为该许可时属于《行政许可法》第 69 条第 2 款规定的超越法定职权作出准予行政许可决定，属于可撤销的许可决定。二是车辆装载的物品如系不可解体物，则应当证明当事人的超限运输行为是否和法，证明对象是当事人是否依法从事许可活动。亦即当事人是否持有合法有效的《超限运输通行证》。

如《道路运输条例》第 70 条规定的"没有采取必要措施防止货物脱落、扬撒等的"，该行为部分的证明对象为：没有采取必要措施防止货物脱落、扬撒。

如系拟给予行政处罚，则应当将违法行为的情节作为证明对象。如《超限运输车辆行驶公路管理规定》第43条规定，车货总高度从地面算起未超过4.2米、总宽度未超过3米且总长度未超过20米的，可以处200元以下罚款；车货总高度从地面算起未超过4.5米、总宽度未超过3.75米且总长度未超过28米的，处200元以上1000元以下罚款；车货总高度从地面算起超过4.5米、总宽度超过3.75米或者总长度超过28米的，处1000元以上3000元以下的罚款。

再如，《公路安全保护条例》第64条第一款规定："造成公路、公路附属设施损坏，拒不接受公路管理机构现场调查处理的，公路管理机构可以扣留车辆、工具。"如果适用该规定欲对当事人实施扣留车辆(工具)的行政强制措施，只需就本条的规定确定证明对象。本条款规定的证明对象有以下两个方面：①造成公路、公路附属设施损坏。证明该对象，要证明可以见到的明显的损坏后果。②拒不接受公路管理机构现场调查处理。该证明对象需要证明当事人不接受现场调查或虽然接受现场调查，但拒不接受现场处理。

在交通运输行政执法中，大部分违法行为只有行为事实即可科以行政处罚，无需有物质性危害结果，有危害结果的，从重给予行政处罚，借用刑法理论，属于行为犯。只要证明实施了违法行为，无需证明造成危害结果。

1.路政行政执法方面属于只要证明实施了违法行为的

(1)未经许可，擅自从事涉路施工活动的。

(2)违反法律法规的规定，在公路上行驶的车辆，车货总体的外廓尺寸、轴荷或者总质量超过公路、公路桥梁、公路隧道、汽车渡船限定标准的。

(3)经批准进行超限运输的车辆，未按照指定时间、路线和速度行驶的。

(4)未随车携带超限运输车辆通行证的。

(5)租借、转让超限运输车辆通行证的。

(6)使用伪造、变造的超限运输车辆通行证的。

(7)涉路工程设施影响公路完好、安全和畅通的。

(8)违反法律法规规定，铁轮车、履带车和其他可能损害路面的机具擅自在公路上行驶的。

2.道路运输行政执法方面属于只要证明实施了违法行为的

(1)不符合规定条件的人员驾驶道路运输经营车辆的。

(2)违反规定，客运经营者、货运经营者、道路运输相关业务经营者非法转让、出租道路运输许可证件的。

(3)客运经营者、危险货物运输经营者未按规定投保承运人责任险的，由县级以上道路运输管理机构责令限期投保，拒不投保的。

(4)客运经营者、货运经营者不按照规定携带车辆营运证的。

(5)客运经营者、货运经营者不按批准的客运站点停靠或者不按规定的线路、公布的班次行驶的。

(6)客运经营者、货运经营者强行招揽旅客、货物的。

（7）客运经营者、货运经营者在旅客运输途中擅自变更运输车辆或者将旅客移交他人运输的。

（8）客运经营者、货运经营者未报告原许可机关，擅自终止客运经营的。

（9）客运经营者、货运经营者没有采取必要措施防止货物脱落、扬撒等的。

（10）客运经营者、货运经营者不按规定维护和检测运输车辆的。

（11）客运经营者、货运经营者擅自改装已取得车辆营运证的车辆的。

（12）道路运输站（场）经营者允许无证经营的车辆进站从事经营活动以及超载车辆、未经安全检查的车辆出站的。

（13）道路运输站（场）经营者无正当理由拒绝道路运输车辆进站从事经营活动，由县级以上道路运输管理机构责令改正，拒不改正的。

（14）道路运输站（场）经营者擅自改变道路运输站（场）的用途和服务功能，或者不公布运输线路、起止经停站点、运输班次、始发时间、票价，由县级以上道路运输管理机构责令改正，拒不改正的。

（15）机动车维修经营者使用假冒伪劣配件维修机动车。

（16）承修已报废的机动车或者擅自改装机动车的。

（17）机动车维修经营者签发虚假的机动车维修合格证。

（18）机动车驾驶员培训机构不严格按照规定进行培训或者在培训结业证书发放时弄虚作假的，由县级以上道路运输管理机构责令改正，拒不改正的。

（19）国外道路运输经营者未按照规定的线路运输，擅自从事中国境内道路运输或者未标明国籍识别标志的。

（三）结果事实

结果事实并不是作出每一个具体行政行为都必须证明的，有些具体行政行为只要证明当事人实施了某种行为即可，结果事实是从重的因素；但是有些案件必须要有结果事实。结果事实是主体行为所造成结果的案件事实，如是否造成损害、损害结果是否严重、是否给社会带来重大利益等。有些违法行为的发生所导致的物质性危害结果，借用刑法理论，属于结果犯。如擅自挖掘公路导致的公路损坏。再如《公路安全保护条例》第72条规定的，造成公路、公路附属设施损坏，拒不接受公路管理机构现场调查处理的，公路管理机构可以扣留车辆、工具。按照该规定，造成公路、公路附属设施损坏这个物理性危害结果是实施扣留车辆、工具必须证明的对象。需要证明造成危害结果的有：

（1）在公路建筑控制区内修建、扩建建筑物、地面构筑物或者未经许可埋设管道、电缆等设施的。

（2）在公路建筑控制区外修建的建筑物、地面构筑物以及其他设施遮挡公路标志或者妨碍安全视距的。

（3）利用公路桥梁（含桥下空间）、公路隧道、涵洞堆放物品，搭建设施以及铺设高压电线和输送易燃、易爆或者其他有毒有害气体、液体的管道的。

（4）未经批准更新采伐护路林的。

（5）故意堵塞固定超限检测站点通行车道、强行通过固定超限检测站点。

（6）车辆装载物触地拖行、掉落、遗洒或者飘散，造成公路路面损坏、污染的。

（四）情节事实

情节事实是指是否具有法律规定的各种情节的事实。情节事实包括从重、从轻、减轻等法律规定的事实。有些是法定情节，如《行政处罚法》第 27 条规定的从轻或者减轻行政处罚有：主动消除或者减轻违法行为危害后果的；受他人胁迫有违法行为的；配合行政机关查处违法行为有立功表现的。有些是酌定情节，需要交通运输执法人员参照《刑法》的有关规定考虑证明对象。

（五）排除或减轻行为人行政处罚责任的事实

1. 排除行为人行政处罚责任的事实

这类事实的发生，尽管行为人的行为构成交通运输行政违法，但并不产生相应的行政处罚责任。这主要指《行政处罚法》第 25 条、第 29 条规定的情形，即：

（1）违法行为在 2 年内未被发现的。

（2）精神病人在不能辨认或者不能控制自己行为时有违法行为的。

（3）不满 14 周岁的人有违法行为的。

（4）违法行为轻微并及时纠正，没有造成危害后果的。

2. 减轻行为人行政处罚责任的事实

此类事实主要有 5 类：

（1）行为人没有达到法定的行政处罚责任年龄。《行政处罚法》第 25 条规定的"已满 14 周岁不满 18 周岁的人有违法行为的，从轻或者减轻行政处罚。"

（2）主动消除或者减轻违法行为危害后果的。

（3）受他人胁迫有违法行为的。

（4）配合行政机关查处违法行为有立功表现的。

（5）其他依法从轻或者减轻行政处罚的。

二、程序性事实

行政程序性事实是行政程序的形式是否符合要求、行政程序步骤是否完成、是否遵守行政程序顺序的规定、行政程序是否遵守时限的规定等事实。行政程序性事实包括程序的形式事实、步骤事实、顺序事实、时限事实。程序形式事实有当事人申请材料提交的形式、行政决定形式、听证形式、调查案件事实形式等。程序步骤事实有是否提出申请、是否听取当事人陈述申辩、是否告知权利义务和事实依据、是否对当事人提供的证据及陈述申辩进行审查核实、是否提出回避申请及是否审查。行政顺序事实是指行政程序是否符合法律规范要求的事实。行政时限事实是指行政机关和行政程序参与人是否遵守法定时限规定的事实，包括是否按期提出申请、是否在规定期限内提出证据材料、是否在法定期限内作出决定等。《行政复议法》第 28 条规定，具体行政行为违反法定程序的，复议机关决定撤销、变更或者确认该具体行政行为违法;决定撤销或者确认该具体行政行为违法的,可以责令被申请人在一定期限内重新作出具体行政行为;《行政诉讼法》第70条也规定,行政行为违反法定程序的,人民法院判决撤销或者部分撤销,并可以判决被告重新作出行政行为。

（一）行政许可方面的程序事实

1. 申请方面
（1）证明当事人提出申请和未提出申请的程序性事实。
（2）收到交通行政许可申请材料后履行告知义务的程序性事实。

2. 受理方面
实施机关受理交通行政许可申请方面的事实。

3. 审查方面
（1）依照法律、法规和规章的规定,需要对申请材料的实质内容进行核实的,是否依法进行审查。
（2）依法应当征得相关部门同意或需要征求相关利害关系人意见的,是否依法征求意见,如《公路安全保护条例》第27条规定,公路管理机构应当自受理申请之日起20日内作出许可或者不予许可的决定;影响交通安全的,应当征得公安机关交通管理部门的同意;涉及经营性公路的,应当征求公路经营企业的意见。
（3）依法需要听证、招标、拍卖、检验、检测、检疫、鉴定和专家评审的,实施机关是否向申请人送达《交通行政许可期限法定除外时间通知书》。

4. 决定方面
（1）是否依法作出许可或不予许可的决定。
（2）是否依法将许可或不予许可的决定送达申请人。

5. 关于期限方面
《行政许可法》第32条规定,申请材料不齐全或者不符合法定形式的,应当当场或者在五日内一次告知申请人需要补正的全部内容,逾期不告知的,自收到申请材料之日起即为受理;第42条规定,除可以当场作出行政许可决定的外,行政机关应当自受理行政许可申请之日起20日内作出行政许可决定。20日内不能作出决定的,经本行政机关负责人批准,可以延长10日,并应当将延长期限的理由告知申请人。但是,法律、法规另有规定的,依照其规定。

（二）行政强制方面

交通运输行政执法行政强制包括行政强制措施和行政强制执行。
交通运输行政强制措施主要有扣押财物和证件,如《行政处罚法》规定的证据先行登记保存,《公路安全保护条例》规定的扣留车辆、工具,《危险化学品安全管理条例》第7条规定的扣押危险化学品运输工具,《道路运输条例》规定的扣留车辆,《内河交通安全管理条例》规定的暂扣船舶、浮动设施等。
交通运输行政强制执行涉及的种类比较全面,如《收费公路管理条例》规定的强制拆除收费设施、强制养护,《公路安全保护条例》规定的强制拆除公路建筑控制区内修建、扩建建筑物、地面构筑物或者未经许可埋设管道、电缆等设施以及《公路法》《道路交通安全法》规定的恢复原状,《港口法》规定的强制拆除种植、养殖设施,《内河交通安全管理条例》规定的强制拆除擅自设置的渡口、强制恢复擅自撤销的渡口等。

1.行政强制措施方面

(1)实施前须向行政机关负责人报告并经批准。

(2)由两名以上行政执法人员实施。

(3)出示执法身份证件。

(4)通知当事人到场。

(5)当场告知当事人采取行政强制措施的理由、依据以及当事人依法享有的权利、救济途径。

(6)听取当事人的陈述和申辩。

(7)制作现场笔录。

(8)现场笔录由当事人和行政执法人员签名或者盖章,当事人拒绝的,在笔录中予以注明。

(9)当事人不到场的,邀请见证人到场,由见证人和行政执法人员在现场笔录上签名或者盖章。

(10)作出行政强制措施决定。

(11)作出解除行政强制措施决定。

2.行政强制执行方面

(1)行政强制执行催告。

(2)催告书送达。

(3)当事人陈述、申辩。

(4)行政机关听取当事人的意见进行记录、复核并决定是否采纳。

(5)经催告,当事人逾期且无正当理由不履行行政决定,行政机关作出并送达《行政强制执行决定书》。

(6)属于对违法的建筑物、构筑物、设施等需要强制拆除的,应当由行政机关予以公告,限期当事人自行拆除。

(7)强制执行。

三、不需要证明的事实

《最高人民法院关于行政诉讼证据若干问题的规定》第68条规定:"下列事实法庭可以直接认定:(一)众所周知的事实;(二)自然规律及定理;(三)按照法律规定推定的事实;(四)已经依法证明的事实;(五)根据日常生活经验法则推定的事实。前款(一)、(三)、(四)、(五)项,当事人有相反证据足以推翻的除外。"第69条第2款规定:"生效的人民法院裁判文书或者仲裁机构裁决文书确认的事实,可以作为定案依据。但是如果发现裁判文书或者裁决文书认定的事实有重大问题的,应当中止诉讼,通过法定程序予以纠正后恢复诉讼。"第 65 条规定:"在庭审中一方当事人或者其代理人在代理权限范围内对另一方当事人陈述的案件事实明确表示认可的,人民法院可以对该事实予以认定。但有相反证据足以推翻的除外。"

(一)众所周知的事实

对于众所周知的事实(即显著事实),无须证明,这是一条古老的法则。一般认为,众所周知的事实是指为一定地域或领域内的一般人或大多数人共同知晓的事实。一般来说,众所周知的事实是众人皆知且对其真实性不存争议的事实,所以成为免证事实。

众所周知的事实,其范围包括自然规律及定理、历史事件、时事新闻、法定节日、国界省界、日常生活知识和经验等等。某件事实是否众所周知往往因时间、地域、领域等而异。众所周知的事实,有些是长久为众所知,有些则存续短暂;有些在一省、一国乃至世界范围内为众所知,有些仅在一县等较为狭小的地域内为该地域的众人所知(如地方性事件、地方习惯等);有些为全社会所普遍知悉,有些则为某些或者某个领域内众人周知(如行业性事件、行业习惯或惯例等)。众所周知的标准是为一定地域或领域内的一般人或大多数人所知晓。

(二)按照法律规定推定的事实

法律推定是法律明文确立下来的推定,当出现符合有关法律推定的规范要件事实(即前提事实)时,就可以直接依据该规范推断出推定事实。法律推定的成立条件主要有:(1)符合有关法律推定的前提事实已经得到证明;(2)没有其他更有力的证据和真实事实与推定事实相冲突。

法律推定有两种,一种为有关事实的法律推定,另一种为有关权利的法律推定。有关事实的法律推定,是指法律规定以某一事实的存在为基础,推断待证事实存在的推定。例如,在交通运输行政执法中,对当事人持有驾驶证的,推定当事人不属于《行政处罚法》规定的"精神病人在不能辨认或者不能控制自己行为"的人。有关权利的法律推定,是指法律就某权利或法律关系于现在是否存在加以推定,例如各共有人的应有部分不明的,推定其为均等。在有关权利的法律推定中,主张权利的当事人应当证明权利推定出发点的事实,但是不必证明权利发生的构成要件事实。有关权利的法律推定并非证据法则,证据法中的法律推定是以待证的案件事实而并非以实体权利为推定的对象。交通运输行政执法中常常存在法律推定,如当事人委托代理人处理交通运输行政执法案件,代理人的承认视为当事人的承认,但未经特别授权的代理人对事实的承认直接导致承认对方不利后果的除外。再如,《交通行政处罚程序规定》规定:"当事人或者其委托代理人无正当理由不按时出席听证会或者中途擅自退出听证会的,视为当事人放弃要求听证的权利。"

(三)事实推定

事实推定,本质上属于推论,按照《最高人民法院关于行政诉讼证据若干问题的规定》第68 条规定,是指法院依据经验法则,进行逻辑上的演绎,由已知事实(基础事实)得出待证事实(推定事实)真伪的结论。但事实上,事实推定在交通运输行政执法实践中也是丰富多彩的,法律不可能全部概括,事实推定的存在是不可避免的,也极大地提高了行政执法效率,例如:对当事人性别、当事人的精神和智力状态❶的推定等,当事人处持有道路运输从业资格证的,应当推定为当事人为成年人且智力正常。基础事实与推定事实之间必须有合理的关联,或互为因果,或互为主从,或相互排斥。推定,可由多种基础事实推论出一种结果事实,但若由一种基础事实可能推论出数种结果事实时,则不得适用。

事实推定和法律推定之间存在着相同和联系之处,主要有:(1)事实推定和法律推定都具有推定的一般特征,比如两者并非证据而是一种证明方法和法则,须有前提事实和推定事实,允许当事人提出反证推翻等等。(2)法律推定是事实推定的法律化和定型化,合理程度较高并且较为典型的事实推定往往被上升为法律推定,所以说法律推定的内容是事实推定。但是,两者的区别主要有:(1)有无法律明文规定,是区别事实推定和法律推定的明显标志。(2)交通运输行政执法机关是根据经验规则来运用事实推定的,而运用法律推定是当出现符合有关法律推定的法律规范要件事实时,就可以直接依据该规范推断出推定事实。所以与法律推定相比,事实推定是一种较脆弱的推定。

事实推定必须具备一定的要件才可成立。这些要件主要有:(1)推定事实无法或难以直接证明,只能借助于间接事实(前提事实)来推断其真实性。(2)前提事实与推定事实之间存在着高度盖然或确然的关联性。(3)前提事实的真实性业已得到法律确认,即属于下列情形中的任何一种:众所周知的事实、法院基于职务所知的事实、确定判决中的事实、公证的事实、诉讼上自认的事实、已由证据认定的事实等。(4)许可对方当事人提出反证后,没有提出反证或者反证不成立的,或者不存在其他更有力的证据或真实事实与推定事实相冲突。事实推定,本于人类生活经验法则,所以不得违背经验法则。然而,应当注意人类生活经验法则,伴随着社会的发展而有所增加、有所变迁。事实推定,本是逻辑的推论,所以必须合乎逻辑规则。因此,事实推定的结果必须是合理的、准确的、强而有力的、始终一致的。倘若交通运输行政执法机关悖于诚实信用原则、经验法则和逻辑规则进行事实推定,则犹如违背法律,必须予以纠正或撤销。

关于"无过错推定"原则。疑罪从无原则是我国刑事诉讼法的原则之一,是无罪推定原则的一个派生标准,是无罪推定原则的一项具体内容,即在案件中既不能证明一个人有罪也不能证明一个人无罪时,就推定这个人无罪。我国《刑事诉讼法》第 162 条第 3 款明确规定:"证据不足,不能认定被告人有罪,应作出证据不足、指控的犯罪不能成立的无罪判决。"犯罪与一般违法相比,其社会危害性要大得多,既然"疑罪"可以推定"从无",那么行政执法中也可以通过"无过错推定"、"疑错从无"。我国《行政处罚法》第 33 条明确规定:"公民、法人或者其他组织违反行政管理秩序的行为,依法应当给予行政处罚的,行政机关必须查明事实;违法事实不清的,不得给予行政处罚。"2009 年以来,厦门市地税局、常州市地税局等执法机关出台的《关于对纳税人适用无过错推定原则的指导意见》明确指出:税务机关在没有确凿证据证明纳税

---

❶《行政处罚法》第 26 条规定:"精神病人在不能辨认或者不能控制自己行为时有违法行为的,不予行政处罚,但应当责令其监护人严加看管和治疗。间歇性精神病人在精神正常时有违法行为的,应当给予行政处罚。"如果当事人没有异于常人的举动,语言表达正常,可以推定为精神和智力状态的人;再如当事人持有驾驶证,交通运输执法人员应推定为精神和智力状态的人。

人存在涉税违法行为时,不应认定或推定纳税人存在涉税违法行为,坚持疑错从无;进一步强调在依法的前提下,应充分尊重和保护纳税人的利益诉求,对纳税人不得附加非法定义务,不得假定纳税人有过错而限制纳税人权利;在与政策法规不相悖的前提下,处理定性争议应当兼顾情理,按照有利于纳税人的原则作出处理。实行"无过错推定"原则,就是坚持"证据原则","疑错从无",按照现代法治的精神,从严搜集、审核证据,在事实清楚,证据确凿的基础上作出执法行为。这样的执法不仅能有效地维护法律的尊严,而且给予行政相对人充分的尊重。

笔者认为,可以将该原则用在交通运输行政执法中。"无过错推定"原则包含以下四个方面内容:一是交通运输行政机关在没有主要证据证明相对人存在交通运输违法行为时,即交通运输行政机关"作出的行政行为缺乏事实根据,导致认定的事实错误或者基本事实不清楚"❶不应认定或推定相对人存在交通运输违法行为,坚持疑错从无;二是交通运输行政机关负有对相对人交通运输违法行为的举证责任,交通运输行政机关应当通过合法手段、法定程序取得证据;三是交通运输行政机关作出认定前,相对人依法享有陈述权和申辩权,相对人提出的事实、理由和证据成立的,交通运输行政机关应当采纳;四是对当事人符合法定或酌定从轻、减轻或免予行政处罚情节的,交通运输行政机关应当作出相应处理。

(四)自认的事实

当事人自认的事实,说明双方当事人对此事实无争议,所以无需作为证明对象。《行政诉讼证据规定》第65条作出这样规定:人民法院可以对自认事实予以认定。在交通运输行政执法程序,当事人为违法事实的承认也应当属于行政程序中的自认。在交通运输行政执法程序中,询问笔录、当事人的陈述均可能存在当事人自认的情况。当事人的陈述是指交通运输行政案件当事人就有关案件事实情况向交通运输行政机关行政执法人员所作的陈述。一般包括三个方面的内容:当事人对自己实施行政违法行为的自认;当事人说明自己没有实施行政违法行为或行为轻微的辩解;当事人检举揭发他人交通运输行政违法行为事实的陈述。

承认性陈述是指一方当事人对另一方当事人所提出的对他不利的事实陈述表示认同或者不加争执,通常称为事实自认或当事人自认。一般而言,自认由以下要件构成:(1)自认可以发生在行政处罚程序和诉讼过程中,后者的效力大于前者。(2)自认主体为当事人。当事人承认于己不利的事实为真实的意思表示。(3)自认的表示必须是明确的承认。(4)有相反证据足以推翻自认的除外。自认并不免除有关的举证责任,其效力是有条件的。(5)除对委托代理人的代理权限有特别限制外,委托代理人的承认与当事人的承认具有同等的法律效力。

根据当事人是否作出明确的意思表示为标准,可以分为明示的自认和拟制自认;根据自认主体不同,可分为当事人本人或其代理人自认和诉讼代理人的自认;根据自认的范围和程度不同,分有完全自认和限制自认。

自认规则是自认的提出、审查判断、采信所遵循的规则。在交通运输行政处罚程序中,可以将遵循该规则的自认作为一种证据或者证据方式来看待和使用。自认规则内容范围。

---

❶袁杰. 中华人民共和国行政诉讼法解读[M]. 北京:中国法制出版社,2014:194.

1. 在行政处罚程序中自认的效力问题

在交通运输行政处罚程序中,行政管理相对人所主张的对其不利的事实的承认表示方式,包括在他案中所作出的自认。这种自认具有间接证据的法律效力,一般交通运输行政机关案件审理组织或调查人员应据情酌定。

2. 关于默示自认的证明效力

默示自认必须结合其他证据,作出综合性分析后,才能确认其证明效力。

3. 关于限制自认的证明效力问题

限制自认的证明效力,交通运输行政机关案件审查组织或调查人员应据情酌定。断定时应分析两种情况,一是行政相对人追求有利于自己的事实主张,而附加承认对其不利的事实为代价;二是行政相对人追求有利于自己的事实主张,而附加承认对其有利的事实。如免除、从轻事实。

4. 关于代理自认的证明效力问题

代理人在其权限内,在行政处罚程序中的承认应视为被代理人的承认。当事人在场但对代理人的承认不作否认表示的,应视为当事人的承认。

(五)已经依法证明的事实

《最高人民法院关于行政诉讼证据若干问题的规定》规定:"已经依法证明的事实",并无明确是已经依法公证的事实。对此,可以认为,"已经依法证明的事实"包含已经依法公证的事实,以及其他的依法证明的事实(比如国家行政机关依法证明的事实等)。已经依法证明的事实主要包括:法院生效裁判的事实、生效仲裁裁决的事实、公证证明的事实、国家机关公报的事实、已经发生法律效力并超过提出行政救济时效的具体行政行为认定的事实以及具体行政行为、抽象行政行为、行政终局裁判行为认定的事实,行政机关内部申诉程序完结之后的行政机关对于内部工作人员的奖惩任免等决定认定的事实等。上述已经依法证明的事实,交通运输行政机关在执法中可以直接认定而无需调查取得证据予以证明。但是,交通运输行政机关调查取得的证据或行政相对人提供的证据足以推翻的,交通运输行政机关不能直接认定,而应根据行政证据去认定事实。

【案例】

田某诉 W 市公路运输管理处交通行政处罚案

2006 年 1 月 23 日上午 11 时许,田某驾驶×ALG1××号捷达牌轿车到 W 市新华路客运站门前寻找客人到 F 市,后与乘客曾某谈妥票价 45 元,曾某已将行李装上田某车的行李舱,等待起运。这时,新华路客运站巡查人员发现田某非法载客,将其带送到该车站派出所处理。该车站派出所民警接警,在对证人曾某调查后,认为非法从事运输活动不是公安机关的职权范围,于是电话通知 W 市运管处派执法人员处理。W 市运管处派执法人员接受民警移交案件,并对田某和证人曾某作了讯问笔录,之后 W 市运管处的执法人员对田某的×ALG1××号捷达轿车采取证据保存的行政强制措施,将车拖离现场,并给田某出具了证据保存清单。同年2月10日,W市运管处向田某送达听证会通知书,确定于2月21日下午3时举行听证会。W市运管处如期举行听证会,田某参加了听证会。听证会上,W市运管处执法人员陈述了执法经过,宣读了未到会的证人证言,到会证人与田某进行了对质,田某进行举证,并进行了申辩。同年3月3日,W市运管处作出W交字:A001Y0002463号交通行政处罚决定书,依据《道路运输条例》第六十四条之规定,责令田某停止省内跨县级行政区域客运经营;罚款五万元整。田某对该处罚决定不服提起行政诉讼。

W市运管处向原审法院提交的证据:

(1)事业单位法人证、行政执法主体资格证、交通行政执法证。

(2)W市运管机构信访投诉登记本。

(3)交通违法行为调查报告。

(4)交通违法行为通知书。

(5)证据登记保存请示报告和清单。

(6)交通行政执法文书送达回证。

(7)听证申请书和听证会通知书。

(8)道路运输经营车辆暂扣请示报告及凭证。

(9)交通行政听证会报告书。

(10)交通行政处罚决定书和送达回证。

(11)田某身份证复印件。

(12)×ALG1××号车辆登记资料。

(13)田某的询问笔录。

(14)公安机关和W市运管处分别对证人曾某的询问笔录、证人曾某的书面证言。

(15)W市运管处对证人范某的询问笔录和证人范某书写的事实经过。

(16)证人胡某、李某举报×ALG1××号车从事道路运输经营事件经过。

(17)田某陈述材料(以上证人证言后都附有证人的身份证明材料)。

(18)听证会笔录。

(19)民警刘某授权宣读证人证言的委托书及刘某的身份证复印件。

(20)证人曾某的委托书及身份证明、邮寄信封。

(21)听证会视听资料。

(22)《道路运输条例》第2条、第7条、第64条。

(23)《行政处罚法》第36条至第43条。

(24)《湖北省行政处罚听证规则》第2条、第4条、第5条、第6条、第9条、第13条至第18条。

(25)《交通行政处罚程序规定》第2条、第3条、第5条、第8条、第14条至第31条。

原审法院认为,市运管处是W市公路运输行政主管机构,具有查处W市辖区内从事非法运输违法行为的法定职责。田某在W市新华路客运站寻找去麻城市的客源,并与乘客曾某等谈好车票价格,待起运时被车站执勤人员发现并带送到派出所接受处理,后由派出所移交给被告处理,表明田某已经从事非法客运行为。W市运管处依据证人曾某、李某、胡某、范某、刘某的证言和对这些证人所作的询问笔录及对田某的询问笔录、听证会笔录、录像资料等形成的证据链,认定田某违反《道路运输条例》第64条规定,构成从事非法营运的基本事实清楚,依法对田某作出的行政处罚并无不当。田某认为W市运管处作出行政处罚没有事实根据的申辩无证据支持,其主张撤销市运管处的行政处罚决定的请求应予驳回。W市运管处依据《行政处罚法》第42条、《交通行政处罚程序规定》第25条、第26条、第28条、第29条等相关规定,在作出行政处罚前,依法向田某告知了听证权利、申辩权利等,田某要求听证,市运管处举行了听证会,田某在听证会上充分行使了公民的申辩权利,市运管处在查明事实的基础上,依照其内部审批程序进行审批后,依法对田某作出行政处罚,市运管处作出行政处罚的程序并无不当。田某认为市运管处行政处罚程序违法并无证据支持。《道路运输条例》第64条规定:"违反本条例的规定,未取得道路运输经营许可,擅自从事道路运输经营的,由县级以上道路运输管理机构责令停止经营;有违法所得没收违法所得,处违法所得2倍以上10倍以下的罚款;没有违法所得或者违法所得不足2万元的,处3万元以上10万元以下的罚款;构成犯罪的,依法追究刑事责任。"市运管处对田某作出行政处罚适用法律正确。综上所述,W市运管处是W市公路运输行政主管机构,在依法查处田应全从事非法运输行为时所作的行政处罚决定的事实清楚,程序合法,适用法律正确。田某请求撤销该处罚决定无事实根据,理由不成立,其诉讼请求应予驳回。据此,依照《最高人民法院关于执行〈中华人民共和国行政诉讼法〉若干问题的解释》第56条第(四)项之规定,判决:驳回田某的全部诉讼请求。

评析:

1. 关于证据与证明对象

W市运管处向原审法院提交的证据按照证明对象分为:

一是证明对象为主体事实的证据:

(1)证明W市运管处符合法律规定的证据:事业单位法人证、行政执法主体资格证、交通行政执法证。

(2)证明田某主体的证据:

①田某身份证复印件。

②×ALG1××号车辆登记资料。

二是证明对象为案件事实的证据:

(1)田某的询问笔录。

(2)公安机关和市运管处分别对证人曾某的询问笔录、证人曾某的书面证言。

(3)市运管处对证人范某的询问笔录和证人范某书写的事实经过。

(4)证人胡某、李某举报×ALG1××号车从事道路运输经营事件经过。

(5)田某陈述材料(以上证人证言后都附有证人的身份证明材料)。

(6)W市运管机构信访投诉登记本。

三是证明对象为行政程序合法是证据:

(1)交通违法行为通知书。

(2)听证申请书和听证会通知书。

(3)听证会笔录。

(4)听证会视听资料。

(5)交通行政听证会报告书。

(6)证据登记保存请示报告和清单。

(7)交通行政执法文书送达回证。

(8)道路运输经营车辆暂扣请示报告及凭证。

(9)交通行政处罚决定书和送达回证。

(10)民警刘某授权宣读证人证言的委托书及刘某的身份证复印件。

(11)证人曾某的委托书及身份证明、邮寄信封。

(12)交通违法行为调查报告。

2.对证据的分析

就本案而言,行政程序主体方面的证据主要由两类,一是证明 W 市运管处属于法律法规授权的具有管理道路运输管理职权的组织,且实施执法活动的执法人员符合有关规定资格的执法人员;二是证明田某主体的证据,主要解决谁是违法行为人的问题,以及田某的住所、联系方式、通信地址等,为相关法律文书送达提供支持。本案中 W 市运管处向法院提供的车辆登记资料,既作为证明田某从事违法行为使用的工具的物证,也证明田某与该车辆的所有权关系。

本案的案件事实证据中,主要为言词证据、书面证据,既有违法嫌疑人田某的询问笔录、乘客曾某的询问笔录和证人曾某的书面证言,也有证人、举报人的证言,与证明田某从事违法行为使用的工具的物证形成完整的证据链,将证明违法事实的证明对象进行了证明。

按照现代程序法的要求,国家要给予当事人行政处罚,必须经过法定程序。从静态的角度看,行政处罚程序是一套规则体系,是维持公平的规则,它是为达成某一法律决定(处罚、不予处罚)所要经历的步骤、顺序、方式和期限。而从动态的角度看,行政处罚程序是旨在达成某一法律决定(处罚、不予处罚)的过程。程序正义又被称为过程正义,它强调的是正当的法律过程,一般来讲,有以下几方面的要求:一是知情权,即当事人有权知悉 W 市运管机构拟作出行政处罚所依据的事实依据和法律依据,有权知悉自己享有的权利,交通违法行为通知书的制发和送达就是保障当事人的上述权利。二是陈述、申辩和要求听证的权利。本案中,W 市运管机构拟作出行政处罚符合告知当事人听证的条件,所以当事人有权要求听证,W 市运管机构也有举行听证会的义务。因为要处罚一个人,必须给他机会表达自己的想法、理由和不满,通过这样的听证,最后的处罚才能让他心服口服,这种处罚才具有正当性。否则,即使结果再正确,不给当事人参与的机会,也无法让他对处罚的构成和结果产生尊重和信服。上述②③④⑤就是证明 W 市运管机构依法保障当事人陈述、申辩和要求听证的权利的证据。三是告知当事人身份以及有权申请回避的权利,即"任何人不得担任自己案件的法官",原因在于执法人员与案件或当事人存在利害关系,无法保证不偏不倚的态度,也不能在案件处理中做到超然和中立,不管最后的结果如何,这样的案件处理都难以让人信服,并容易导致人们对案件处理结果产生各种各样的怀疑。一般情况下,证明行政机关履行该法定程序体现在询问笔录中。

第三章　交通运输行政程序中的
证明责任及证明标准

第一节　交通运输行政程序中的证明责任

证明责任也称为举证责任,是指证明主体依法收集或提供证据认定或阐明案件事实,承担证明责任的主体不能提供充足证据,将会承担不利后果,证明主体须依法收集或提供证据认定或阐明案件事实的责任。

交通运输行政程序中的证明责任包含提供证据的责任和说服责任。提供证据不仅是当事人的权利,也是当事人的义务。当事人有义务把他掌握的全部与案件有关的证据在交通运输行政程序阶段提出,如果当事人在交通运输行政程序中不提出该证据,在后置的行政诉讼中则认为当事人已放弃利用这项证据的权利,不能在以后的行政诉讼中再提出这项证据,或者法院将不予采纳。例如,《最高人民法院关于行政诉讼证据若干问题的规定》第59条规定:"被告在行政程序中依照法定程序要求原告提供证据,原告依法应当提供而拒不提供,在诉讼程序中提供的证据,人民法院一般不予采纳。"

一、交通运输行政程序证明责任分配应当考虑的因素

与行政诉讼程序不一样,行政程序类型多,从交通运输行政程序看,有许可程序、处罚程序、强制程序、行政复议程序等,且不同程序间差异较大,因此,行政程序证明责任分配原则的确定更是困难。确定交通运输行政程序证明责任应当考虑以下因素:公平、所得利益、便利和平衡。

证明责任分配重在公平,证明责任分配不公,一方面会影响行政决定公平,另一方面可能影响行政效率。交通运输行政程序证明责任分配原则上可以采用法律要件分类说,即主张权利者,应对权利根据的事实承担证明责任;对方则应对权利妨碍的事实或权利消灭的事实承担证明责任,如道路运输经营许可,当事人希望通过申请许可取得相应的经营权,申请人自然应当证明其具备相应的条件。采用法律要件分类说,可以避免一方全部承担证明责任的情况出现。各方适当分担证明责任,才能达到法律实现公正正义的目的。为保证公平,证明责任的分配应当尽量明确,除应当在行政程序法中规定证明责任分配的一般原则外,还应当在各具体实体法中规定各类行政程序中证明责任的分担。

所得利益是确定行政程序证明责任应当考虑的重要因素。当事人仅对主张有利于自己的

事实承担证明责任,而对主张不利于自己的事实不负证明责任,对自己不利的事实应当由交通运输行政机关承担证明责任。如公路管理机构作出不予申请人超限运输车辆行驶公路的决定,应当证明负有申请人不符合法律规定要件事实的责任。而对于行政处罚,当事人无证明自己未违法的责任,证明当事人有违法事实的责任应当由交通运输执法机关承担。

行政程序证明责任分配还应当考虑便利原则,根据举证的便利情况分配证明责任。对举证有便利情况的,应当优先举证,举证存在困难的,应当依法免除其证明责任。实体法和程序法在确定证明责任分配规则时,应当考虑各方承担证明责任在时间和金钱上的花费、考虑各方承担证明责任的难易和便利程度。

证明责任分配时,要充分考虑当事人、交通运输行政机关提供证据的地位和提供证据的处境,如举证便利情况、主张的待证事实盖然性高低的平衡。要在当事人间及当事人与行政机关间平衡地分配证明责任。当事人间或当事人与行政机关间地位不平衡的,分配证明责任时,要向提供证据占优势或主张的待证事实盖然性低的一方倾斜。各方举证地位、举证处境主张的待证事实盖然性高低完全失衡的,应当将证明责任分配给占绝对优势或主张待证事实盖然性极低的一方,而对占绝对劣势或待证事实盖然性极高的一方主张的,则应免除其证明责任。

二、交通运输行政程序证明责任的特点

交通运输行政程序不同于诉讼程序,也决定了行政程序证明责任分配不同于诉讼程序证明责任分配。行政程序证明责任有以下几个特点:

(一)交通运输行政执法机关证明责任的多样性

交通运输行政程序种类多,形式复杂,很难确定统一的证明责任分配原则。交通运输行政程序可分为赋予相对人权利(如行政许可)和限制(如行政强制措施)、剥夺当事人权利(如行政处罚)的行政程序,也可分为依申请的行政程序和交通运输执法机关依职权的行政程序,行政程序依据其他标准还可以做其他划分。从总体上来看,行政程序可以法律用法律要件分类说,由主张权利的一方应对权利根据的事实负证明责任,对方对权利妨碍的事实或权利消灭的事实负证明责任。考虑行政程序种类多、形式复杂的特点,可由行政程序法规定证明责任分配的一般原则,由各具体法律、法规规定具体案件证明责任分配规则。

(二)当事人证明权利与提供证据责任的混同性

为证实案件事实,避免对自己不利后果的产生,当事人在交通运输行政程序中应依法承担证明责任。为保证交通运输行政机关准确查明案件事实,保护当事人程序权利和维护程序正义,当事人在交通运输行政程序中有提供证明的义务❶,如我国《行政处罚法》就有这样的规定。为提高行政效率,保证行政机关及时查处违法行为和作出行政决定,当事人有提供证据责任。因此,行政程序中当事人证明责任、提供证据权利和提供证据责任往往共同存在于行政程序中。

---

❶或者我们也可以认为是当事人的权利,因为有关行政法律法规赋予当事人在行政程序中的陈述、申辩权,意在给予当事人向行政机关提供有利于自身的事实,所以规定当事人应当提供有关证据,某种意义上也是当事人的权利。

（三）交通运输行政执法机关角色的多重性

程序正义是正当程序原则对行政程序的要求,行政程序中程序正义与实体公正一样重要。程序法事实是证明对象的重要组成部分。承担证明责任主体不仅要对实体事实进行证实,还要对程序事实进行证实。

在一些交通运输行政程序中,交通运输行政机关是证明责任主体,承担证明责任,如在行政处罚程序中,交通运输行政机关要承担证明当事人有违法事实的责任。在当事人承担证明责任的程序中,交通运输行政机关要对当事人提供的证据进行审查,判断当事人提供的证据是否真实和充分。在行政决定作出时及以后,交通运输行政机关对行政行为作出所依据的事实承担证明责任。

三、交通运输行政程序证明责任的分配

《行政诉讼法》规定,被告对作出的行政行为负有举证责任。行政诉讼中,作为原告的当事人主张行政行为不正确,而交通运输行政机关主张行政行为正确的,由交通运输行政机关承担证明责任,当事人承担证明责任只是例外。交通运输行政程序则不一样,可能是当事人主张权利存在,也可能是交通运输行政机关主张权利存在或主张限制和剥夺权利,因此,行政程序中当事人和交通运输行政机关为证明其主张或请求都应当承担证明责任。

行政程序证明责任分配的一般原则是,主张权利者应对权利根据的事实负证明责任,对方对权利妨碍的事实或权利消灭的事实负证明责任。这种证明责任分配原则类似于民事诉讼中的"谁主张,谁举证"。但在交通运输行政程序中,当事人因技术上和经济上的种种障碍,或因收集证据的手段和措施限制,不可能完全收集证据和承担证明责任,此时当事人可以要求有关交通运输行政机关依法定职权进行调查取证,以弥补当事人提供证据的不足。这也就是大陆法系国家行政程序法规定"行政机关依职权调查案件事实"的原则之一。

（一）依申请的交通运输行政行为承担的证明责任

1. 关于行政许可

依申请的交通运输行政行为承担证明责任的,主要是行政程序中适用"谁主张,谁举证"的证明责任分配原则的程序。当事人主张权利存在或有事实根据,因此应当由其承担证明责任。这类程序在交通运输执法中,主要为申请行政许可。《行政许可法》第29条、第31条规定,"公民、法人或者其他组织从事特定活动,依法需要取得行政许可的,应当向行政机关提出申请。""申请人申请行政许可,应当如实向行政机关提交有关材料和反映真实情况,并对其申请材料实质内容的真实性负责。"如《道路运输条例》第8条规定,申请从事客运经营的,应当具备下列条件:

（1）有与其经营业务相适应并经检测合格的车辆。

（2）有符合本条例第九条规定条件的驾驶人员。

（3）有健全的安全生产管理制度。申请从事班线客运经营的,还应当有明确的线路和站点方案,当然"客运市场的供求状况"的证明责任为道路运输管理机构。

再如,《公路安全保护条例》第 28 条规定,申请进行涉路施工活动的建设单位应当向公路管理机构提交下列材料:

(1)符合有关技术标准、规范要求的设计和施工方案。

(2)保障公路、公路附属设施质量和安全的技术评价报告。

(3)处置施工险情和意外事故的应急方案。如果申请人不能够提供或者不能充分提供法律法规规定的证据,交通运输行政机关将不予受理行政许可,或者作出不予许可的决定。当然,如果交通运输行政机关作出不予受理行政许可申请,或者作出不予许可决定的,交通运输行政机关有义务就拒绝当事人请求事项的原因事实说明理由,并承担拒绝请求原因事实的证明责任。

2.关于行政复议

行政复议申请人在行政复议中承担一定的证明责任,应当证明其申请复议的具体行政行为存在。例如,申请人认为交通运输执法机关扣留其车辆错误,那么申请人应当向复议机关证明交通运输执法机关扣留其车辆事实存在,应当向复议机关提交《扣留车辆决定书》及行车证复印件,如果交通运输执法机关未向申请人送达《扣留车辆决定书》的,申请人也需要通过其他方式证明该扣押行为的存在。

(二)交通运输行政强制的证明责任

行政强制分为行政强制措施和行政强制执行,因此行政强制证明责任也分为行政强制措施证明责任和行政强制执行证明责任。

在行政强制措施程序中,交通运输执法机关依职权调查案件,对是否存在违法行为、是否存在危险发生等方面,交通运输行政机关有权进行调查确认。由于上述原因,从提供证据的便利、提供证据的能力情况来看,交通运输行政机关比较方便,提供证据的能力也比较强,同时也符合"谁主张,谁举证"的原则。在行政强制措施程序中,交通运输行政机关主张存在采取行政强制措施的事由,应当由其承担举证责任,既有提供证据的责任,也有说服责任。交通运输执法机关要提供证据证明案件事实,包括实体性事实和程序性事实;同时收集和掌握的证据要使执法人员或者机关负责人形成内心确信,确信有应当采取行政强制措施的事由存在。如《公路安全保护条例》第 72 条规定的"造成公路、公路附属设施损坏,拒不接受公路管理机构现场调查处理的,公路管理机构可以扣留车辆、工具",是否造成公路及附属设施损坏、是否接受公路管理机构的调查及处理,应当由公路管理机构承担举证责任。

交通运输执法机关依法调查案件事实承担证明责任,并不排除社会公众、当事人提供证据的权利和责任,也不排除社会公众的协助义务。对于违法行为、潜在的危险等情况,社会公众认为需要采取强制措施的,有权检举和提供证据。如对非法从事道路旅客经营活动的行为,社会公众可以向道路运输管理机构举报并提供相关证据。提供证据材料是当事人在行政强制程序中的一项重要权利,也是一项责任。对于行政机关拟采取的行政强制措施,当事人有权提供证据支持有利于自己权利的主张,对于当事人提供的证据,交通运输行政机关应当重视,并调查核实,属实的应当采纳。交通运输行政机关拒绝接受当事人提供的与案件有关的证据材料的,构成程序上的违法,由此导致采取了错误的行政强制措施的,交通运输行政机关应当承担相应的责任。如《公路安全保护条例》第 65 条规定，"未随车携带超限运输车辆通行证的，由公路管理机构扣留车辆，责令车辆驾驶人提供超限运输车辆通行证或者相应的证明"，当事人如果不依法提供相应的证明材料，或者提供伪造、变造的超限运输车辆通行证或其他虚假材料，由此所导致的后果由当事人承担。

交通运输行政强制执行程序是以生效的行政决定为前提，交通运输执法机关依职权作出行政决定，当然需要有足够的证据作为支持，交通运输行政机关负有证明责任。在交通运输行政强制执行程序中，交通运输执法机关需要履行催告、制作并送达《行政强制执行决定书》等程序。这些程序都需要交通运输行政机关能够证明当事人逾期不履行行政决定或者在法定期限内不申请行政复议或提起行政诉讼等。因此，无论从提供证据的能力，还是从"谁主张，谁举证"的角度，行政强制执行证明责任都应当由交通运输行政机关承担。交通运输行政机关不仅应当证明实体性事实，还应当证明程序性事实。在交通运输行政强制执行程序中，当事人有提供证据的权利。如我国《行政强制法》规定的中止执行程序中，如果当事人存在该法规定的"履行行政决定确有困难或者暂无履行能力"或者"第三人对执行标的主张权利"，当事人有提供上述有关证据的义务，且对当事人提供的证据，交通运输行政机关应当充分尊重，并进行核实。当事人有提供证据的义务，并不等于当事人要承担证明责任。

（三）交通运输行政处罚的证明责任

交通运输行政处罚程序中，一般由交通运输行政机关负举证责任，这是行政处罚法所规定的举证责任基本原则。《行政处罚法》第 30 条规定："公民、法人或者其他组织违反行政管理秩序的行为，依法应当给予行政处罚的，行政机关必须查明事实；违法事实不清的，不得给予行政处罚。"从行为责任上来说，交通运输行政机关负有查明违法事实的责任；从结果责任上来说，如果交通运输行政机关没有查明违法事实，不得给予行政处罚。作出或者不作出行政处罚决定所依据的事实，都由交通运输行政机关根据当事人、利害关系人提供的证据以及执法人员依法收集的证据负最终的证明义务。

但是，这并不排除当事人、利害关系人在特定的情况下承担相应的举证义务。对当事人不承担证明责任的案件事实，当事人有提供证据的权利，可以通过陈述申辩或在听证中提出自己的主张并提出相应的证据，交通运输行政机关对当事人提供的证据应当认真核实，当事人提供证据是真实的，交通运输行政机关应当采纳。当事人提供证据的权利不能理解为当事人的证明责任，当事人可以放弃提供证据的权利，并不因此放弃而承担不利责任。在一些交通运输行政程序中，当事人还应承担提供证据的义务，如我国《公路法》第 71 条规定，"公路经营者、使用者和其他有关单位、个人，应当接受公路监督检查人员依法实施的监督检查，并为其提供方便。"再如《道路运输条例》第 61 条规定："被监督检查的单位和个人应当接受依法实施的监督检查，如实提供有关资料或者情况。"在我国行政程序中，当事人提供证据的义务主要有：制作、保存法定的记录和档案，如《山西省道路运输条例》第 64 条规定："道路运输经营者应当执行国家行车安全档案和安全生产事故统计报告制度，按照规定向道路运输管理机构报告道路运输安全情况。"如实陈述相关事实，不作虚假陈述和拒绝陈述；依法如实向交通运输行政机关提供有关证据资料，不得拒绝，也不得伪造、毁灭或隐匿证据资料。

四、交通运输行政机关履行证明责任的程序规制

在交通运输行政程序中，举证是一个基于同一个目的而产生的行为体系。如前所述，不同类型的交通运输行政程序，举证责任也是不同的，行政许可的举证责任主要为申请人，而行政强制、行政处罚的举证责任主要为交通运输行政机关。在这个行为体系中，每一个行为都不是单独存在的，如调查、取证、证据的核实和运用等，这些行为单独存在便失去了意义。而且各种行为在逻辑上和时间上都有先后顺序、方式及形式要求。正是在这个行为体系和实施顺序中，每一种举证行为呈现出了最大的意义和最充分的价值，而且它们都是不可或缺的。正是在举证的行为体系中，举证权利的程序规制才能得到落实。举证的行为体系是由以下具体环节构成的：

（一）调查、收集证据的程序规制

这里所说的调查、收集证据的行为是指在交通运输行政强制、行政处罚案件中，交通运输机关调查收集证据。调查、收集证据的行为是举证行为体系中的第一步，也是最重要的一步。如果不调查、收集证据，就不可能实施提供证据的行为，也就达不到证明的目的。举证行为体系的展开依赖于调查、收集证据的行为。我国《行政处罚法》第36条规定："行政机关发现公民、法人或者其他组织有依法应当给予行政处罚的行为的，必须全面、客观、公正地调查，收集有关证据；必要时，依照法律、法规的规定，可以进行检查。"交通运输行政机关调查收集证据可以向案件当事人进行，也可以像证人和有关单位进行。调查收集证据应当根据法定程序，并使用法定的方式。如我国《行政诉讼法》第34条规定的"被告对作出的行政行为负有举证责任，应当提供作出该行政行为的证据和所依据的规范性文件。"即要求行政机关调查收集证据必须在作出具体行政行为之前。

（二）提供证据的程序规制

在交通运输行政程序中，执法机关和当事人都有向对方提供证据的义务。在行政许可程序中，申请人有义务向交通运输行政机关提供自己具备法定的条件和资格的证明材料，如果申请人不提供或不按法律法规的规定提供证据材料，交通运输行政机关将可能作出不予受理或不予许可的决定。在行政处罚中，交通运输行政机关也有义务向当事人提供据以作出行政处罚的证据，我国《行政处罚法》第41条规定，行政机关及其执法人员在作出行政处罚决定之前，不依照本法的规定向当事人告知给予行政处罚的事实、理由和依据，或者拒绝听取当事人的陈述、申辩，行政处罚决定不能成立。因此，交通运输行政机关有义务向相对人提供拟将作出行政处罚的证据，供当事人陈述申辩；同样，当事人对行政机关的调查，也有义务提供证据，《行政处罚法》第37条规定："行政机关在调查或者进行检查时，执法人员不得少于两人，并应当向当事人或者有关人员出示证件。当事人或者有关人员应当如实回答询问，并协助调查或者检查，不得阻挠。"

（三）运用证据进行证明活动的程序规制

运用证据进行证明活动是交通运输行政机关举证的最后一个环节，也是最为关键的阶段。交通运输部《交通行政处罚行为规范》规定，认为违法事实成立，应当予以行政处罚的，制作

《违法行为调查报告》,连同《立案审批表》和证据材料,移送本交通运输执法机关负责法制工作的内设机构进行审核。《违法行为调查报告》应当包括当事人的基本情况、违法事实、相关证据及其证明事项、案件性质、自由裁量理由、处罚依据、处罚建议等。认为违法事实不成立,应当予以销案的;或者违法行为轻微,没有造成危害后果,不予行政处罚的;或者案件不属于本单位管辖应当移交其他单位管辖的;或者涉嫌犯罪应当移送司法机关的,应当制作《违法行为调查报告》,说明拟作处理的理由,移送本交通行政执法机关负责法制工作的内设机构进行审核,根据不同情况分别处理。交通行政执法机关负责法制工作的内设机构根据有关规定就证据及法律适用等方面提出书面审核意见。

第二节　交通运输行政程序的证明标准

一、交通运输行政程序证明标准的概念及特征

(一)交通运输行政程序证明标准的概念

交通运输行政程序证明标准是指法律规定的运用证据证明待证事实所要达到程度的要求。在英美法系证据理论中,证明标准被理解负有举证责任的一方当事人,就其对主张的事实予以证明应达到的水平、程度或数量。在交通运输行政执法中,证明标准就是执法人员履行证明责任的灯塔,凭借证明标准的衡量,交通运输执法人员可以知道作出具体行政行为应当收集什么样的证据,才能证明该具体行政行为的合法有效。

(二)交通运输行政程序证明标准的特征

1. 无形性

交通运输行政程序证明标准是无形的,也是内在的,它是存在于事实裁判者,即执法人员心中的一杆秤,是执法人员这些标准的适用者靠主观认识和职业经验把握的尺度,也是靠包括执法、审判以及律师、法学研究人员在内的从业人员所形成的共识来维系。无形性这一特征使我们无法精确地说明它。例如,我们虽然可以说"充分"是证明标准,却难以用语言精确地说明它如何才能算得上充分。证明标准与作为交通运输执法中事实的裁判者的执法人员,对证据证明力的评价及由此形成的内心确信程度紧密相关,而内心的确信的程度往往只是"只可意会,不可言传"的。

2. 主观性和客观性

除行政许可外,交通运输行政程序证明更多的是交通运输执法人员凭借证据认识过去发生的或者还原过去发生事实的活动。证明标准在于交通运输执法人员的内心并对内心发挥作用。交通运输执法人员要判断事实是否存在,以及与事实相关的情节,并对性质作出判断,凭借的就是他内心的那杆秤——证明标准。交通运输执法人员要用证明标准去衡量已达到的证明程度,与人们用衡量工具衡量事物不同,衡量工具是有形的,存在于衡量者之外,证明标准无

形地存在于交通运输执法人员的内心,是由交通运输执法人员通过对证明标准的理性人生去把握的,即使交通运输执法人员努力适用"确实充分"或"高度盖然性"的证明标准,由于对"确实充分"或"高度盖然性"理解上的差异,不同交通运输执法人员实际上运用证明标准时在掌握宽严的尺度上仍会有所不同,这也是执法人员对证据及证据所反映事实的自由裁量权所在。因此,证明标准是主观的。但是,证明标准一旦形成,在交通运输执法中便获得了生命,成为脱离执法人员对每一个事实的裁判而独立存在,对执法人员具有指导作用和约束力的客观规则。

3. 统一性

在交通运输执法中,必须有一个统一的标准来指导交通运输执法人员对案件事实的认定,来审查和检验执法人员对事实认定是否正确。假如没有统一标准,允许执法人员根据自己的标准对证明结果进行判断,就会发生同样的案件得出不同性质认定、同样的违法案件处罚结果畸轻畸重,毫无公正可言。

4. 模糊性

立法语言无法避免的局限性就是用有限的语言去描述和规范无限事物、事件和行为,准确性和模糊性同时存在。模糊性是为了反映复杂的客观情形而采用的高度概括性的语言结果,是以字面的模糊性为手段,尽可能多地概括事物、事件和行为的内涵和外延,达到法律规范特点的目的。无论是"内心确信""无合理怀疑",还是"确实充分"的证明标准,都是难以用数学的方式准确表述的。如何才算"内心确信""无合理怀疑""确实充分"? 怎样才能达到上述要求呢? 以上各种证明标准本身并不能给出确切的答案。在交通运输执法中,诸如《行政诉讼法》规定的"证据确凿"虽然可以提供一个衡量证明结果的尺度,使执法人员依据这一尺度去判断待证事实是否获得证明。但这一尺度具有相当的模糊性,每一名执法人员对这一不确定概念的判断和理解均会有所不同。但是执法人员只要认真理解和把握这一标准,就不可能得出迥然不同的结果。

5. 最低性

所谓最低性,是指证明标准为执法人员在行政执法中认定事实设定了一条底线,如果证据的证明力达到或者高出这条底线,即使还未形成百分之百的确信,就可能认定执法人员对证据的收集和对事实的认定达到证明责任,而如果低于这一底线,就需要把事实归为不明状态。这也是学界和执法实务界对《行政诉讼法》所规定的"证据确凿"标准广为诟病的原因所在,该标准不是最低标准,而是最高标准。

证明标准确定以后,一旦证据的证明力已达到这一标准,待证事实就算已得到证明,法官或行政机关工作人员就应当认定该事实,以该事实作为裁判或作出行政决定的依据。证明标准原是诉讼程序中的一个内容,由于行政程序法律制度逐渐发达,证明标准也成为行政程序证据制度的重要内容。证明标准所要解决的问题是用证据证明案件事实所要达到的程度,但对证明标准的争论远不止于此。我国学者目前对证明标准的争论主要体现在是坚持"以事实为根据"还是"以法律为根据",即是以"客观真实"为证明标准还是以"法律真实"为证明标准。其次才是应当采用什么具体证明标准的问题,相对于前者比较宏观而言,具体证明标准则更具体,解决具体案件中证明标准的问题。

（三）证明标准与相关概念之间的关系

为了准确把握证明标准的概念,我们还必须准确区分证明标准与证明责任、证明目的、证明对象之间的关系。

1. 证明标准与证明责任的关系

证明标准与证明责任之间存在着密切的关系,它们在本质上是一个事物的两个方面,是从不同的角度就同一个待证事实进行考察所得出的不同概念。证明责任解决的问题是,对于待证事实应该由谁来提供证据加以证明,从交通运输行政执法案件的主体角度去观察证明标准,实质上是证明标准的主体化。证明标准解决解决的是,对于待证事实应当证明到什么程度,它是从交通运输执法案件的客体角度观察证明责任,实际上是证明责任的客体化。具体而言,证明责任回答的问题是,特定的待证事实应当由谁提供证据加以证明。证明标准回答的问题是,特定的待证事实,交通运输执法人员或者当事人应当提供多少证据以及提供证据的证明力多强加以证明。证明责任确定了提供证据的主体,证明标准确定了提供证据的内容。从逻辑上讲,证明标准是从证明责任基础上产出的概念,没有真正意义上的证明责任制度,便没有真正意义上的证明标准制度。同时,证明标准又是证明责任的方向和准绳,证明责任因为证明标准而具体化和富有可操作性,没有证明标准,证明责任就成为毫无内容、毫无目标、毫无约束力的空中楼阁。

2. 证明标准与证明目的的关系

交通运输执法的目的,是指交通运输执法机关追求的目标,是交通运输行政程序证明活动的标的。证明标准,则是交通运输行政程序证明必须达到的程度和水平,是衡量证明结果的准则。证明目的与证明标准之间的关系表现在以下五个方面:一是证明目的是确立证明标准的基础或依据,证明标准是证明目的的具体化;二是证明目的是贯穿在整个行政程序中的,是交通运输执法机关始终要追求的目标,证明标准则是交通运输执法人员在作出立案、作出行政决定时考虑的问题;三是在整个行政程序中,证明目的应该是贯穿始终的,是不发生变化的,但在不同的行政程序阶段,证明的标准可以有所区别;四是在各个交通运输执法案件中,证明目的都应该是一样的,但在不同种类的案件中,证明标准可以有所不同;五是无论案件的性质和结果如何,证明目的都应当是不变的,但证明标准可以有所不同,例如实施行政强制措施和实施行政处罚的证明标准就可以不同,处以罚款的案件、处以警告的案件和处以吊销许可证的案件的证明标准也不同。由此可见,行政程序证明目的是就行为过程而言的,体现了证明活动的追求和方向,是带有一定理想色彩的目标,交通运输行政程序证明标准则是就行为的结果而言的,是根据一定的价值观念和需要确定的,是法律所认可的具有现实性品格的衡量准则。在具体案件的证明活动中,行政程序的证明目的不是必须实现的,而证明标准是必须满足的。

3. 证明标准与证明对象的关系

"证明对象是证明主体的对称,亦称证明客体、待证事实,指证明主体运用一定的证明方法所欲证明的系证要件事实。证明对象标示了证明主体的目标和归宿。"❶证明对象是证明活

❶卞建林. 证据法学[M]. 北京:中国政法大学出版社,2000:276.

动的出发点,在交通运输执法活动中,确定证明对象是行政程序证明的前提,只有明确了证明对象,交通运输行政程序才能确定证明责任的承担主体及证明标准。同时,交通运输行政程序证明对象又是其最后归宿,任何交通运输行政程序证明总是对某一事实或时间的证明,最终都要归结到某一对象。在证明体系中,证明对象和证明标准一起决定了证明活动的发展方向和目标。其中,证明对象规范的是哪些内容需要证明,证明标准规范的是证明应达到的程度。同时,对于不同具体的社会价值或交通运输执法价值的证明对象,证明标准可能有所差别。总之,证明标准实质上是交通运输执法机关确信其为真的确信程度。

二、交通运输行政执法程序证明要求及考虑的因素

(一)行政程序证据对事实的证明要求

《行政诉讼法》第 69 条规定:"行政行为证据确凿,适用法律、法规正确,符合法定程序的,或者原告申请被告履行法定职责或者给付义务理由不成立的,人民法院判决驳回原告的诉讼请求。"第 70 条将"主要证据不足"作为人民法院判决撤销或者部分撤销,并可以判决被告重新作出行政行为的情形之一。江必新等认为:"行政机关作出影响相对人合法权益的行为,必须满足法律所确定的事实要件。一定事实要件是否存在,需要一系列的证据加以证明。""证据确凿"是指证据确实、充分,足以证明行政行为所依据的全部事实;"如果主要证据不足,就意味着该事实要件不存在或者该事实的性质不能确定,意味着该行政行为没有满足法律所设定的事实要件。"[1]因此,证据是用以证明事实的,但该事实是"法律真实"还是"客观真实",一直是近年诉讼法学界争论最激烈的问题。

所谓"法律真实",是指人民法院在裁判中对事实的认定遵循了证据规则,符合行政诉讼中的证明标准,从所依据的证据看已达到了可视为真实的程度。学者主张法律真实说有三方面理由:一是认为案件事实是发生在过去的事情,未曾经历者通过各种途径所看到的只能是"虚拟"的事件,法律在审理案件的时候,不能够看到、听到或以其他方式直接感知到案件事实。[2] 二是认为,在证据理论研究中所确立的客观真实标准,在司法实践中,普遍感到原则、笼统、操作性差。因此,公、检、法各机关之间经常因为对客观真实产生歧义,乃至互相扯皮、推诿、拖延诉讼时限,个别案件由于证明标准不统一,导致打击不力,形成错案。三是认为,在民事诉讼这样的程序中,由当事人承担证明责任,有了诉讼之后法院必须作出裁判,即使无法查明案件事实,法官也必须判决,因此采用客观真实标准则不可能,只能采用法律真实标准。但持法律真实说的学者容易忽视证据的真实性倾向,如陈瑞华教授就认为:"诉讼所蕴含的认识活动并没有建立在案件事实真实得到查明的基础上。换言之,诉讼所蕴含的认识活动即使不能最终完全,或者并无任何明确的结果,裁判者也必须作出旨在解决争端的法律裁判结论。可以说,利益争端的解决,诉讼目的的完成,有时完全可以与事实真相是否得到查明毫不相干,而直接体现出裁判者对法律的理解和法律价值的选择","裁判者就争端和纠纷的解决所作的裁

---

❶江必新. 中华人民共和国行政诉讼法理解适用与实务指南[M]. 北京:中国法制出版社,2015:326,322.

❷何家弘. "事实"断想[J]. 证据学论坛,1:4-5.

判结论,并不一定非得建立在客观真实的基础上不可。"❶也有学者认为,"从辩证唯物主义认识论的角度来看,法律真实说并不是一种完善的学说,在当前的背景下,这一学说还存在误导的可能。提倡法律真实说的学者通常都看到了传统客观真实说对辩证唯物主义的理解的片面性,并在对这种片面性进行批评的基础上确立起自己的论据。在立论方面,其论据主要从操作性的层面提出的,包括诉讼证明在各个方面的局限,以及诉讼效率对诉讼证明的要求等等。但这类观点的一个共同的缺陷是:它们虽然指出了客观真实说的认识论问题,却没有解决这一问题,而是简单地回避了它。"❷

客观真实说是我国传统证据制度所采用的理论,它要求"司法机关所确定的事实,必须与客观上实际发生的事实完全符合,确定无疑。"我国三大诉讼法共同采用的"以事实为根据,以法律为准绳"的司法原则集中体现的就是客观真实的证明要求,要求司法机关必须查明案件事实,并以案件事实作为依据来处理案件争议。"传统客观真实说的弊端在于,它给诉讼证明过程提供了一种不科学的理论解释,而这种解释反过来又对诉讼证明的实践提出了不切实际的要求。因为这种要求是不切实际的,所以它对司法实践的指导作用极其微弱。"客观真实说以片面化了的辩证唯物主义认识论为其依据,而具体到诉讼证明领域,辩证唯物主义告诉我们,一次具体诉讼中所能查明的事实只能是具有相对意义上的客观性,不可能是终极意义上的客观真实。因此,在诉讼中坚持绝对的客观真实是不可能的。

行政程序证明要求的确定远比诉讼程序要复杂。原因在于行政行为种类繁多,有类似于司法活动的行政裁判、有依申请作出的行为、有依职权作出的行为、有赋予权利的行为、也有剥夺或限制权利的行为。行政程序确定统一证明要求不符合行政程序规律,应当区别不同情况确定不同证明要求。

我国《行政诉讼法》除规定在诉讼中人民法院以事实为根据,以法律为准绳外,还规定被诉行政机关对其行政行为在诉讼中承担举证责任,如果行政机关在行政诉讼中不能提供足够证据证明其所认定的事实,则要承担败诉的后果。同时,我国《行政处罚法》第4条规定,设定和实施行政处罚应当以事实为根据,与违法行为的事实、性质、情节和社会危害程度相当。从这些规定来看,我国行政程序要达到客观真实的证明要求。正如前面所分析一样,行政程序证明要求是一个复杂的问题,法律的这些规定值得探讨的东西还很多。

大多数情况下,交通运输执法人员不是违法事实的直接感知者,对于交通运输执法人员来说,违法事实是永远不可能重现的过去。对于未曾直接感知的过去,只能通过各种手段去认识和判断,而这一认识及判断过程所产生的结果,严格来讲不是事实本身,而是一种对过去的确信或者怀疑的心理状态。所以,作为具体行政行为适用前提的违法事实,要靠交通运输执法人员透过各种证据去认定。当这种认定在法律上被认为可以接受时,这种认定就可以作为法律上的真实而成为法律适用的前提。从这个角度说,在交通运输执法人员眼中,只可能有法律上的真实,不可能有绝对的真实。试分析一个案件查处过程:接到举报,查处一起未经许可擅自从事涉路施工活动,交通运输行政机关对相对人是否实施了擅自从事涉路施工的行为并未直接感知,只能通过调查取证,收集一系列的证据:如现场的勘验记录、举报者提供的言辞证据

---

❶陈瑞华.刑事诉讼的前沿问题[M].北京:中国人民大学出版社,2000:196.
❷江伟,吴泽勇.证据法若干基本问题的法哲学分析[J].中国法学,2002(1).

等。最后,交通运输行政机关对该相对人作出了行政处罚。交通运输行政机关靠什么作出行政处罚呢?靠的不是事实本身,因为这一事实只是在过去存在的,最后促使交通运输行政机关作出行政处罚的是交通运输行政机关通过证据对相对人过去曾经有过未经许可擅自从事涉路施工行为这个待证对象形成的确信。换句话说,作为行政处罚适用前提的是证据,而不是事实本身。因此,行政程序证明过程可分为两种类型:一是交通运输行政机关工作人员已知案件事实,已亲自看到或感知了案件事实,通过收集证据向行政相对人、交通运输行政机关其他人员、行政复议机关和人民法院证明案件事实;二是交通运输行政机关工作人员未知事实,通过调查收集证据的过程来认识案件事实。对于已知案件事实的情况,如果再采用法律真实标准则有违实体公正的要求,应当采用客观真实标准,以事实为根据。但现实的复杂性则在于,虽然交通运输行政机关已知案件事实,但收集证据可能出现困难,不能收集到足够的证据证明案件事实,而行政复议和行政诉讼又要求交通运输行政机关承担证明责任,在现有体制下,交通运输行政机关坚持"以事实为根据"的客观标准则会出现问题,可能会因证据不足而被撤销行政行为。笔者认为,此时的解决办法不是要求交通运输行政机关放弃客观真实标准,而应当改变人民法院等对行政机关认定案件事实的态度,变人民法院对交通运输执法机关认定事实的全面审查(该审查制度实际上对行政机关认定事实持否定态度)为尊重交通运输执法机关对案件事实的认定,变对交通运输行政机关认定事实的实质审查制度为形式审查制度。在交通运输行政机关未知案件事实情况下,需要通过证据来证实案件事实,应当采用法律真实标准,即行政机关收集的证据或当事人提供的证据对案件事实的证明程度要达到法律规定的要求。实际上,法律真实与客观真实并无根本的矛盾冲突。法律真实的存在是因为要求每个案件都达到100%的真实是不可能的,不符合认识规律,但法律真实并不排除客观真实,确定法律真实是为了更好地追求客观真实,保证对案件事实的认定与客观真实相符或更接近客观真实。当然,为保证法律真实与客观真实相符或更接近,具体法律规范确定行政程序证明要求时应当科学,确定的标准要有利于行政机关查明案件事实。

(二)确定行政程序证明标准应考虑的因素

行政程序中存在证明标准,行政处罚要确定证明标准,行政裁判要确定证明标准,行政许可也需要证明标准。确定行政程序证明标准应考虑以下因素:行政程序的类型、证明的难易程度、行政决定的重要性、行政程序的特点。

与诉讼程序相比,行政程序的一个显著特点是行政程序种类多,且相互间差异较大。从影响行政相对人权益角度分类,可将行政程序分为授益性行政程序和损益性行政程序;从行政行为的性质角度分类,可将行政程序分为行政立法程序、行政执法程序和行政司法程序;从行政程序的启动方式分类,可将行政程序分为依申请行政程序和非依申请行政程序。确定行政程序统一证明标准是不科学也是不现实的,对于不同行政程序应当确定不同的证明标准。相比较而言,行政处罚程序、行政强制程序的证明标准要高一些,行政许可程序的证明标准可低一些。严厉行政处罚可适用排除合理怀疑证明标准,而一般行政裁判程序和行政许可程序可适用优势证据标准。

证明难易程度也是确定行政程序证明标准应当考虑的因素。行政程序法一般确定行政机关依职权调查原则,行政机关在行政程序中往往承担较大的证明责任。对于调查取证较困难的案件,可以确定较低的证明标准,而对于取证较容易的案件,则可确定较高的证明标准。

确定行政程序证明标准还应当考虑行政决定的重要性。行政决定重要性包括行政决定对国家、社会和个人的影响,行政决定涉及利益大小,行政决定是否具有涉外因素等。对于重要的行政决定,应当确定较高的证明标准,而对于一般的行政决定,证明标准可以适当降低。

行政程序的特点也是确定行政程序证明标准时应当考虑的因素。效率原则是行政程序的一个重要特点,在行政程序中,程序公正与实体公正同样重要。迟来的公正也是不公正,行政程序要平衡投入与产出的关系,也就是很多国家推行的行政价值判断标准。效率原则要求行政程序证明标准不能过高,应当适度。在一些行政程序中,如当场行政处罚程序,可以确定像"排除滥用职权"这样的证明标准。

行政程序证明标准的确定受多种因素的影响,应当综合考虑各方面因素。

三、《行政处罚法》和《行政诉讼法》第70条规定的证明标准

我国相当多的法律法规对行政程序证明标准进行了规定。如《行政处罚法》第30条规定,公民、法人或其他组织违反行政管理秩序的行为,依法应当给予行政处罚的,行政机关必须查清事实,违法事实不清的,不得给予行政处罚。根据《行政处罚法》的规定,行政机关对于当事人是否违反行政管理秩序必须查清事实,证据确凿。我国法律法规对当事人和行政机关在行政程序中的证明要求一般都是案件事实清楚、证据确凿。而我国《行政诉讼法》第69条规定,行政行为证据确凿,适用法律、法规正确,符合法定程序的,或者原告申请被告履行法定职责或者给付义务理由不成立的,人民法院判决驳回原告的诉讼请求。由此可以看出,行政诉讼程序对行政程序的证明要求也是案件事实清楚、证据确凿。我国法律法规将事实清楚、证据确凿作为行政程序的证明标准与长期坚持的"以事实为根据、以法律为准绳"原则密切相关,是客观真实证明要求在行政程序中的表现。但总是要求行政程序证明标准达到100%真实是不可能的。

基于上述分析,我国应当逐渐放弃带有浓厚理想主义色彩的"事实清楚、证据确凿"证明标准。针对不同行政程序和不同案件情况,可以采用排除合理怀疑、优势证据、实质证据等证明标准。

我国《行政诉讼法》第69条、第70条对行政执法机关行政执法行为中的证明标准作出了规定,其第69条以肯定性的表述方式规定的证明标准为证据确凿,其第70条以否定性的表述方式规定的证明标准为主要证据充分。笔者认为,上述规定规定了行政程序证据的最高标和最低标准。即最高标准为证据确凿,最低标准为主要证据充分。

（一）关于证据确凿

证据确凿,就交通运输执法而言,是指据以认定交通运输违法行为和给予违法行为人处分的证据,必须能够充分证明违法行为的存在以及违法行为的性质、情节和危害程度,对不能够充分证明违法行为客观情况的证据则不能采信。证据确凿包含四个层次的内容:

（1）证据必须真实。所取得的证据要能经得起现实和历史的检验。

（2）证据必须与案件有内在的联系。与案件没有联系的任何事物，都不能作为证据使用。

（3）证据必须充分，能够将违法事实证明清楚，得出的结论是唯一的。

（4）证据之间不能有矛盾。如有矛盾，必须得到合理排除。没有证据或者证据不确实、不充分，不能认定违法；证据确实、充分，即使犯错误的本人拒不承认，也可以认定违法。

（二）关于证据能够证明案件主要事实

《行政诉讼法》第70条规定，主要证据不足的，人民法院判决撤销或者部分撤销，并可以判决被告重新作出行政行为。反过来对前述条款理解，也就是如果行政行为有主要证据，人民法院就不能判决撤销或者部分撤销，该行政行为是成立的。主要证据是相对次要证据而言的，指行政机关认定案件基本事实或相对人违法的基本事实必不可少的证据。有专家认为："主要证据包括证明案件基本事实的证据和其他事实的证据。"[1]江必新认为："主要证据是相对于次要证据而言的，在行政诉讼法学上，主要证据又称为基本证据。主要证据是能够证明案件基本事实的证据，也就是所足以确认行政行为所必须具备的事实要件的证据。"[2]主要证据是指对违法事实的认定起主要作用，对案件定性处罚有重要影响的证据。每一个案件主要证据的表现形式不尽相同，但起码对以下三方面的事实都能合法有效地证明，一是当事人是否构成违法的事实；二是违法情节轻重以及承担怎样法律责任的事实；三是其他有关被处理人权利义务的基本事实。

主要证据不足，说明具体行政行为的理由、客观动因和法定事实要件不充分，意味着具体行政行为认定的事实不能确定，至少存在着合理的疑点。主要证据不足，足以证明具体行政行为存在瑕疵，《行政诉讼法》已把它提高到违法的程度加以规定，从而成为法院撤销具体行政行为的法定条件。

（三）关于主要证据不足

对主要证据不足的理解包括了以下四个方面：

1.认定事实不清或认定事实错误

主要是指交通运输执法机关为具体行政行为应当证明的证明对象缺乏必要的证据证明，所认定的事实有偏差，存在事实误会。有专家认为："主要证据不足，是指行政机关作出的行政行为缺乏事实根据，导致认定的事实错误或基本事实不清楚。"[3]主要表现有两种，一是认定事实不全，二是认定事实错误，包括行政相对人的具体违法行为，以及违法行为的性质、情节和社会危害程度等方面的重要事实。

2.具体行政行为认定的事实没有证据或缺乏关键证据

它是指据以作出的行政行为没有相应的证据支持或证据不足，以及证据和证据之间不能

❶袁杰.中华人民共和国行政诉讼法解读[M].北京：中国法制出版社，2014.

❷江必新.中华人民共和国行政诉讼法理解适用与实务指南[M].北京：中国法制出版社，2015：326.

❸袁杰.中华人民共和国行政诉讼法解读[M].北京：中国法制出版社，2014：194.

相互印证等。关系到定性处理结果的主要事实或情节不清楚,也包含了"无事实根据"这一情形。如实践中道路运输管理机构认定某当事人非法从事道路运输经营活动并给予3万元罚款的处罚,但未能认定该当事人从事道路运输经营的次数、非法所得的金额等。

3. 具体行政行为所依据的证据不合法

一是证据合法性缺失,二是证据的关联性缺失,三是证据的真实性缺失。

4. 行政相对人不适格

它是将非被处罚主体误定为被处罚主体,或者认定的被处罚主体没有相应的证据予以证明。交通运输行政机关本应对甲作出具体行政行为,结果却对乙作出了具体行政行为,对后者而言,即为无任何事实根据。理论上也有人称此种情形为行政行为的对象错误。责任能力认定错误是指将无责任能力的人认定为有责任能力的人。如将未满14周岁的被监管人作为被处罚对象,或将未成年人认定为成年人等。

(四)行政执法案件证明标准不明确的影响

一是难以有效把握取证的方向和尺度。由于行政处罚案件证明标准的模糊,收集证据具有盲目性,导致行政效率下降,难以实现行政管理的目标要求。另外,怎样才是事实清楚、证据充分,每个执法人员都有不同的理解,在基层执法中,有的案件只对行政相对人进行询问后就作出了行政处罚决定,有的案件却对所有从轻从重情节都查清。

二是放纵了违法行为。为了避免行政复议、行政诉讼的不利后果,一些执法人员采用高标准的证明标准,直接导致对违法行为不能及时处理和进行有效打击,实际上放纵了违法行为,降低了行政机关的执法效能,影响行政机关的执法公信力。

三是导致复议、诉讼结果的不可预测。由于没有普遍认可的行政处罚案件证明标准,行政执法人员对证明标准的把握难免会和法官的认定标准出现偏差,不同法官也完全有可能对相同的案件适用不同的证明标准,从而得出不同的结论。实践中,由于行政处罚程序的证明标准和行政复议、行政诉讼的证明标准不同而发生败诉的现象时有发生,一些执法人员甚至因此被追究行政责任。

四、由行政诉讼证明标准的类型确定交通运输行政执法程序证明标准

随着行政法理论与实践的发展,无论是理论界还是实务界,也无论是人民法院还是执法部门,越来越多的人感觉到对行政处罚案件一刀切地适用"排除合理怀疑"证明标准,在很大程度上放纵了违法行为,增加了执法成本,影响了行政执法的积极性和有效性,难以取得良好的法律效果和社会效果。因此,执法机关和人民法院不断地进行新的探索,促进行政处罚案件证明标准与行政处罚执法实践的契合。

法院的司法性文件已就行政诉讼证明进行了明确:"由于被诉具体行政行为的类型多样化,与刑事诉讼和民事诉讼相比,行政诉讼证据的证明标准也不是单一的,因此,因具体行政行为性质的不同而应适用不同的证明标准。应当在实践中认真研究和总结行政诉讼的证明标准。行政案件证明标准的高低,原则上取决于被诉具体行政行为对原告权益影响的大小。从目前的审判实际看,对于涉及限制人身自由、大额罚没等对行政相对人人身、财产权益影响较

大的具体行政行为的案件,可以比照适用类似于刑事案件的证明标准;对于行政裁决类行政案件和其他行政案件,可以比照适用类似于民事案件的证明标准。"❶前述对行政诉讼证明标准的论述,是认为应根据具体行政行为性质不同而适用不同标准。因此,行政诉讼证明标准并不是统一适用一个标准,而是根据行政行为的种类、行政案件的性质及对当事人权益影响的大小等因素具体确定案件的证明标准。行政诉讼证明标准主要有以下三种类型:

(一)明显优势证明标准——一般的标准

明显优势证明标准是指在行政诉讼中,法庭按照证明效力具有明显优势的一方当事人提供证据认定案件事实的证明标准。适用明显优势证明标准应当符合下列两项要求:

第一,双方当事人提供的证据相比较,一方当事人提供的证据具有较大的优势。这就是说,双方当事人对同一事实举出的证据相反,但却都无法否定对方证据的情况下,由法庭对双方当事人证据的证明效力进行比较和衡量。如果一方当事人提供的证据的证明效力明显较另一方具有较大的优势,则可以认为具有较大优势的证据更易获得法庭的支持。这里的"较大的优势"并不是一个僵化的或者可以量化的比例,法庭必须对当事人提供的证据进行综合的考虑。"较大的优势"意味着在行政案件中,在显明的客观事实无法查清或者根本不可能查清的情况下,法庭通过法定程序,依据非显明的事实对证据的证明效力作出合理判断。这里的"优势"是指对事实的证明要达到50%以上的程度;而"较大的优势"体现为一方当事人证明的案件事实的可能性与另一方当事人之间存在差额,一般要求主张事实的当事人提供的证据的证明力需要明显大于对方。如果说优势证明标准是一种相对优势的证明标准的话,明显优势证明标准就是一种绝对优势的证明标准。而何为"明显大于对方"则没有一个量化的标准,例如,证据的优势不能仅仅以证人的数量认定,而应当根据所有证据中更有分量的证据认定,双方当事人了解的机会、拥有的信息、作证时的言行举止都是认定证人证言的根据。所以,法庭必须依据法律程序,通过对行政案件的性质、案件的情节、对双方当事人权益的影响、在当地的社会影响等因素综合加以判断,进行合理的推定,作出适当的裁判。

"较大的优势"与我国的民事诉讼中"高度盖然性"的证明标准类似但不相同。民事诉讼中对"明显大于另一方提供证据证明力的证据""证明力较大的证据"进行认定,行政诉讼中也要求证据需要有明显优势。但后者比前者要求的优势程度更高(涉及财产权或者人身权争议的行政裁决案件除外)。更重要的差异是在民事诉讼中因证据的证明力无法判断导致争议事实难以认定的,人民法院根据"谁主张,谁举证"规则作出判断;而在行政诉讼中,在前述情况下一般会作出倾向于原告不利于被告的裁判。也就是说,只有被告提供的证据相对于原告提供的证据而言具有绝对优势的情况下,法院才可以认定被告的证据合法有效。而在民事诉讼中,一般采用证据相对优势的规则。这是由于行政诉讼的目的所决定的。

第二,该优势足以使法庭确信其主张的案件事实真实存在,或者更具有真实存在的可能性。这是对"优势"的具体要求。这里的"优势"必须使法庭确信有两种情形存在。第一种是其主张的案件事实真实存在。此处的"案件事实"一般是指"客观真实"或称"事实真实"。法

---

❶最高人民法院副院长李国光在全国法院行政审判工作会议上的讲话——深入贯彻党的十六大精神 努力开创行政审判工作新局面为全面建设小康社会提供司法保障。

庭在案件的审理中,首先应当查明确凿或显明的证据,并加以确定,进而依据确凿或显明的证据来揭示案件的事实真相。案件事实真实存在是司法证明的终极目标。在实践中,能够达到客观真实的情况存在但并不普遍,而更多的是当事人提供的证据的优势更具有真实存在的可能性,这是第二种情形。"可能性"又称"盖然性",是指法庭从当事人提供的证据中,虽然尚未形成案件事实必定如此的确信,但在内心中形成了事实极有可能或者非常可能如此的判断。在行政诉讼中,当事人的举证如果不能使法庭确信其主张的案件事实真实存在,但如果能够使法庭确信此种案件事实的存在具有高度的概率,法庭即应认定该事实。这两种情形的关系是:前者是基础,后者是补充。也就是说,只有在无法确信案件事实真实存在的情况下,才能以真实存在的可能性这种法律真实为补充,两者不是对立的关系而是互补的关系。

在交通运输行政执法中,该标准强调的是交通运输行政机关认定案件事实必须具有一定的可靠的和有证明力的证据,而不是排除其他合理的可能性的证据。只要交通运输执法机关的认定结论与其采纳的定案证据之间具有合理的联系,而且这种联系的紧密程度大于其他可能性,即使案件事实具有其他合理的可能性,或者从同一个或同一组定案证据中可以得出两个以上的合理的认定结论,法院仍然应当予以维持。

(二)优势证明标准——接近民事诉讼证明标准的中间标准

优势证据标准,是指当证据表明待证事实存在的可能性明显大于不存在的可能性,或此种事实存在的可能性明显高于彼种事实存在的可能性,按照可能性占优势的证据来认定事实的证明标准。这也可被视为"优势概率的证明",即在审查诉讼双方证据的真实性和证明力的基础上,评价双方证明结果的概率,其中概率占优势者即可胜诉或得到有利的判决。这往往属于最低限度的证明标准。

《最高人民法院关于民事诉讼证据的若干规定》第73条规定:"双方当事人对同一事实分别举出相反的证据,但都没有足够的依据否定对方的证据,人民法院应当结合案件情况,判断一方提供证据的证明力是否明显大于另一方提供的证明力,并对证明力较大的证据予以确认;因证据的证明力无法判断,导致争议事实难以认定的,人民法院应当依据举证责任分配的规则作出裁判。"普遍认为这确立了民事诉讼中的优势证据规则,民诉学者也多认为优势证据有助于强化法官的认知能力,完成民事诉讼的任务。

在交通运输行政执法中,此标准适用于两个方面的案件,一是简易程序的行政处罚案件。一方面,简易程序手续简便,速度快,效率高,行政机关执法人员在案发当时便可以处理决定。行政诉讼中,要求这类案件做到排除合理怀疑标准是不符合比例原则的,也是不切实际的。另一方面,适用简易程序的行政案件,情节简单,争议不大,也没有必要适用非常严格的证明标准。二是交通运输行政机关临时保全措施案件。交通运输行政机关在行政执法过程中,如果发现了违法嫌疑人,或者可能涉及本案处理的财产,有权依法采取临时性的限制措施,如扣留、扣押、查封等。这些措施具有临时性和保全性,有利于防止证据灭失,防止违法行为的继续发生。由于案件情况复杂,最终处理结果难以确定,要求交通运输行政机关在采取保全措施时就做到案件事实清楚,证据充分是不可能的。唯一的要求是交通运输行政机关在要取保全措施之前,必须调查收集一定的证据证明有这种必要性,即采取保全措施比不采取保全措施的必要性大。

优势证明标准是一方当事人提供的证据相对于另一方当事人提供的证据而言具有一定的

优势幅度,足以使法官形成有利于本方的确信,这就要求行政机关达到比对方提供的证据更具说服力、具有合理可信度。例如在"廖宗荣诉重庆市公安局交通管理局第二支队道路交通管理行政处罚决定案"❶中,法院即采用了优势证明标准。

2005年7月26日原告廖宗荣驾驶小轿车,在重庆大溪沟滨江路口,被交通警察陶祖坤示意靠边停车。陶祖坤指出廖宗荣在道路隔离带缺口处,无视禁止左转弯交通标志违规左转弯。廖宗荣申辩自己未左转弯,警察未看清楚。陶祖坤认为廖宗荣违反禁令标志行车的事实是清楚的,其行为已违反《道路交通安全法》的规定,依法应受处罚,遂向廖宗荣出具行政处罚决定书,罚款200元。廖宗荣不服,提起行政诉讼,主要理由为:该行政处罚决定书是一名交通警察在仅凭个人主观臆断的情况下作出的,事实不清且没有证据。法院认为:"虽然只有陶祖坤一人的陈述证实,但只要陶祖坤是依法执行公务的人员、其陈述的客观真实性得到证实,也没有证据证明陶祖坤与廖宗荣之间存在利害关系,陶祖坤一人的陈述就是证明廖宗荣有违反禁令左转弯行为的优势证据,应当作为认定事实的根据。"法院同时认为,"道路交通安全管理具有其特殊性。道路上交通违法行为一般都是瞬间发生,对这些突发的交通违法行为如果不及时纠正,就会埋下交通安全隐患,甚至当即引发交通安全事故,破坏道路交通安全秩序。但要及时纠正这些突发的交通违法行为,则会面临取证难题。交通警察发现交通违法行为后应当及时纠正,如果必须先取证再纠正违法,则可能既无法取得足够的证据,也无法及时纠正违法行为,甚至还可能在现场影响车辆、行人的通行。"考虑到上述因素,为了遵循《道路交通安全法》第3条确立的依法管理,方便群众,保障道路交通有序、安全、畅通的原则,《道路交通安全法》第79条规定:"公安机关交通管理部门及其交通警察实施交通安全管理,应当依据法定的职权和程序,简化办事手续,做到公正、严格、文明、高效。"第107条规定:"对道路交通违法行为人予以警告、二百元以下的罚款,交通警察可以当场作出行政处罚决定,并出具行政处罚决定书。"《道路交通安全违法行为程序规定》第8条规定:"公安机关交通管理部门按照简易程序作出处罚决定的,可以由一名交通警察实施。"因此,交通警察一人执法时,当场给予行政管理相对人罚款200元的行政处罚,是合法的具体行政行为。"据此,法院维持了被告交警二支队作出的516号行政处罚决定书。

本案中,只有执法人员陶祖坤的陈述作为证据,不仅没有达到"排除合理怀疑",也远远达不到"明显优势证据"标准。但法院在审理时,以执行公务的人员的陈述,在不能被证明存在利害关系而形成补强证据时,具有天然的客观真实性,对廖宗荣的陈述形成优势。这里法院采用了"优势证据"作为认定事实的标准。同时可以看出,简易程序更多体现的是对秩序维护的追求,因此如果没有相反证据否定行政执法人员陈述的客观真实性,也没有证据证明执法人员与相对人之间存在利害关系时,即可适用优势证据标准。

(三)排除合理怀疑标准——接近刑事诉讼证明标准的行政诉讼证明标准

排除合理怀疑标准是刑事诉讼中适用的证明标准。这里的"怀疑"是一种两可或多可的意识状态,具有正常理智的人、一般的人在选择其中一种时不能排除其他种的可能性和可行性。"合理"是指怀疑需有理由而非纯粹出于想象或幻想。一般而言排除合理怀疑包括以下

---

❶见《最高人民法院公报》2007年第1期。

要素：第一，合理怀疑必须是有根有据的怀疑，而非猜测臆想的怀疑。第二，排除合理怀疑并非排除所有的可能性，而是排除那些无根据、不现实的可能性。第三，排除合理怀疑要求法庭对案件事实形成内心确信或者得出唯一结论。第四，在存在合理怀疑时，法庭应当作出有利于行政相对人的认定结论。在行政诉讼中适用排除合理怀疑标准的主要原因是，行政行为本身是一个多层次、多角度的行政手段，既包括具有一般行政行为特点的行政处理行为，也包括接近于民事行为的双方合意行为，甚至还包括一些比刑事制裁更为严厉的行政行为，例如劳动教养作为公安机关的行政职能，最多可以限制公民的人身自由达三年之久，比刑罚中的罚金、管制、拘役都更为严厉。所以在行政诉讼中除了适用明显优势证明标准这一一般标准外，还应当适用排除合理怀疑标准。在适用排除合理怀疑标准时有一个限制性的条件，即必须是对行政相对人人身或者财产权益有重大影响。任何行政行为对于行政相对人的人身、财产权益或其他合法权益都有影响，但是并非对这些权益有影响的行政案件都适用排除合理怀疑标准。它必须具备两个条件：第一，必须对行政相对人的人身或者财产权益有影响，如果是对人身权和财产权以外的权益则仍然不能满足此条件，例如受教育权、劳动权、社会保障权和政治权利等不在此限。这是我国目前的国情所决定的。事实上，人身权和财产权是目前我国公民权利中最需要有力保障的权利，也是目前行政机关对行政相对人的权利影响最大、最重要的方面。这是它的范围条件。第二，行政案件必须对行政相对人人身或者财产权益有重大影响，这是其深度条件。正因为行政行为对行政相对人的人身和财产权益有"重大影响"，这种重大影响的权益接近于刑事诉讼法保护的公民的权益，所以获得了如同公民在刑事诉讼中的保护。在刑事诉讼中，如果没有达到"无合理怀疑的程度"应被视为"疑罪"，在这种情况下，即使控诉方的证据占有较大的优势，也不能认定被告有罪，而且根据无罪推定原则，应作出有利于被告人的处理结果。在行政诉讼中，如果被告的证据即使占有较大优势，但是其没有达到"无合理怀疑"的程度就不能作出有利于被告不利于原告的裁判。

在行政诉讼中排除合理怀疑标准包括两方面的内容：

（1）案件主要事实均有相应的事实证明，这是对证据量的要求。所有涉及案件的主要事实均能被证据所证明，案件的主要事实是法院认证的关键内容，主要事实均能证明意味着主观认识与客观实际相一致。

（2）证据之间及证据与案件事实之间没有矛盾，或者虽有矛盾但能够合理的排除，这是排除合理怀疑标准的质的要求。首先，证据之间没有矛盾，而且证据与案件事实之间没有矛盾，这是证据必须具有关联性特征的体现。但更多情况下证据之间与案件事实之间是有矛盾的，如果能够合理的排除则仍然认为符合此标准。这一标准是一个较高的标准，最接近我国三大诉讼法规定的证明标准"事实清楚，证据确实充分"。我国行政诉讼的基本目的之一是保障公民、法人或其他组织的合法权益，这种合法的权益是有轻重缓急之分的。限制人身自由的行政处罚或强制措施，责令停产停业和吊销证照等行政行为对行政相对人人身或者财产权益的影响较之于其他行政行为明显重大。所以应对此种证据设定严格的证明标准，这也是符合保障人权的时代潮流的。但是，"排除合理怀疑"标准与我国刑事诉讼制度中的规定是有接近但不同的。行政诉讼中的"排除合理怀疑"证明标准总体而言要低于刑事诉讼中的"排除合理怀疑"证明标准。这是由于两者在法律保护公民的合法权益的种类、举证责任的设置、法院在诉讼中对证据的收集和调查、对待言词证据的态度等方面的不同所决定的。此外，由于行政诉讼承认行政诉讼当事人一定范围内的处分权,因而国家对刑事诉讼的干预程度必然要强于行政诉讼。所以不能将这两个标准混为一谈。

排除合理怀疑的证明标准是诉讼证明的严格标准,有利于推进依法行政原则,应当作为我国行政诉讼证明的一般标准,在交通运输行政执法中,具体适用于下述两种行政案件:一是适用听证程序作出具体行政行为的案件。根据《行政处罚法》的规定,行政处罚程序分为简易程序、一般程序和听证程序。听证程序适用于吊销营业执照、责令停产停业和处以较大数额罚款和可能对行政相对人财产权益产生重大影响、没收的案件❶。二是行政许可案件。交通运输行政许可的条件、提交的材料都是明确和具体的,特别是近年来交通运输法律法规、技术标准和技术规范的不断完善,对申请人提交的材料、许可的规定越来越具体明确,是否准予许可,主要事实均能够有相应的事实证明。

---

❶听证,是行政机关在作出决定前,依照法定的形式听取相关人员的意见,其目的是根据听取的意见来进一步固定或者修正自己此前形成的判断,以规范行政行为,充分保障行政相对人的合法权益。出于保障行政相对人合法权益与行政执法成本、效率之间的平衡,我国行政处罚法所设置的听证程序并不是行政处罚的必经程序,从《行政处罚法》第 42 条的规定来看,适用听证程序的责令停产停业、吊销许可证或者执照和较大数额罚款均是对处罚对象的财产权益具有重大影响的处罚种类。因此该条的立法本意是在行政机关作出可能对行政相对人财产权益产生重大影响的行政处罚时,应当告知其有听证的权利,有效保护受罚人的财产权利和利益。从性质上来看,较大数额罚款与没收较大数额财产均是对当事人的财产权有重大影响的处罚。如果没收的财物金额巨大,对个人来说,其影响远远超过多数较大数额罚款。如此严厉的行政处罚如果得不到相对较轻的处罚所能够得到的权利保障,显然不符合行政合理性原则,对当事人也殊为不公。因此,对第 42 条的规定进行扩大解释,将没收较大数额财产纳入适用听证程序的范围,符合我国行政处罚法的立法本意。最高人民法院在2004 年 9 月对新疆维吾尔自治区高级人民法院《关于没收财产是否应当进行听证及经营药品行为等有关法律问题的答复》中称:"人民法院经审理认定,行政机关作出没收较大数额财产的行政处罚决定前,未告知当事人有权要求举行听证或者未按规定举行听证的,应当根据《行政处罚法》的有关规定,确认该行政处罚决定违反法定程序。有关较大数额的标准问题,实行中央垂直领导的行政管理部门作出的没收处罚决定,应参照国务院部委的有关较大数额罚款标准的规定认定;其他行政管理部门作出没收处罚决定,应参照省、自治区、直辖市人民政府的相关规定认定。"可以看出,最高法院对《行政处罚法》第 42 条所规定的听证范围实际上也是持扩张解释的意见。

第四章　交通运输行政执法证据的收集

第一节　交通运输行政执法取证概述

所谓取证,主要是指证据的收集,即执法机关为了证明特定的案件事实,按照法律规定的范围和程序,收集证据和证据材料的法律活动。由于证据的固定和保管与证据的收集密切相关,所以证据保全也属于取证制度的内容。行政机关依照法律积极主动采取相应措施、运用各种方法,深入、细致地调查研究,以发现和取得与案件相关的各种证据,是正确处理案件的必经阶段和基本前提。依法收集证据,对查明案件事实,正确处理案件,具有十分重要的意义。

一、交通运输行政执法取证的概念和意义

交通运输行政执法取证是指在交通运输行政执法中,行政执法机关、执法人员运用法律、法规、司法解释、规章规定的方法和手段,发现、采集、提取证据的活动。收集证据是查明案件事实的前提。只有确实发生了交通运输行政案件,交通运输行政机关才会立案办理或者查处。因此,交通运输执法人员在立案和随后的处理时必须对案件涉及的事实进行调查,收集与案件有关的各种证件。收集证件是正确办理交通运输行政案件的各种证据。

在交通运输行政执法中,收集证据是交通运输行政机关运用证据、认定案件事实的基础工作。在行政执法中,执法机关有责任收集证据、查明案情。《行政处罚法》第 30 条规定:"公民、法人或者其他组织违反行政管理秩序的行为,依法应当给予行政处罚的,行政机关必须查明事实;违法事实不清的,不得给予行政处罚。"第 36 条规定:"行政机关发现公民、法人或者其他组织有依法应当给予行政处罚的行为的,必须全面、客观、公正地调查,收集有关证据;必要时,依照法律、法规的规定,可以进行检查。"

收集证据,对查明案件事实、正确处理案件,具有十分重要的意义。从法律规定的角度看,交通运输执法机关依照法律积极主动采取措施,依法运用各种方法,深入细致地调查研究,以发现和取得与案件相关的各种证据,是正确处理案件的必经阶段和基本前提。只有这样才能查明案件,认定案件,使行政执法案件依法得到公正处理。

二、收集证据的要求

根据《行政诉讼法》以及最高人民法院相关司法解释等规定和交通运输行政执法实践,交

通运输执法人员要做好收集证据工作,首先应当围绕法律法规规定中明示的证明对象进行,及时、全面、客观、合法地收集证据材料,依法履行保密义务,不得收集与案件无关的材料,不得将证据用于法定职责以外的其他用途。

(一)收集证据必须依法

我国《行政诉讼法》《行政处罚法》《交通运输行政执法程序规定》等法律法规和规章对收集证据和法定程序作出了规定,甚至还就收集证据的具体行为规定了方式方法等。这些规定都是为了确保与案件有关或了解案情的一切公民有客观、充分地提供证据的条件,防止可能出现的偏差和错误,使收集证据工作能够有效地进行。哪些规定是收集证据的依据?《最高人民法院关于行政诉讼证据若干问题的规定》第 10 条规定,根据行政诉讼法第三十一条第一款第(一)项的规定,当事人向人民法院提供书证的,法律、法规、司法解释和规章对书证的制作形式另有规定的,从其规定。《交通行政处罚程序规定》第 12 条、第 16 条、第 19 条、第 20 条对取证的方式以及《询问笔录》《勘验检查笔录》《抽样取证凭证》《鉴定意见书》《证据登记保存清单》《交通违法行为调查报告》《交通违法行为通知书》《交通行政处罚决定书》《交通行政处罚文书送达回证》等文书(书证)的制作作出了明确的规定。特别是《交通运输行政执法程序规定》对交通运输行政执法的证据种类、收集证据的要求作出了详尽的规定。《行政诉讼法》等法律法规对取证也作出了原则性的规定。有些地方性法规也对证据收集作出规定,如《山西省公路条例》第 40 条规定,公路管理机构经检测发现非法超限运输的,应当出具公路超限检测站及其检测人员盖章、签字的检测文书。《最高人民法院关于行政诉讼证据若干问题的规定》尽管是对行政诉讼证据的规定,但是对交通运输行政执法的取证工作具有重要的指导意义。交通运输执法机关和执法人员在取证中应当严格遵循法律法规以及司法解释和规章的有关规定。

(二)收集证据必须及时

收集证据必须及时,是指对正在发生的案件以及案件发生后,交通运输执法人员要尽快着手收集证据,以免失去收集证据的机会。

对正在发生的案件以及案件发生后,执法人员主动、及时地收集证据,才能抓住有利时机。如违法行为人损坏公路后,违法现场还未遭到破坏,遗留下来的各种痕迹还比较明显,知情人的印象、记忆还比较清楚。这样能够收集各种有价值的证据和线索,为迅速查处案件提供有利的条件。及时收集证据,也便于证据的寻找,书证、物证、音像资料等证据也较容易取得。

(三)证据收集必须客观全面

收集证据必须客观,即交通运输执法人员在收集证据的过程中,应当尊重客观事实,应当从案件的实际情况出发,实事求是,按照证据的本来面目去认识它。执法人员必须从不同种类证据的收集入手,具体问题具体分析对待。对收集到的书证、物证、音像证据等,一定要保持原状;勘验笔录一定要忠于现场实际;对询问相对人的询问笔录、当事人的陈述申辩、现场笔录以及证人证言一定要如实记录。执法人员不能只凭主观想象,先入为主,更不能弄虚作假,歪曲事实真相,这事关收集到的证据是否真实准确的问题。

收集证据必须全面,即执法人员在收集证据时应注意收集的范围和内容两个方面,对于能够反映案件真实情况的一切证据材料都应当收集。交通运输行政执法人员在调查收集证据时应注意行政证据收集的范围和内容两大方面,同时对于能够反映行政相对人是否遵守法律、是否履行法定义务的真实情况的一切证据材料都应收集。要做到这一点,应当注意的问题如下:

第一,注意围绕证明对象、围绕基本事实全面收集证据,不能有遗漏。

第二,本证、反证都要收集,不能只收集不利于当事人的证据,也要收集当事人的陈述申辩的内容。这样执法人员才能从不同的种类、正反方面、多种角度的证据上入手,综合判断,真正了解案件的正式情况,为进一步确定案件性质,正确处理案件奠定基础。

第三,必须要注意收集排除其他可能性方面的证据,这样行政执法人员才能从不同种类、正反两面、多种角度的证据入手,综合判断,真正了解行政相对人的情况,为进一步正确适用法律,合法准确地作出具体行政行为奠定基础。

(四)行政证据收集必须深入、细致

行政证据的收集本身是一项深入、细致的调查研究工作。交通运输行政执法作为一项复杂、细致、艰苦的工作,它所针对的事实可能会由于自然条件的变化、时间的推移及人为破坏等原因,而导致证据材料的灭失。这些因素的出现必然会给收集证据的工作带来很大困难。因此,要做到深入、细致收集行政证据,必须注意的问题应当是:

第一,凡是对案件情况有了解的单位和个人都应调查、询问,不放过任何细微的情况和线索;凡是与交通运输案件相关联的场所都要进行检查和勘验;凡是与案件相关联的物证都要提取。

第二,弄清每一个证据的来龙去脉。既要知道它的现在,又要了解它的过去;既要看清它的表象,又要认清它的本质,以做到既不遗漏证据,又不盲目收集;收集证据要深入、细致,不仅仅是对实物证据的收集,对其他的证据也必须注意收集。

第三,收集言词证据,要问得深,多问几个为什么,要问到要害处、实质处;问得要细,具体到时间、地点、行为、对象、情节、后果等,尤其是关键证据要过细。

总之,交通运输行政证据收集的深入、细致深度要与行政执法人员所执行法律的要求相符合。行政证据收集的深入、细致包括正反两方面的证据,这样可以防止伪造证据,去伪存真,有利于证据的查证。反之,行政证据的收集则会不全面,甚至错误,从而导致具体行政行为缺少主要证据,导致具体行政行为适用法律的错误,出现具体行政行为违法的情形。

三、收集证据的基本规则和一般方式

交通运输执法程序证明对象证明活动的首要和中心环节,是交通运输行政执法证明活动的起点和归宿,证明活动都是围绕证明对象展开的。所以证明活动按照两步进行。一是按照不同种类案件相关法律规范确定的证明对象,确定证据种类。二是按照确定的证据种类,分别证明待证的证明对象,以证明待证事实。

证据的收集的主要方式:

(1)现场检查,制作相关证据材料。

(2)询问当事人、利害关系人、其他有关单位或者个人,听取当事人或者有关人员的陈述、

申辩。

（3）向有关单位和个人调取证据，包括物证和书证、视听资料等，可以提取原物，也可以查阅、复制有关资料。

（4）通过技术系统、设备固定违法事实，通过重点场所、执法车辆安装的或者执法人员随身携带的监控设施对现场情况进行摄像、拍照或者录音。

（5）依照法定职权，经负责人书面批准，可以不经过当事人同意，采取录音、录像、拍照等方式提取不侵犯当事人合法权益且与违法行为有关的证据，但不得以反复纠缠、许诺重金、虚拟灾害等手段和方式引诱取证，不得采取欺骗、诬陷当事人或者其他违法方式取证。

（6）委托有资质的机构，对与违法行为有关的问题进行鉴定。

（7）对违法行为发生的现场或者涉及的物品进行勘验、检查。

（8）依法收集证据的其他方式。

第二节　按照证明对象确定收集证据的种类

证明对象是交通运输执法程序证明制度的首要环节，明确了证明对象之后，就要进一步明确如何进行证明及"证明程序"，进一步开展一系列证明活动。

一、主体事实的证明

主体事实是交通运输行政执法中最重要的证明证明对象之一，主要包括行政许可、行政处罚、行政强制等方面的主体事实。

（一）行政许可申请人主体方面事实的证明

行政许可申请人为公民、法人和其他社会组织，而能够证明他们身份的一般为书证，例如，申请交通运输许可事项的，一般要提交企业的营业执照❶；再如，申请道路旅客运输经营许可的，提交企业负责人身份证明，委托经办人承办的，提交经办人的身份证明和委托书。上述身份证、法人登记证等均为书证，由申请人提供。

（二）行政处罚主体方面事实的证明

1.证明行政处罚主体身份方面的事实

主要证明交通运输违法行为实施者名称（姓名）、住址、联系方式，是公民还是法人或其他

---

❶《国务院关于修改部分行政法规的决定》（国务院令第 666 号）对《中华人民共和国道路运输条例》中的第 10 条、第 25 条、第 39 条、第 40 条、第 53 条相关许可的规定进行修改，由前置许可改为后者许可，即申请人应当先进行工商登记，后申请道路运输行政许可。《国务院关于取消和调整一批行政审批项目的决定》（国发〔2015〕11 号）也作规定。《国务院办公厅关于加快推进"五证合一、一照一码"登记制度改革的通知》（国办发〔2016〕53 号）进一步明确：在全面实施工商营业执照、组织机构代码证、税务登记证"三证合一"登记制度改革的基础上，再整合社会保险登记证和统计登记证，实现"五证合一、一照一码"。

组织。需要注意的是,行政处罚的当事人不同于行政许可的当事人,行政处罚的当事人为违法行为的具体实施者,行政许可的当事人为某项权利或资格的取得者。行政处罚的当事人主体事实的证明需要交通运输执法人员依法调查取得,例如检查当事人的从业资格证、驾驶证、身份证,或者法人或社会组织的相关登记证明,如系非法从事道路经营性运输活动、超限车辆非法行驶公路等,应当通过检查车辆行驶证了解和掌握车辆所有人的情况。

2. 证明谁是违法行为的当事人

如前所述,查看车辆行驶证主要考虑该行为如为驾驶人员的职务行为,通过车辆行驶证确认违法行为的主体系法人或社会组织。行政处罚主体方面事实的证明主要为书证,为补强其中的一些证据,还可以制作询问笔录。

3. 证明当事人适用行政处罚适格事实

《行政处罚法》规定,"精神病人在不能辨认或者不能控制自己行为"时不予行政处罚,对此可以通过法律推定的证明,例如当事人持有驾驶证、从业资格证等的,直接可以推定当事人不属于《行政处罚法》规定的情形。

（三）行政强制措施主体方面事实的证明

交通运输行政强制措施主要是扣押财物,具体讲为扣押车辆、工具、船舶等,扣押上述财物涉及物的所有人对物相关权益的限制和不利影响,因此,该当事人应当为扣押物的所有人,或者事实上的所有人。由于机动车、船舶均为《物权法》及相关法律规定需要登记的物,所以确认其所有人要检查和收集其登记证书方面的证据。但是由于现实中存在融资租赁等,可能根据相关协议,物的实际所有人约定为承租人或其他主体。因此,行政强制措施主体方面事实的证明主要通过书证来实现。

二、条件事实或行为事实的证明

行政许可的证明中,申请人负有证明自己符合某种法律法规规定的条件的举证责任,交通运输执法机关负有审查责任,以及对不予许可的,证明申请人不具备法定条件的证明责任。申请人证明自己符合法定条件,一般情况下通过提交书证来证明,如证照、图纸、方案、制度、鉴定意见、检验报告等。交通运输执法机关依据相关法律法规,对申请人提交的材料进行形式审查,必要时进行勘验、专家论证、现场勘查,出具勘验报告、专家论证会报告、现场勘查报告等。

对于行政强制措施、行政处罚,交通运输执法机关负有证明当事人存在违法行为的责任。对违法行为的存在,需要综合运用书证、物证、证人证言、视听资料、电子数据、鉴定意见、勘验笔录、现场笔录等证据形式予以证明。比如,用物证证明当事人违法行为使用的工具、需要的物质条件;用勘验笔录、现场笔录对当事人违法的现场情况进行证明。

三、结果事实方面的证明

经对交通运输法律法规规范的梳理,交通运输违法行为一般有行为即构成违法,大多数无需形成一定的结果事实,对大多数案件而言,结果事实非构成要件,无需加以证明,如有事实证明形成结果事实,该结果事实为从重处罚的情形;特殊情况下,即法律法规明确规定要有结果事实的,结果事实为构成违法必需的要件,结果事实必须以一定的证据形式加以证明。如《公路安全保护条例》第13条规定:"在公路建筑控制区外修建的建筑物、地面构筑物以及其他设施不得遮挡公路标志,不得妨碍安全视距。"如果形成该结果事实,公路管理机构可依据《公路安全保护条例》第56条的规定,作出处罚决定。结果事实一般以勘验笔录、鉴定意见等证据形式予以证明。

第三节　一般书证及询问笔录、证人证言的收集

证明对象的证据种类确定后,就需要根据不同证据种类收集取证,本节将讲述不同种类证据的取证和收集方法。

一、一般书证的收集

《最高人民法院关于行政诉讼证据若干问题的规定》第10条对行政机关向人民法院提供书证作出明确规定,按照该规定,报表、图纸、会计账册、专业技术资料、科技文献以及询问、陈述、谈话类笔录均属于书证的范畴,询问笔录和证人证言的收集在下文中有专门讲述。

(1)收集书证原件。

收集原件确有困难或者不可能的,可以收集与原件核对无误的复制件、影印件或者抄录本。

(2)收集书证复制件、影印件或者抄录本的,由证据提供人标明"本件与原件核对无异",注明出具日期、证据来源,并签字或者盖章。书证由有关部门保管并由其提供的,经该部门核对无异后注明出处并加盖其印章。

(3)收集报表、图纸、会计账册、专业技术资料、科技文献等书证的,应当附说明材料,明确证明对象。

(4)收集评估报告的,应当附有评估机构和评估人员的有效证件或者资质证明的复印件。

(5)取得书证原件的节录件的,应当保持文件内容的完整性,注明出处和节录地点、日期,并有节录人的签名。

(6)取得工商、公安、税务等有关部门出具的证明材料作为证据的,证明材料上应当加盖出具部门的印章并注明日期。

(7)被调查对象或者证据提供者拒绝在证据复制件、各式笔录及其他需要其确认的证据材料上签字或者盖章的,可以邀请有关基层组织、被调查对象所在单位、公证机构、法律服务机构或者公安机关代表到场见证,说明情况,在相关证据材料上记明被检查人拒绝确认事由和日期,由执法人员、见证人签名或者签章。

二、关于询问笔录和证人证言

证人证言和当事人陈述的收集,以制作《询问笔录》为主要形式,或者由当事人、证人自行书写材料证明案件事实。询问笔录和证人证言属于言词证据,言词证据是指以人的陈述为存

在和表现形式的证据，它包括证人证言、当事人供述等。在交通运输行政执法中实践中，大部分案件实物证据由于各种原因，能收集到的较少，因此在对言词证据的收集方面就显得尤为重要了。

作为人的认识和反映，其优点是生动、形象、具体，缺点是客观性较差，因此言词证据一个突出特点是能够从动态上证明案件事实，因为当事人、证人是对案件事实直接或间接的感知者，他们的陈述能够使交通运输行政执法人员迅速地从总体上以至在细节上把握案件的全貌，这是实物证据无可比拟的。但是，也正因为言词证据表现为人的陈述，又决定了它具有不稳定性和可变性的特点，因为言词证据的形成一般要经过感知、记忆、陈述三个阶段，在这三个阶段都可能会因各种因素的影响而出现失真，如当事人因与案件处理结果有直接的利害关系，可能导致他们作虚假陈述；证人也会由于受感知能力、个人的品质以及受到威胁、利诱等因素影响而不如实作证，从而使言词证据与案件真实情况不符。

三、关于当事人、利害关系人、证人进行询问的有关问题

（一）被询问人资格问题

接受交通运输行政执法人员询问的一般是自然人；不能正确辨别事物和正确表达思想的人不能接受询问。被询问人必须具有一般常人的感知和表达能力，这是对被询问人资格的最一般的要求。一般而言，持有驾驶证、道路运输从业资格证等职业资格证件的人，可以认定为具有常人的感知和表达能力。因生理上有缺陷而不能辨别事物或不能正确表达思想的人、因年幼而不能辨别事物或不能正确表达思想的人，不能成为被询问人。虽然生理上、精神上有缺陷或者年幼，但能够辨别是非并且能够就自己了解的情况正确表达的人，可以成为被询问人接受询问，例如，10 岁的儿童，虽然无法就机动车的性能作出准确的表述，但就该机动车的颜色、是否为货车、驾驶人的性别等能进行准确表述。

（二）询问应由交通运输行政执法人员进行

交通运输行政执法中的询问属于行政行为，必须由交通运输行政执法人员实施。根据我国有关法律的规定❶，行政机关执法人员对当事人、利害关系人、证人进行询问，执法人员不得少于两人，并应在正式询问前向被询问人出示执法的有关证件。

（三）交通运输行政执法人员进行正式询问应当个别进行

行政执法人员进行调查时，可能因案件本身的特性，会出现多个当事人、利害关系人、证人的情况。有些案件可能涉及商业秘密、个人隐私或国家秘密。如果集体询问，会造成被询问人互相影响，有可能会泄露秘密或侵害隐私权，并且还会有损于证据的真实性和进一步运用审查核实的方法判断其他证据的可能。因此，询问要求个别进行。

询问应当个别进行，并不意味着在询问现场只能有交通运输行政执法人员（询问者）和被

---

❶如我国《行政处罚法》第 37 条规定："行政机关在调查或者进行检查时，执法人员不得少于两人，并应当向当事人或者有关人员出示证件。"《行政强制法》第 18 条规定，行政机关实施行政强制措施应当由两名以上行政执法人员实施。

询问人在场。如果被询问人是未成年人时,执法人员必须通知其监护人或者其教师到场。确实无法通知或者通知后未到场的,应当记录在案。询问聋、哑人,应当有通晓聋、哑手势的人参加,并在询问笔录上注明被询问人的聋、哑情况以及翻译人的姓名、住址、工作单位和职业。对于涉及秘密或个人隐私的,要注意必须进行保密义务的交代。

(四)询问应以口头方式进行

在一般情况下,交通运输行政执法人员用口头方式询问,可以随时向被询问人提出需要查明的与行政执法有关的问题,弄清问题的情况及其来源,还要使被询问人回答中不清楚或有矛盾的地方得到澄清。在特定情况下,当事人、利害关系人和证人也可以请求自行书写陈述或证言。

(五)交通运输行政执法人员在询问前应事先告知被询问人的法律责任及相关权利

根据我国有关法律的规定和社会主义法治精神,当事人、利害关系人、证人有如实回答询问、协助调查或者检查的义务❶。因此,行政执法人员在询问前,应当告知被询问人具有如实回答询问的义务,告知他们有意作出虚假陈述或作伪证、隐匿证据要负的法律责任。这样做,可以增强被询问人的法律观念和责任感,提高当事人、利害关系人陈述和证人证言的可信度。此外,交通运输执法人员应当依法告知当事人有申请执法人员回避的权利。

(六)交通运输行政执法人员的正式询问要制作笔录

询问笔录是行政执法人员对当事人、利害关系人、证人询问形成的书面记录。它反映了交通运输行政执法人员对被询问人的调查结果,它是当事人、利害关系人、证人对案件情况的主观反映。因此,行政执法人员必须如实记录,并在文字记录的同时,行政执法人员可以根据需要进行录音或者录像。

询问笔录形成后应当交被询问人核对或者向其宣读。如记录有误或者遗漏,被询问人有权利、交通运输行政执法人员也应当允许被询问人更正或者补充。但被询问人应当在更正或者补充部分捺指印,以证明是自己真实的意思表示。询问笔录经被询问人核对无误后,应当由其在询问笔录上逐页签名或者捺指印。拒绝签名或者捺指印的,行政执法人员应当在询问笔录上注明。

如果交通运输行政机关对询问笔录有格式或项目的规定,行政执法人员应当按照规定填写齐全。行政执法人员、翻译人员应当在询问笔录上签名。

对证人的询问笔录和证人自己的书写证言应附居民身份证复印件等证明证人身份的文件。

四、交通运输行政执法人员进行案件询问的步骤和方法

(一)询问的准备

询问是交通运输行政执法人员调查取得证据常用的、有效的方法。行政证据调查的实践

---

❶如我国《行政处罚法》第 37 条规定:"行政机关在调查或者进行检查时,执法人员不得少于两人,并应当向当事人或者有关人员出示证件。当事人或者有关人员应当如实回答询问,并协助调查或者检查,不得阻挠。"

表明,在询问前做好如下准备工作是十分必要的。

1. 了解情况

交通运输行政执法人员无论是对通过行政检查,还是对通过行政相对人提出的要求、群众对行政相对人违法等情况的举报、控告、反映等,或上级行政机关交办的案件,为保证行政执法的顺利进行,都必须尽可能仔细、深入地了解本次行政执法已有的有关材料。了解这些基本情况,可以提高询问效率,减少询问的盲目性。

2. 确定询问对象

在交通运输行政执法中,行政执法人员在询问之前要仔细研究,确定询问对象。主要是确定何人是行政相对人,哪些人是利害关系人,哪些人可以作为证人等。确定的依据就是行政执法人员已经掌握的证据材料和相关信息。

3. 了解询问调查对象的基本情况

在询问之前,交通运输行政执法人员应当尽量了解被询问者的基本情况。包括其年龄、性别、民族、工作单位的基本情况、文化程度、性格特点、个人爱好、生活工作习惯、是否需要配备翻译人员等,为全面了解、掌握案件情况打下基础。

4. 确定询问时间和地点

交通运输行政执法人员应当事先选择恰当的时间和地点进行询问。选择询问的时间应当主要考虑:询问对象是否有空闲或感到方便;询问对象的精力是否充沛,情绪是否稳定;询问的时间宜早不宜晚。及时询问既可避免询问对象对案情的遗忘,又可防止其因时间推移而可能造成思想的变化和受到外界的影响。选择询问地点主要应考虑询问对象是否会紧张和拘束,是否有利于询问等。

5. 制订询问计划

除了即时询问外,一般都应制订询问计划。好的询问计划可以保证询问的顺利进行。

制订询问计划包括以下内容:明确本次询问的主要目的和所要查清的主要问题,如当事人的基本情况、案件事实情况、需要掌握的其他案件线索等;确定准备向被询问者提出的问题及提问方式;预测询问过程中可能遇到的问题和困难,并准备好相应的措施和对策。

(二)询问的实施

(1)出示执法证件。执法证件的出示是我国有关法律法规的规定,在学理上主要是明确两个问题:一是交通运输行政机关对已经发生的交通运输行政案件有调查权;二是特定的证据收集人员其证据收集行为是受到有权调查机关的委托进行的。

(2)告知被询问人在参加调查的过程中所享有的权利和义务,如被询问人是案件的当事人、被询问人有要求执法人员回避的权利、被询问人有协助调查和如实回答询问等方面的义务。

(3)询问。

①询问证人应当个别进行。在交通运输行政案件调查过程中,往往一案有多名证人,如果集体询问,会造成证人间互相影响,有损于证据的真实性和进一步运用审查核实的方法判断其

他证据。

②询问证人应当以口头方式进行。一般情况下,用口头询问证人有利于交通执法人员随时向证人提出有关行政案件的问题,便于弄清证人究竟了解哪些案件事实、情节及其感知的过程,可以使证言中不清楚或矛盾的地方及时得到澄清。但在特定情形下,证人提供证言也可以用书面方式。

③在询问证人前应当告知证人的法律责任。

④询问应当制作笔录。同时,按照《最高人民法院关于行政诉讼证据若干问题的规定》,《询问笔录》应当有行政执法人员、被询问人、陈述人、谈话人签名或者盖章,法律、法规、司法解释和规章对书证的制作形式另有规定的,从其规定。

五、询问的内容

询问的内容应当围绕案件的实际情况,并围绕个案的证明对象进行。

询问前应当确认被询问人员的身份。首先应当询问被询问人的姓名、工作单位(或住所)等基本情况,非本案当事人的,还应当询问被询问人与本案或者与本案当事人之间的关系,如被询问人系客运车辆的乘客、运输业主雇佣的驾驶人员等。这些事项的询问的主要目的:一是确定当事人(即谁是违法行为的实施者、谁是被扣押财物的所有人或实际管理人);二是确定当事人的联系方式,解决相关法律文书邮寄送达的问题;三是补强或印证其他证据。

对于应当取得许可方能从事的活动,如道路经营性运输及相关业务、超限运输车辆行驶公路等,当事人可能存在未经许可,擅自从事该活动的,应当询问当事人是否取得相应的许可,并要求其出示相关证件。有关法律法规对当事人从事许可活动的检查监督也有明确的规定,例如《行政许可法》第61条规定,行政机关应当建立健全监督制度,通过核查反映被许可人从事行政许可事项活动情况的有关材料,履行监督责任。再如,《公路安全保护条例》第65条进一步对当事人从事许可活动的监督检查作出明确规定,即未随车携带超限运输车辆通行证的,由公路管理机构扣留车辆,责令车辆驾驶人提供超限运输车辆通行证或者相应的证明。

对符合《行政处罚法》第33条规定,可能适用行政处罚简易程序的,按照交通部《交通行政处罚行为规范》的规定,执法人员需要履行向当事人出示交通行政执法证并查明对方身份、告知当事人违法事实、处罚理由和依据以及享有的权利与义务等程序,由于上述程序属于法定程序,需要交通执法机关予以证明。而按照交通部的有关规定,交通执法人员无需向当事人出具《交通行政违法通知书》,所以,交通执法人员在询问时,应当告知当事人违法事实、处罚理由和依据以及当事人有申请回避、陈述申辩等权利,并记录于《询问笔录》中。同时,《询问笔录》中也要记载当事人是否申请回避,以及陈述申辩的内容。通过以上内容的询问和笔录,证明交通运输执法人员依法履行了《行政处罚法》第31、32条规定的行政执法机关应当告知和履行告知当事人依法享有的权利、听取当事人陈述和申辩等方面的法定义务。

其他方面需要询问的事项,如当事人的行为是否已经被其他行政执法机关实施处罚,以避免本机关处罚引起违反"一事不再罚"原则,同时可以发现其他证据线索。

《询问笔录》的制作需要符合以下要求:

(1)《询问笔录》应当客观、如实地记录询问过程和询问内容,尽可能地按照被询问人的原话进行记录。询问人提出的问题被询问人不回答或者拒绝回答的,应当注明。

（2）《询问笔录》应当交被询问人核对，对阅读有困难的，应当向其宣读。记录有误或者遗漏的，应当允许被询问人更正或者补充，并要求其在修改处捺指印。

（3）被询问人确认执法人员制作的笔录无误的，应当在《询问笔录》上逐页签名或者捺指印。被询问人确认自行书写的笔录无误的，应当在结尾处签名或者捺指印。拒绝签名和捺指印的，执法人员应当在《询问笔录》中注明。

（4）现场制作对证人和当事人的《询问笔录》存在困难的，应当进行口头询问，并用摄像机拍摄询问过程。

六、询问笔录和证人证言的确认

（一）对当事人陈述和辩解的确认

当事人是行为的实施者，是案件的中心人物，案件结果与其有直接的利害关系，而且交通运输违法中大量细节只有行为人才知道，因此其供述和辩解往往是真伪共存。实践中，在审查时一般寻求如下的思路：(1)审查供述和辩解的真伪性。一是认真听取当事人的辩解，他们的陈述申辩往往是案件中的辩点，因此，必须引起重视；二是审查其多次陈述是否稳定，与其他证据有无矛盾，包括两项：首先审查共同违法中各当事人的陈述有无矛盾；其次审查被告人的供述与其他证据有无矛盾。(2)在审查共同违法案件各当事人陈述申辩时，要充分考虑他们之间存在共同的利害关系，行为时的地位和作用不同，很可能出现串供、订立攻守同盟、相互推诿等情况，就要结合全案证据进行综合分析判断。审查获取证据的程序是否合法。一是要认真遵守"重证据、重调查研究，不轻信口供"的原则，实践中，有些交通运输执法人员都存在有口供定案才踏实的意识，因此，要消除口供主义的影响；二是严禁以威胁、引诱、欺骗的方法收集证词，对这类证据无论其内容是否真实，都不能作为认定的根据。但是，要看到当事人的供述和辩解也是十分重要的证据，它能较为细致地证明作案的动机、目的、手段等细节，经查证属实的，也可以作为定案的根据。

（二）对证人证言的确认

证人证言是证人将直接或者间接感知的案件真实情况向交通运输人员作的陈述，证人证言的形成分为感知、记忆、陈述三个阶段，在其形成过程中，证人也会受主客观因素的影响，其证言可能会有真、有假，夸大或者缩小的情况。在审查时应注意以下几点：(1)审查证人是否具有作证能力，即是否有《最高人民法院关于行政诉讼证据若干问题的规定》第56、57条规定的情形，证人是否具有相应的感知能力、记忆能力和表达能力。如果证人是听说的，就应当注意证人是否具备相应的听觉能力；如果证人是近视或者老眼昏花，就应注意证人是否具有相应的视力及其记忆能力如何。(2)审查证人证言的内容来源是否真实、客观。主要审查证人对所证的事实，是直接感知还是间接感知，是亲眼所见还是听人所说，对在采用转述证人的证言认定案情时应慎重；证人是在何种情况下感知所证的事实，要充分考虑案发时距离的远近、光线的明暗、有无障碍物等客观环境。(3)审查证人是否与案件当事人或案件本身具有利害关系，是否受到外界因素的干扰。注意审查询问证人的地点及程序是否合法，是否已履行告知义务。

第四节　视听资料及电子数据的收集

视听资料包括:录音资料、录像资料、电子计算机存储资料和其他科技设备提供的资料。

一、视听资料的收集

(一) 视听资料的特点

视听资料作为一种证据,是现代科技发展在法律上的一种表现,也是行政执法实践发展的必然结果。视听资料与其他证据一样,都能够证明案件的真实情况,它们都具有某些共同的属性,比如客观性、关联性等等,但视听资料与其他证据种类相比,又具有以下一些特点:

1. 视听资料具有物质依赖性

视听资料的本质是一种信息,是借助于有形物质而存在的无形物质。它的形成以及对该证据的感知、了解都必须依靠一定的特定仪器和设备。记录、反映案件事实的声音、动作和数据资料并不能单独存在,它必须依赖于一定的物质载体(如录音带、录像带、磁盘等)。没有这些物质作为依托,可供人们视听的信息资料就会瞬间即逝,无法捕捉。这种物质依赖性是其他证据所不具备的。

2. 视听资料的储存容量大、稳定性强

视听资料信息量大、内容丰富,具有高度连续性,且录音、录像的磁带和电子计算机存储的数据具有体积小、重量轻、便于保存、反复使用的优点,同时与证人证言等容易受主客观因素影响发生变化情况相比,视听资料不易受这些因素影响,具有较长时间稳定性。

3. 视听资料具有高度的准确性和直观性

视听资料具有高度的准确性和直观性,能够真实地"还原"在一定时间和空间内的声音、视频内容及其变化情况。视听资料属于实物证据,一般来讲,这种证据在形成过程中,只要录制对象正确、录制方法得当、录制设备正常,一般不会受到录制人主观因素的影响,并能十分准确地记录案件审理过程中的所需事实。借助相应的技术设备,视听资料可以原原本本地反映案发情况,使人得到最直观的感受来帮助判断是非。

4. 视听资料的易于伪造、仿造性

视听资料是科技发展的产物,它的形成是借助于一定的科技手段的,同样,人们也可以借用一定的科技设备对其进行伪造和篡改。因此,视听资料具有易于伪造和仿造的特点。在审查过程中应对其真实性作出科学判断,对有疑点的视听资料,不能单独作为认定案件事实的依据。当然,对于视听资料的真伪,还可以通过证据的关联性加以鉴别。

(二)录像证据的收集

1. 收集的前提

一是有性能良好的录像器材,这样录制的图像才能清晰明了。二是录制人员应具有良好的业务素质和录制技能。录制人员具有敏锐的洞察能力,才能迅速地进入角色,抓住重点,拍录关键镜头、重点场面。录制人员的业务能力强、录制技术熟练、录制的效果好,才能使得证据在认定案件事实时更容易被采信。

2.收集的方法

一是对要证明的事项的内外环境进行录像,以证明录制者所处的地理位置、录制时间等;二是要把所要证明的事项详细录制,特别是要对最有说服力的地方进行特写;三是要对当时在场的人员及活动情况有扫描;四是对检查的全过程进行录像,对检查中发现的问题详细录制;五是对取证过程进行录像,对主要证据详细录制;六是遇到暴力抗法、销毁证据等具有从重处罚情节的严重违法行为时,要注意录制全过程,并要有特写。

3.收集的要求

一是必须合法。录像尽可能取得当事人的同意或默认,不得侵害当事人的合法权益;《最高人民法院行政诉讼证据关于问题的规定》第57条第(二)项规定,以偷拍、偷录、窃听等手段获取的侵害他人合法权益的证据材料不能作为定案依据。二是要有明确的制作时间、地点、制作人,要把录像过程在现场检查笔录或调查笔录中反映清楚,且笔录必须有当事人或见证人的签名。三是要客观真实地反映现场实际情况,不能随意剪贴、拼凑,不能取对己有利的录制,对己不利的剔除,以免弄巧成拙,使当事人对该录像证据的真实性提出质疑。

此外,诸如公共场所、超限检测站等设置的监控设备摄制的视频资料也是录像证据收集的重要来源。《超限运输车辆行驶公路管理规定》第39条规定,公路管理机构有权查阅和调取公路收费站车辆称重数据、照片、视频监控等有关资料,经确认后可以作为行政处罚的证据。

二、电子数据证据的收集

电子数据证据,即以电子形式存在的、用作证据使用的一切材料及其派生物,或者说借助电子技术或电子设备而形成的一切证据。随着电子商务、互联网技术的迅猛发展,电子数据证据在交通运输执法中得到了一定的应用。交通运输执法人员可以直接提取被调查对象电子数据库中的数据,也可以对被调查对象电子数据库中的数据采用转换、计算、分解等方式形成新的电子数据,还可以接受当事人、利害关系人、其他有关单位或者个人提供的电子数据。

(一)电子数据证据的定位

我国原《行政诉讼法》规定的证据有7种形式,即书证、物证、视听资料、证人证言、当事人的陈述、鉴定意见、勘验笔录及现场笔录。2014年修订时增加了"电子数据证据"。《最高人民法院关于行政诉讼证据若干问题的规定》第12条将计算机数据归入视听资料类证据。2012年8月31日修订的《民事诉讼法》第63条从立法上明确电子数据为独立的证据种类。

(二)电子数据证据的效力

电子数据证据外在表现形式的多样性使得它和普通的物证、书证的单一性相比,利用电子信息通过显示器展现在阅读者面前的不仅可以表现为文字、图像、声音或它们的组合,还可以是交互式的、可编译的,因此电子证据能够更加直观、清晰、生动、完整地反映待证事实及其形成的过程。电子数据证据如果不考虑人为篡改、差错和故障影响等因素,其是所有证据种类中最具证明力的一种,它存储方便,表现丰富,可长期无损保存及随时反复重现;它不像物证那样会因周围环境的改变而改变自身的某种属性,不像书证那样容易损毁和出现笔误,也不像证人证言那样容易被误传、误导、误记或带有主观性,电子证据一经形成,便始终保持最初、最原始的状态,能够客观真实地反映事物的本来面貌,具有客观真实性。此外,电子数据证据易于收集、保存,占用空间少,传送和运输方便,可以反复重现。

法律明确规定,证据的根本属性是能"证明案件真实情况的一切事实"。从这个意义上讲,只要具备"事实"这个属性就不能被排除在证据形式之外。电子证据是一种客观存在,尽管在收集、认定、保全及出示等方面还存在一定困难,但不能因此而排除其证据力。《最高人民法院关于行政诉讼证据若干问题的规定》第 64 条规定:"以有形载体固定或者显示的电子数据交换、电子邮件以及其他数据资料,其制作情况和真实性经对方当事人确认,或者以公证等其他方式予以证明的,与原件具有同等的证明效力。"从最高人民法院的规定看,电子数据证据在行政诉讼中被人民法院采用,应当满足一定条件,即经双方当事人认可或经过公证。可见,对电子数据证据在诉讼中的采纳,最高人民法院是持肯定态度的。因此交通运输执法机关在日常办案中应积极收集与当事人有关的电子证据,但在运用时要严格按照证据适用规则,采信合法有效的证据。

(三)电子数据证据的收集

根据我国法律规定,证据欲作为定案的根据,必须具有关联性、合法性、真实性,确定电子数据证据的可采性标准自然也应遵循这三条标准。从我国现行的证据制度来讲,关于证据能力的规定主要体现在以下方面:收集证据的主体、收集程序和证据的形式、证据来源、证据的真实性。

1. 收集电子数据的要求

(1)提取电子数据的原始载体。无法提取电子数据原始载体或者提取确有困难的,可以提供电子数据复制件,但应当附有不能或者难以提取原始载体的原因、复制过程以及原始载体存放地点或者电子数据网络地址的说明,并由复制件制作人和原始电子数据持有人签名或者盖章,或者以公证等其他有效形式证明电子数据与原始载体的一致性和完整性。

(2)收集电子数据应当依法制作笔录❶,详细记载取证的参与人员、技术方法、步骤和过程,记录收集对象的事项名称、内容、规格、类别以及时间、地点等,或者将收集电子数据的过程拍照或者录像。

(3)收集的电子数据应当使用光盘或者其他数字存储介质备份。执法部门为取证人时,应当妥善保存至少一份封存状态的电子数据备份件,放入执法案卷归档备查。

(4)提供通过技术手段恢复或者破解的与案件有关的光盘或者其他数字存储介质、电子设备中被删除的数据、隐藏或者加密的电子数据,应当附有恢复或者破解对象、过程、方法和结果的专业说明。

---

❶江必新认为:收集电子数据应当依法制作笔录,详细记载取证的参与人员、技术方法、步骤和过程,记录收集对象的事项名称、内容、规格、类别以及时间、地点等,或者将收集电子数据的过程拍照或录像。见《中华人民共和国行政诉讼法理解适用与实务指南》2015 年 1 月版,第 157 页。

2.电子数据收集方法

执法人员收集电子证据❶时,由两名以上执法人员进行,并出示合法证件,依法检查;对收集全过程进行详细记录,然后通过下列方式进行证据固定:

一是打印。对于可以直观或直接反映或证明案件事实的电子证据,可以直接将有关内容打印在纸张上的方式进行取证。打印后,可以按照提取书证的方法予以保管、固定,并由被调查对象、执法人员签名或者盖章,注明电子证据打印的时间、数据信息在计算机中的位置(如存放于那个文件夹中等)或来源。

二是拷贝。转化为只读光盘、磁盘等,即将作为电子证据的电子文件,通过拷贝复制到 U 盘、移动硬盘或光盘中的方式。取证人员应当检验所准备的 U 盘,移动硬盘或光盘,确认没有病毒感染。拷贝之后,应当及时检查拷贝的质量,防止因保存方式不当等原因而导致拷贝不成功或感染有病毒等。取证后,注明提取的时间并经被调查对象、执法人员与原电子数据核对无误后,加封封条。

三是拍照、摄像。对于具备视听资料特征的电子证据,可以采用拍照、摄像的方法进行证据的提取和固定,以便全面、充分地反映证据的证明作用。此外,在电子证据取证过程中,对取证全程进行拍照、摄像,对被固定采集的电子证据的真实性具有一定的增强作用。

四是公证。通过公证机构以证据保全公证的方式对有关电子证据进行公证。这是有效获取电子证据的便捷途径。

五是数据解析。对于不能直接或直观地证明案件事实的电子证据,在确保数据真实的情况下,运用特定的软件工具,对相关数据进行分析、转化,使得其可以直观的形态为人们所认知或了解。

六是恢复。大多数计算机系统都有自动生成备份数据和恢复数据、剩余数据的功能。因此,当有关电子证据已经被修改、破坏的,可以通过对自动备份数据和已经被处理过的数据证据进行比较、恢复,获取电子证据,也可以使用一些专门的恢复性软件或专门设备来恢复、获取电子证据。

此外,交通运输执法人员在审查判断电子数据证据真实可靠性的同时,还应判断电子数据证据与案件事实的联系,具体可从以下几方面判断:一是审查电子数据证据的来源,包括电子证据形成的时间、地点、制作过程等;二是审查电子数据证据的收集程序是否合法;三是审查电子数据证据与案件事实是否有联系;四是审查电子数据证据的内容是否真实,有无伪造、篡改等情况;五是结合其他证据进行审查判断,如与其他证据相一致,共同指向同一案件事实,就可以认定其效力,作为定案根据,反之则不能。

三、通过拍照取证

拍照适用于书证、物证,也适用于反映现场情况。对书证、物证等原物证据难以收集或在

---

❶关于电子数据证据的标准问题,交通运输行政执法人员取证时可参考公安部发布的《计算机犯罪现场勘验与电子证据检查规则》(公信安〔2005〕161 号)、《数字化设备证据数据发现提取固定方法》(GA/T 756—2008)、《电子数据存储介质复制工具要求及检测方法》(GA/T 754—2008)、《电子数据存储介质写保护设备要求及检测方法》(GA/T 755—2008)等有关电子数据证据的规范性文件或行业标准。

行政程序中难以取得的,可以采取拍照方式收集。一般情况下,书证的收集采取复印、抄录的方式收集,但是为了直观反映书证,也有采取拍照的方式收集的。对于有些物证,例如非法从事经营性运输活动的车辆、超限运输车辆及车载物品、损坏的公路及附属设施等,交通执法机关是难以保存,也难于在行政复议、行政诉讼时向复议机关或法院提供,所以对此类物证可以通过拍照的方式取证。

(一)现场拍照的概念

现场拍照是对案件发生地的地点以及与案件有关的场所,用摄影纪实的方法,将现场情况、损害物证、物与物之间的位置和相互关系,迅速、准确、真实、无误地拍摄固定下来。为研究案件发生的原因、后果等情况提供可靠的依据。运政案件的现场照相主要用于反映客货运站场经营、驾驶员培训经营等场所、规模以及设施设备等情况;路政案件的现场照相主要反映公路及公路建筑控制区的建筑物和构筑物、公路损害(交通事故、涉路施工等)现场等方面的情况。拍照既能反映事物,也能反映现场情况。现场拍照是勘验工作的重要组成部分,是现场勘验的主要技术之一,同时也是交通运输执法人员必须掌握的基本技能。现场勘验照相的任务,概括起来有两个方面:一是记录现场,二是提取痕迹。

(1)记录现场。照相技术的最大特性是纪实性。它能在几十分之一秒或几百分之一秒,甚至几千分之一秒内把客体的影像真实无误地记录下来。由于公路损害事故发生的现场是特定环境,事故发生的各种物体和痕迹都是暴露在露天,很容易受自然(如风、沙、雨、雪等)和人为的(现场观察者)破坏,尤其是重大的公路损害事故很容易造成严重的交通堵塞。因此需要在尽量短的时间内完成现场取证工作,以便尽快恢复交通,而照相机则是最快最好的记录现场的工具。另外,照相的真实性和可信性是其他任何艺术都无法比拟的。它能将现场发生的地点及所处的地理位置,车辆型号、停车位置、视距条件、制动距离以及车、物、人之间的关系真实无误地记录下来,使没有到过现场的人看了照片后,知道事故发生在什么地方、发生了怎样的情况,为分析和研究事故现场提供了可靠的资料。

(2)提取痕迹。在现场勘验中,提取现场痕迹的方法很多,就照相来说,它是提取痕迹最好的方法之一。用照相来提取痕迹是现场照相较复杂而细致的任务。无论是什么类型的现场,都要求把痕迹物证毫无遗漏地、清晰而完整地拍摄下来。交通事故发生时,一般都会在肇事车上留下一定形式的痕迹,特别是车与车、车与物碰撞形成的痕迹,它是事故双方以运动形式所留。从接触到静止的过程中,其运动的情况不一,形成的痕迹各式各样,现场照相人员都要认真细致地将这些痕迹的形状、大小、颜色及细微特征等拍摄下来。

(二)现场拍照的特点

交通运输案件现场拍照是在普通照相的基础上,根据案件现场勘查情况的要求发展起来的一种专业照相技术。它具有以下特点:

(1)拍摄内容客观、真实。现场照相绝不允许摆布和夸张,记录的内容必须是客观事实。

(2)拍摄过程迅速、准确。

(3)拍摄方法科学、先进。现场照相既是一种记录手段,同时也是一种记录检验手段。它不仅要求把通常视力能识别的物像记录下来,而且要求把通常视力不能识别和掩盖的事实、掩盖的事实显现出来。

（4）拍摄要求标准、规范。

（三）路政事故现场拍照的内容和方法

1. 现场拍照

（1）现场位置

如果现场存在能够表示现场位置的物体，如界碑、里程碑、百米桩、电线杆等物体，尽可能将其摄入镜头。

现场环境照相还应该反映现场在道路上的具体位置，例如在坡顶、坡底还是坡道中段；进入弯道还是在弯道中间；是在交叉路口中间，还是路口入口处。

（2）现场概貌

从照片上能反映出现场范围大小、现场物体的种类和数量、路宽、路面性质等，反映出事故形态：碰撞、碾压、翻车等和事故现场有关的车辆、物体的位置、状态等。

2. 痕迹勘验照相

现场勘查的重要任务是收集证据材料。勘验照相是固定、记录道路交通事故有关证据材料的重要手段。痕迹勘验照相就是一种记录痕迹、物证的勘验照相。

拍摄痕迹时，为了有效地表示痕迹的长度，应当在被摄物体一侧同一平面放置比例尺。比例标尺的长度一般为50cm。当痕迹、物体面积的长度大于50cm时，可用卷尺作为比例标尺。被摄物体为深色的应加白底黑字比例标尺，被摄物体为浅色的，应加黑底白字比例标尺。痕迹勘验照相的内容和具体要求如下：

（1）拍摄接触点

机动车与机动车、非机动车、行人发生接触，在接触能量的作用下，某一方或双方将改变运动状态，接触部位将发生物理变化。路面痕迹的突然变向反映出某一方运动方向的改变。在接触的瞬间，接触部位的漆片、木屑、碎玻璃等掉落在接触点附近，这些都是判断接触点的重要依据。痕迹勘验照相不但要记录接触点的位置，而且还要记录接触点判断的依据。

（2）拍摄物体分离痕迹

拍摄分离端面的痕迹特征——断裂、穿孔、破碎。对于金属机件断裂痕迹要注意拍摄机件断口的特征，以便分辨出是脆性断裂还是疲劳断裂。对于破碎痕迹，要注意拍摄碎片在现场上的原始状态和位置。

拍摄分离物在原物体中的具体位置。

拍摄原物体的基本状况及内部结构特征，例如在夜间汽车碰撞行人时，将小灯撞碎，应拍摄小灯碎片在路面上的位置、碎片的数量、已碎的小灯、小灯在车上的具体位置、灯丝的颜色、另一只完好的小灯的形状特征。

（3）拍摄物体表面痕迹

对于物体表面痕迹，要求拍摄痕迹的形状、大小、深浅、受力方向、颜色、质感和在物体上的具体位置。拍摄细微痕迹时，可按所需比例直接放大照相。物体表面痕迹主要是指车辆表面的碰撞痕迹和刮擦痕迹。

车辆表面的碰撞痕迹一般在外形上表现为凹陷或凸起,多数表现为凹陷。一般使用侧光拍摄凹陷痕迹,以利用阴影来显示痕迹特征。一般凹陷越深,入射光线角度应越大;凹陷越浅,入射光线角度则越小。同时也要注意光线强度对阴影的影响。如果光线过强,会使阴影浅而且模糊,降低痕迹特征的表示效果。现场拍摄多为自然光源,光线角度不一定合乎要求,有时甚至是处于背光处,这时可多选择几个角度进行对比选择或用反光板、闪光灯进行补光。车辆检验照相是指根据检验鉴定直接造成公路损害、道路交通事故车辆的需要,运用中心照相和细目照相方式,拍摄事故车辆的牌号、车型、部件、零件等。对直接造成公路损害、道路交通事故的故障和损坏的机件,可根据需要拍摄该机件的完好与损坏的对比照。

利用制动距离检验车辆制动性能时,需要拍摄路面轮胎痕迹的长度与形态、左右轮痕迹的差异和痕迹与被检车辆的位置关系。

刮擦痕迹属于平面痕迹,一般不伴随物体的变形。拍摄这种痕迹,光照要均匀,对反差微弱的痕迹一般应用弱光或反射光进行拍摄。还可以运用滤色镜来突出某种物体的色调,加强照片的反差。

(4)拍摄路面痕迹

路面痕迹是证明车辆、人员在事故中的运动轨迹和状态的可靠证据,拍摄路面痕迹是勘验照相的重要内容。拍摄路面痕迹时要拍摄痕迹在路面上的特定位置和起止点到路边的距离;拍摄痕迹形态、深浅、受力方向;还要拍摄路面痕迹的造型客体及其与痕迹的相互位置。

拍摄痕迹在路上的特定位置和造型客体与痕迹的相互位置时,要选择合适的拍摄位置,运用中心照相的方式,合理构图,表达清楚。拍摄痕迹的特征时,要注意照相机镜头主光轴与被摄痕迹面相垂直;拍摄痕迹起止点到路边的距离时,注意照相机镜头主光轴与被摄距离相垂直,能够正确地反映该距离。如果痕迹拍摄困难,可用辅助光与痕迹平面呈 20°~30° 照射,这时在另一侧大致相同的角度,可见清晰的痕迹,这是利用了光对痕迹和路面的不同反射率之间的最大差异,从而清晰地反映痕迹。

(四)运政执法的现场拍照

道路运输执法人员通过拍照收集证据时,首先必须明确该照片要证明的对象是什么。一般情况下,照片反映现场情况、替代物证和书证。例如,非法经营的驾驶员培训学校的场地、在户外张贴的招生广告等。再如,调查取证中需要索取与案件有关的资料原件,不能取得原件可照相,但须注明原件的保存单位(个人)和出处。

(五)照片作为证据的形式要求

照片作为证据要有明确的时间、地点;要制作文字说明,根据《最高人民法院关于行政诉讼证据若干问题的规定》第 12 条的规定,照片要由执法人员附文字说明,注明制作方法、制作时间、制作人和证明对象。要与现场检查笔录与调查笔录互相印证,形成证据链。照片附文字说明,特别是注明证明对象,有利于交通运输执法人员根据案件本身的需要收集证据,避免盲目性。

第五节　通过勘验、检查的方法收集物证

勘验是指交通运输执法人员在办理案件过程中,对与案件有关的场所、物品等进行查看和检验,以发现、收集和核实证据的活动。勘验的方法在路政、运政及公路建设管理执法中经常运用。勘验要制作勘验笔录。

一、勘验(检查)笔录

行政执法证据种类中的勘验(检查)笔录,是指交通运输行政机关执法人员在行政执法程序中,为了查明一定的事实,对涉案的现场情况及证据进行勘验、检查、检验、测量、拍照、绘图后所制作的笔录。勘验笔录是对勘验活动客观的记载,其内容是勘验活动中发现的与执法活动相关联的实物证据有关情况的反映,因而勘验笔录是以静态的形式反映案件客观情况的证据之一。

(一)勘验(检查)笔录的特征

(1)勘验(检查)笔录是对勘验活动的记载。

(2)勘验(检查)笔录的内容是勘验(检查)活动中发现的与实物证据有关的情况,所反映的内容比较全面,不仅包括被勘验对象本身的全面情况,还应当客观地反映该对象周围事物的关系。

(3)勘验(检查)笔录是对勘验活动的客观记载,只记载所能观察到的事实,不进行分析判断。

(4)勘验(检查)笔录记录的手段具有多样性,以文字记录为主,但也可以用画图、照片、模型等手段,并可辅以录音、录像的方法。

(5)勘验(检查)笔录具有综合证明能力,它所反映的不是单一事实,而是反映各种证据材料之间存在和形成的具有环境条件和相互关系。

(二)勘验(检查)笔录的作用

(1)保全证据的作用。勘验(检查)笔录是将所见的实物,按原来的模样、状态和分布特点,用文字和图像记载下来,是对现场的移植,即便以后发生变化,其原始状态已被记录下来,所以说,勘验(检查)笔录是一种证据保全方法。

(2)为分析案件情况、发现调查线索、确定调查方向、判明案件事实提供依据。

(3)勘验活动为鉴定提供材料。有时候鉴定人需要了解勘验笔录所记载的内容才能知晓与鉴定有关的事实,进而作出准确的鉴定意见。

此外,勘验笔录还可以被用于审查、鉴别其他证据的真实性。

(三)勘验笔录的收集程序

对交通运输行政执法相关物品或现场进行勘验是一项比较复杂且技术性比较强的行政执

法活动,因而应依一定程序进行。其程序或步骤要求主要如下:

(1)勘验(检查)工作应由交通运输行政机关熟悉法律和业务的专门工作人员进行。

(2)勘验(检查)人员必须是两人以上,并且必须持有执法证件。在勘验现场进行勘验前应当向当事人或者有关人员出示执法证件。

(3)实施现场检查或者勘验,应当有当事人或者第三人在场。如当事人不在场且没有第三人的,执法人员应当在勘验(检查)笔录中注明。

这样,就为防止以后出现的行政争议打下基础。当事人或者其成年家属、利害关系人应该到场,但对于拒不到场的,不影响勘验的进行。不过要注意应在文书中记明,并在勘验(检查)笔录中载明情况。对于确实无法通知当事人、利害关系人的勘验活动,应当笔录注明。

(4)现场检查或者勘验,应当限于与案件事实相关的物品和场所。勘验(检查)活动应当遵守国家有关机关制定的技术规范,按照技术规范规定的步骤和方法实施勘验。

(5)勘验、检查应制作全面反映现场客观情况的勘验(检查)笔录,《勘验(检查)笔录》应当当场制作定稿,不得事后根据记忆制作。

(四)勘验(检查)笔录制作的内容

勘验(检查)笔录是勘验(检查)活动的结果,其应当记载如下内容:

(1)案由及概况。

(2)勘验(检查)时间、勘验(检查)地点。

(3)勘验(检查)中的所见如实记录。

(4)附记和签署。该笔录应由勘验人、当事人、在场人签名。在场人无论是当事人还是利害关系人、见证人,均应当在勘验笔录上签名或盖章,拒绝签名或者盖章的,应当在笔录中说明情况。

勘验(检查)现场时绘制的现场图,应当注明绘制的时间、比例、方位、绘制人姓名等内容。现场图可以是勘验笔录的一部分,也可以是独立的。如果勘验活动只是对勘验案件有关的现场,且仅仅绘制了现场图,就应有简单的文字陈述,按照勘验笔录的要求写明勘验时间,并由当事人、利害关系人、见证人等在场人签名或盖章。在场人拒绝签名或盖章的,应予以说明。

制作勘验(检查)笔录要注意记录时应当抓住重点,在记录全面内容的前提下突出重点;笔录文字要符合规范、简练的要求,切忌使用不必要的形容词、成语等含糊不清、夸张的记录方法;文字记录与制图、照相、录像相结合,使勘验笔录更加具体、直观。

(五)公路路政现场勘查

1. 路面损害的勘验

勘查公路路面的损害主要目的是要确定对路面损害的范围、大小以及损害程度。

路面损害是指事故车辆、超限运输车辆或铁轮车、履带车以及坚硬部位或者其他坚硬物体,相对路面做撞击、碾压、滑移运动所造成的损害。路面损害主要有撞击损害、刮擦损害和挫压损害三种类型。无论是勘查路面损害的范围大小或损害程度,首先是对路面的材料(沥青混凝土路面、水泥混凝土路面)进行确定,因为损害不同的路面材料的赔偿标准是不同的。

(1)勘查路面撞击损害重点首先是对损害形成的坑槽进行定位,其次是对坑槽的长度、宽度和坑槽的最低深度进行测量,坑槽的起止点和中点距离公路边缘的距离也要进行测量。

（2）勘查路面刮擦损害。这种刮擦损害一般是条状或带状的。勘查路面刮擦损害时,首先要对损害的起、止点定位,测量损害路面的长度和宽度、刮擦路面的深度以及损害路面的起止点、中点距公路基准线的距离。

（3）路面损害的发现、固定和提取。路面损害大部分都能直观发现。在确认路面损伤损害时,必须同时确认其造型主体。一般情况下,路面损害可以用照相、摄像和绘图的方法固定。

2.路面污染的现场勘查

造成公路路面污染一般是油品、化学品以及车辆装载物散落、抛洒所致。

（1）油品、化学品污染路面主要包括柴油、汽油、机油、硫酸、硝酸、液态氨等油品、化学品对公路路面的污染。勘查时要测量污染物在路面上的长度和宽度,同时测量其中心部位距公路中心线（公路边缘线）的距离,在绘图时还应注明污染物的类别和路面的性质。也可以用照相、摄像和绘图的方法固定。

（2）公路附属设施的损害。公路附属设施包括公路防护、排水、养护、管理、服务、交通安全、渡运、监控、通信、收费等设施、设备以及专用建筑物、构筑物等。对公路附属设施损害的勘查包括损害所在的位置、形态和面积等。对于护栏、收费站升降杆等设施的变形、弯曲、断裂等损害公路附属设施的测量应当按照损害整个物体计算。

3.未经许可涉路施工占道和其他非交通占道的勘查

勘查现场时,应当先测量公路上堆物、施工、作业等造成的占道的位置和面积以及堆积的高度,同时测量路面的宽度和可行路面的宽度。

4.公路建筑控制区非法建筑物和施工现场勘查

公路建筑控制区是县级以上人民政府依法划定的公路两侧范围内禁止修建永久性建筑物和地面构筑物的限界。勘查公路建筑控制区内的建筑物和施工,应当先通过勘查建筑物和施工接近公路一侧距离公路用地外缘边界的距离。《公路安全保护条例》规定公路建筑控制区的范围为国道不少于20米、省道不少于15米、县道不少于10米、乡道不少于5米,高速公路不少于30米,同时各地方人民政府根据上述规定,对公路建筑控制区的范围作出规定或进行划定,对上述距离的勘验,需要从公路外缘起进行。

5.通过勘验提取证据

对公路损害的现场的勘验主要提取的物证有:

（1）对公路及公路附属设施造成损害的情况,包括损害的护栏、路基、路面、排水沟（截水沟）、收费设施、超限检测站设施以及污染公路的情况等。

（2）留下的痕迹,包括车辆撞击公路设施遗留的车辆某个部位的碎片、漆皮、制动痕迹等。

（3）造成公路损坏的车辆、工具等。

（4）超限运输车辆情况,包括车辆的外廓尺寸、车货总质量、车辆载运的货物（主要证明货物为不可解体物还是可解体物）以及承运人提供的超限运输通行证等。

（5）涉路施工方面,包括非法建设或形成的建筑物、构筑物、埋设物等。

（六）道路运政现场勘验

1. 行政许可环节

在审查道路危险货物运输申请人提供的资料时，《道路危险货物运输管理规定》规定"设区的市级道路运输管理机构应当按照《中华人民共和国道路运输条例》和《交通行政许可实施程序规定》，以及本规定所明确的程序和时限实施道路危险货物运输行政许可，并进行实地核查。"按照《交通行政许可实施程序规定》的规定，实地核查主要是针对有关设备、实施、工具、场地。《道路危险货物运输管理规定》规定需要现场核查的有：

（1）被许可人按照承诺期限落实拟投入的专用车辆、设备的数量、型号，以及专用车辆技术性能是否符合国家标准《营运车辆综合性能要求和检验方法》（GB 18565）的要求；技术等级达到行业标准《营运车辆技术等级划分和评定要求》（JT/T 198）规定的一级技术等级的要求。

（2）罐式专用车辆的罐体是否经质量检验部门检验合格，且罐体载货后总质量与专用车辆核定载质量是否相匹配。

（3）专用车辆外廓尺寸、轴荷和质量符合国家标准《道路车辆外廓尺寸、轴荷和质量限值》（GB 1589）的要求，主要核查其行车证登记证件。

（4）是否有符合下列要求的停车场地。

（5）其他需要现场核查的事项。

上述现场核查或勘验的内容应当制作勘验笔录或核查笔录。

2. 监督检查环节

道路运输管理监督检查中的勘验笔录主要有：客货运站场擅自改变用途和服务功能以及设施、设备的功能等情况；擅自使用擅自改装的车辆从事道路运输经营性活动等。需要注意的是，《行政许可法》第 61 条规定，行政机关依法对被许可人从事行政许可事项的活动进行监督检查时，应当将监督检查的情况和处理结果予以记录，由监督检查人员签字后归档。公众有权查阅行政机关监督检查记录。因此，在对当事人从事行政许可活动的监督检查中，交通运输执法人员应当按照上述规定制作检查笔录。

二、现场笔录

《行政诉讼法》第 33 条明确规定，现场笔录（和勘验笔录并列），是一种独立的行政诉讼证据种类。同时《行政强制法》第 18 条也规定，行政机关实施行政强制措施应当制作现场笔录。这些规定是根据我国行政执法的具体实践，充分考虑行政执法的现实需要作出的规定：充分考虑了违法当事人不停止违法行为，不配合调查取证、不提供其他证据的情况下作出的必要规定。将现场笔录作为一种独立的证据类别，对于交通运输执法机关正常开展执法活动、有效打击违法活动意义重大。因此，交通运输执法人员对事件发生的过程制作现场笔录，具有两方面的意义，一方面有利于规范执法行为，减少执法人员在执法过程中的随意和腐败；另一方面，也有利于行政机关在行政诉讼过程中有效承担举证责任。如果行政机关不制作现场笔录，事后取证又十分困难,那么一旦引起行政诉讼,作为被告的行政机关对其所作的具体行政行为的合法性提供证据加以证明,就难免承担败诉的后果。❶

（一）现场笔录的概念

所谓现场检查笔录,就是行政执法人员在检查现场或案件发生现场制作的,有关检查过程或案件违法过程或状态的书面（或其他形式）记录。

（二）现场笔录的特征和要求

1. 现场笔录制作主体上的行政性

从制作现场笔录的主体来看,仅限于行政机关,不可能是司法机关或者行政管理相对人。交通运输执法机关在行政程序中负有调查收集证据和保存证据的责任。现场笔录是行政机关在行政程序中制作的重要证据形式。交通运输行政机关是行政诉讼证据的最基本提供者,在行政诉讼过程中负有举证责任。进入行政诉讼程序后,由于交通运输行政机关不得再自行向原告和证人收集证据,因此,交通运输行政机关在行政程序中必须保证有关证据的充分、确凿,以保证后续诉讼程序中虽作为被告但不陷于被动。

2. 现场笔录对象上的现场性和保真性

从现场笔录制作的时间来看,只能是在对违法行为进行调查处理给予行政强制措施、行政处罚的现场,既不能事先提前做好,也不能时候补记。现场笔录作为第一手资料,直接来源于案件的事实,属于原始证据。笔录涉及的情况是行政案件或检查发生的现场的原始状况。这是现场检查笔录制作的最基本的特征和要求。凡是对案件或现场情况制作的笔录都是现场检查笔录。不是对案件或现场情况制作的笔录都不是现场检查笔录。在案件发生或检查之后根据印象制作的笔录就会"失真",就会出现偏差,不可能体现现场的"原汁原味"。

3. 现场笔录时空上的即时性和同步性

制作的时间,严格来讲,应当是在案件发生的同时或检查的同步,不能在案件发生之后或检查之后。制作的地点,严格来讲,应当是在案件发生的地点或检查的现场。现场检查笔录的即时性和同步性是现场检查笔录的现场性和保真性的必然要求。

4. 现场笔录内容上的相关性和外在性

相关性是指笔录的内容与案件事实要素相关,主要包括违法事实要素和规范执法所需要的程序事实要素,无关的事实不予记录。不同的案件有不同的案件事实要素。当场准确确定有关要素并将其真实记录下来,这种能力是在执法实践中不断积累、不断磨炼后才能具备的。同时,现场笔录内容上的事实和证据关联性。首先要将现场笔录证据和违法当事人关联起来:要记录检查过程中当事人的反应和配合情况,将其作为案件的当事人身份加以"关联固定"。其次,要发挥现场检查笔录在各证据形式中的关联作用,以体现不同证据之间的相互支持和印证关系:如果执法机关在现场检查的同时也进行了抽样取证、先行登记保存、拍摄照片等,笔录

❶宋随军,梁凤云.行政诉讼证据案例与评析[M].北京:人民法院出版社,2005:337.

的内容要"点到"以上活动,以充分发挥现场检查笔录在体现不同证据形式之间关联印证关系上的基础作用。对违法事实要素的记录要准确具体,尤其是对涉案物品的记录,要具体到品牌、外观、批号、规格、数量等。对规范执法所需要的程序事实记录要规范:依法依规检查、依法亮证、规范检查等。外在性是指现场检查笔录的内容是行政执法人员听到、闻到、看到、摸到的或者用基本测量工具测量检测到的有关违法事实情况的记载,不能也无法对事实要素的核心和内在品质进行确认和评判。

5. 现场笔录顺序的合理性和针对性

笔录顺序是一个有先到后、由外到内、由大到小、由粗到细的过程。首先简要描述大环境、方位地点,再收缩到具体需要重点检查的位置;从物品总体摆放、堆码再聚焦到具体商品数量,包装标签及现场痕迹等等。并且针对主要事实要素的内容要具体丰富,其他可简要叙述。

6. 现场笔录语言上的叙述性和严谨性

多用叙述性和说明性的语言,不应当用议论性和描写渲染性的文字,也不宜出现结论性、推断性的语言,比如:使用"大约"、"大概"等模糊词语,或"多"、"左右"等不定词语,或者现场进行主观认定,使用"违法"、"非法"、"擅自"等词语。

7. 制作的程序的规范性

要符合法律、法规、规章的要求。有关格式化项目填写完整、需要邀请有关人员到场,需要当事人签字等。

(三)现场笔录应当记录的主要内容

交通运输行政机关在执法中有些证据是事后很难取得的,如道路运输管理机构执法人员对经营性道路运输车辆非法改装行为的调查取证、公路管理机构对非法堵塞超限运输检测通道行为的调查处理等。执法人员对监督检查过程制作现场笔录有两方面的意义:一方面有利于规范执法活动,减少执法人员执法过程中的随意和腐败;另一方面也有利于交通运输行政机关在行政诉讼过程中有效承担举证责任。如果交通运输行政机关不制作现场笔录,事后取证又十分困难,那么一旦引起行政诉讼,交通运输行政机关就无法对其所作的具体行政行为的合法性提供证据加以证明,就难免会承担败诉的后果。《现场笔录》要全面记录现场检查过程中发现的情况,记载违法行为的发生时间、地点、事情经过及主要证据、告知当事人采取行政决定的事实、理由和依据、告知当事人享有陈述、申辩、要求听证等权利以及当事人是否行使上述权利,有无暴力抗法等相关内容。除属于含格式化文书中的填空项目,由执法人员按照文书要求的内容填写外,其他应填写的主要内容具体为:

(1)执法人员开展检查的根据,检查的时间、地点或者当事人的经营场所。

(2)执法人员依法开展检查的表现(亮证、表明身份等)和检查的主要过程。

(3)与违法行为有关的物品、工具、设施的名称、规格、数量、状况、位置及相关的书证、物证。

(4)与违法行为有关人员的活动情况,包括当事人及其人员的情况。

(5)如采取行政强制措施,执法人员当场告知当事人采取行政强制措施的理由、依据,当事人依法享有的权利、救济途径以及听取当事人的陈述和申辩。

(6)当事人、旁证人员提供证据和配合检查情况。

（7）抽样取证、先行登记保存、拍照等情况。

（8）由执法人员和当事人签名。当事人拒绝签名或者不能签名的,应当注明原因。有其他人在现场的,可以由其他人签名。

例如:在交通运输执法中,现场笔录的内容是执法人员在暂扣车辆或工具现场所耳闻目睹的有关情况、查扣的实施过程、当事人的异议或者反抗等情况。现场笔录应当全面反映查扣现场的有关事实,保证记录内容的真实性和完整性。制作现场笔录一是可以记录查扣的过程,以便存入案卷备查;二是可以保存第一手证据,以便事后出现纠纷时,证明有关事实。从有关的法律、法规中可以看出,对可以作出行政强制的行为规定了相应的条件和情形,如《公路安全保护条例》第72条规定,造成公路、公路附属设施损坏,拒不接受公路管理机构现场调查处理的,公路管理机构可以扣留车辆、工具。根据上述规定,现场笔录中需要记载和询问的内容有该车辆行驶和接受检查的路段、机动车情况、当事人能否当场赔偿损失等内容。现场笔录应当明确记载现场制作的时间。现场笔录交当事人核对内容,并由当事人签字;当事人拒绝签字的,要在现场笔录中注明情况,并由在场的其他人员签字。在对因涉嫌违法超限运输行为查处的现场笔录需要记载的有:对车货总质量、外廓尺寸的检测情况、检查当事人许可证（及超限运输车辆通行证是否合法有效）、履行《行政强制法》规定的扣押财物的法定程序等情况。

（四）关于格式文书

《关于印发交通行政执法风纪等5个规范的通知》（交体法发［2008］562号）中,制定了现场笔录的格式文书。需要注意的是,该文书的"主要内容"一栏中,附加了"经检查发现"的内容。由于现场笔录的规定仅见于《行政诉讼法》,且缺乏具体的规定,实务界对其制作缺乏统一的认识。2011年《行政强制法》公布后,该法第18条将制作现场笔录作为实施行政强制措施的法定程序,所以必须深化对现场笔录制作的认识。笔者认为,现场笔录应当记载执法人员检查活动和调查取证的全过程,既是确定执法人员现场检查活动合法性的证据,也是确定有关证据合法性的基本依据,前述格式文书因附加了"经检查发现"的内容,可能影响执法人员现场笔录制作,在实际工作中,容易导致仅记载检查的结果,缺乏对检查过程的记载,因此,建议删去"经检查发现"。

（五）现场笔录与现场勘验笔录的比较

勘验笔录是指行政执法人员对违法现场或者物品进行勘验、检验、测量、绘图,并将情况和结果如实记录下来而制作的笔录。现场勘验笔录的使用情况大致有两种:一是对无法转移的物品和现场进行勘验测量后所做的,例如危险货物运输企业停车场的现场、违章建筑现场等;二是案件发生之后的有关痕迹、空间位置关系的记载。如公路损害的现场,这种情况虽然也称现场勘验笔录,但相比案件已经发生的事实而言,已经具有了滞后性的特点。而现场检查笔录是行政执法人员在事实发生过程中制作的,具有现场性、即时性和动态性的特点。这就是二者的最主要区别。因此,现场检查笔录不等于现场勘验笔录。

（六）现场笔录证据的特殊效力

相对于其他证据而言,现场检查笔录的证据力是独特而又具有优势的。即使现场检查笔录为"孤证"时，也可直接作为定案的根据。这是因为：

第一，现场检查笔录属于原始证据。本身直接来源于案件的第一手材料。相对于派生证据而言，原始证据的证据力当然较强。

第二，现场检查笔录属于直接证据，记载的内容与案件的相关性最强，往往也最具实质性的内容，能够直接用以证明案件事实。相对于间接证据而言，证据的可靠性和证据力更加明显。

第三，现场检查笔录的制作程序比较严格。例如，制作的主体只能是执法机关及其工作人员，不得以违法的方式制作等。

第六节　鉴定意见的收集

根据《行政诉讼法》和《交通行政处罚程序规定》，鉴定意见是法定的行政证据之一，它是通过鉴定来完成的。所谓鉴定意见，是指鉴定人运用自己的专业知识和科技手段，根据案件事实材料，对需要鉴定的专门性问题进行检查、测试、分析、鉴别后得出的意见。受行政机关或法院的指派和聘请，运用其专门知识对案件中待证事实有关的专门性问题进行鉴定活动的人叫鉴定人。实践中，由于行政机关，如交通运输行政机关对公路路政、道路运政在交通运输的专业优势，很多鉴定机构实际上是实施行政执法的行政机关本身，这虽然在学理上有违背回避原则和任何人不能成为自己案件本身法官之嫌，但是在目前国情下却仍是运行畅通的。行政执法活动中，鉴定是被普遍采用的一种调查方法。鉴定所解决的问题是行政执法中涉及的专门性问题，这些问题需要鉴定人员利用专门知识来加以解决。鉴定不仅是一种普遍采用的调查案件的方法，而且通过鉴定得出的结论即鉴定意见，还是行政执法中所使用的一种法定证据。

一、关于鉴定意见

鉴定意见作为证据可以由行政执法所针对的相对人（当事人）、利害关系人主动提供给交通运输行政机关或者交通运输行政机关收集的证据材料，经过审查决定是否为交通运输行政执法所采用。交通运输行政执法机关在行政执法过程中遇到的专门问题认为需要进行鉴定的，或者认为当事人、利害关系人提供的鉴定意见不能采用需要重新鉴定的，均可依法定程序交由法定鉴定部门的鉴定人员进行鉴定。如某煤矿对公路附近的煤田进行越界开采，而该公路发生不均匀沉降，煤矿的越界开采行为与公路的沉降是否存在因果关系？对该事项的鉴定即属此种情况。

二、作出鉴定意见的要求

根据鉴定意见的证据学含义，交通运输行政执法中虽然有些鉴定不以鉴定意见名义出现，但它符合鉴定意见的特征——利用专门知识解决专门问题，因此也属于鉴定意见的范畴。在行政执法调查实践过程中，由于行政执法的多样性和复杂性，在认定案件事实时，可能会遇到各种各样需要鉴定的问题。由于习惯和法律、法规、规章规定的不同，通过鉴定形成的鉴定意见名称众多。如对设备、设施、产品、物品是否符合技术标准或技术规范进行的鉴定,就被称为检验、检测、检疫。其结论有被称为结论的,也有被称为报告的;对会计资料、会计报表、某些经济活动所进行的鉴定,其结论有的被称为审计报告、有的被称为会计报告等。

虽然对行政执法中所遇到的专门问题进行鉴定,目前还没有统一全面的规定,鉴定及鉴定意见在实际中称谓繁多,但相关法律对鉴定及鉴定意见都作出了一些共性的规定和要求。这些规定和要求是行政机关及其执法人员调查、收集鉴定意见必须遵循的规程。有关法律对鉴定和鉴定意见的要求如下:

(1)鉴定意见出具的主体要求。

鉴定由享有鉴定权的鉴定机构内享有鉴定资格的人员进行,在我国能够对专门技术性问题进行鉴定的机构主要有三类:

第一类是公安、检察、法院内部设立的技术机构。

第二类是经过司法行政机关依法批准设立的鉴定机构。司法部2000年8月发布了《司法鉴定机构管理办法》《司法鉴定资格管理办法》,明确规定了高等院校、科研机构、社会团体、其他组织或机构申请设立司法鉴定机构的条件。司法鉴定机构应当具备《司法鉴定机构管理办法》规定的条件,经司法行政机关核准登记,取得司法鉴定许可证,方可从事面向社会服务的司法鉴定活动;司法鉴定机构是司法鉴定人的执业机构,司法鉴定机构统一接受委托,依法收取费用;司法鉴定人是取得司法鉴定人职业资格证书和执业证书、在司法鉴定机构中执业、运用专门知识或技能对诉讼、仲裁等活动中涉及的专门性问题进行科学鉴别和判定的专业技术人员;取得司法鉴定职业资格证书的人必须具备法定条件,申请执业须经其拟执业或拟聘任的司法鉴定机构的同意后,向省、自治区、直辖市以上人民政府司法行政机关提出申请。综上规定可以看出,对这类鉴定机构及鉴定人员有着比较详细的法律要求。

第三类是行政机关和法律、法规授权的具有管理公共事务职能的组织、行政机关委托的组织。由于行政管理具有很强的技术性和行业性,行使行政职权的行政机关或组织有着一批具有该领域专门知识的人才。根据我国行政许可法、行政处罚法的相关规定❶,他们具有鉴定的资格,其内部专业人员可以经行政机关指派进行鉴定从而具有鉴定资格。行政机关和法律、法规授权的组织或行政机关委托的组织也可以通过聘请具有专业知识人员的方式来组织技术鉴定。

需要指出的是,无论法律、法规、规章有没有对鉴定机构和鉴定人员作出专门规定,由于最终作出鉴定意见的是鉴定人员,鉴定人员必须是具有某一专门研究领域的理论和实践经验者,或者说具有专门知识或者技能的人。否则就不可能正确运用科学技术原理和科学手段,进行鉴定,也就不可能得出科学的鉴定意见。

(2)指派鉴定、聘请鉴定和委托鉴定。

指派鉴定是指在交通运输行政执法过程中遇到专门技术性问题需要进行鉴定时,行政机关指派本单位鉴定机构内的鉴定人员,在无鉴定机构时指派专门技术人员进行的鉴定。

聘请鉴定,也称组织鉴定,是指行政机关或法律、法规授权的组织或行政机关委托行使职

---

❶我国《行政处罚法》规定的受委托组织必须符合的条件中要求,"对违法行为需要进行技术检查或者技术鉴定的,应当有条件组织进行相应的技术检查或者技术鉴定。"

权的组织在行政执法中遇到需要进行鉴定的专门问题时,聘请部分或全部鉴定人员进行的鉴定。

委托鉴定是指行政机关或法律、法规授权的组织在行政执法中遇到需要进行鉴定的专门问题时,委托鉴定机构进行的鉴定。但应注意,行政机关委托的组织在行使职权时遇到专门性问题不能进行再委托。因为根据《行政处罚法》第19条的规定,依法接受行政机关委托实施行政处罚的组织,应当有条件组织相应的技术鉴定。

交通运输行政机关指派鉴定和组织鉴定必须注意对鉴定人的资格审查;委托鉴定则必须依法进行;交通运输行政机关或法律、法规授权的组织出具的鉴定委托书,应当载明委托鉴定的事项;双方可签署协议,约定双方的权利和义务。

(3)提交鉴定材料,指明要求鉴定的问题。

在物证鉴定中,鉴定人要检查、核对检材和样本,还要明确鉴定的具体要求,判断检材有无作出鉴定的可能。如果检材本身不全面、受污染或与行政执法过程中调查取得的物证质量、品种不同,则不可能按要求作出鉴定。一般而言,鉴定人只对来样负责,这就要求行政机关提交鉴定的材料必须是行政执法中按照法律的要求,按照技术规范、规程取得的证据材料。

(4)指派或者聘请的鉴定人必须具有鉴定资格,委托鉴定必须是委托合法的鉴定机构。

(5)参与鉴定的鉴定人员不得具有法律规定的回避情况。

鉴定人不能是行政执法的行政相对人、利害关系人或其近亲属,不能是在该具体行政执法中做过证人或者与行政执法中的行政相对人、利害关系人有其他利害关系可能影响作出公正鉴定的人员。

(6)交通运输行政执法人员、交通运输行政机关以及其他任何人不得指示或暗示鉴定人按照某种意愿进行鉴定。

(7)鉴定费用原则上由交通运输行政机关承担,法律、法规另有规定的除外。

因为交通运输行政执法中的鉴定是行政执法的有机组成部分,其费用构成是行政执法成本的重要组成部分,理所当然应由交通运输行政执法的主体承担。

(8)当事人、利害关系人对有关鉴定意见有异议的,可以向交通运输执法机关提出重新鉴定的申请,经行政执法机关负责人批准后可进行重新鉴定。

进行重新鉴定是为了保证鉴定意见的客观公正性和真实性。因为用作证据的鉴定意见,必须经过查证核实,才能作为行政机关作出具体行政行为的依据。为了确保证据的准确性,对用作证据的鉴定意见,应当告知当事人和利害关系人,听取他们对鉴定意见的意见。这是行政执法公开原则的体现和要求。

对于重新鉴定,当事人、利害关系人都有权提出。但从行政效率的角度考虑,则应予以限制。那就是申请重新鉴定原则上以一次为限。因为过多地准予重新鉴定,不仅会增加交通运输行政执法机关的负担,还会导致行政执法活动的拖延,对行政执法效率不利。

重新鉴定,交通运输行政机关应指派或聘请水平更高的鉴定人、委托水平更高的鉴定机构和鉴定人员进行鉴定,也就是说重新鉴定不能由原鉴定人员进行。这样做是为了更进一步追求鉴定的客观真实性,增强行政相对人、利害关系人对鉴定人员的信任感,消除他们对鉴定的疑虑。

(9)鉴定意见形式上要符合要求。

鉴定意见,作为对行政执法中遇到的专门性问题进行科学鉴定得出的结论,是行政机关作出具体行政行为的重要证据之一,因此必须符合法定形式。鉴定意见根据鉴定问题的不同在形式上有所差异。交通运输行政机关指派鉴定或组织鉴定的,按照《最高人民法院关于行政诉讼证据若干问题的规定》的要求,其鉴定书一般应当包括七个部分:

①鉴定的内容。

②鉴定时提交的相关材料。

③鉴定的依据和使用的科学技术手段。

④鉴定的过程,包括鉴定的步骤、方法、内容、检验得出的数据、结果或所看见的特征等等。

⑤明确的鉴定意见。

⑥鉴定部门和鉴定人鉴定资格的说明。

⑦鉴定人及鉴定部门签名盖章。

鉴定书要如实反映鉴定人员对专门问题进行鉴定的过程,使用的鉴定方法,得出鉴定意见的根据。在鉴定人签名后,鉴定单位要加盖公章。

三、通过行政强制措施收集证据

按照《行政强制法》第 2 条的规定,交通运输执法机关可以通过采取行政强制措施防止证据损毁,因此通过行政强制措施收集证据也是证据收集的方法之一。

(一)关于证据的登记保存的规定

《行政处罚法》第 37 条第二款规定,行政机关在收集证据时,可以采取抽样取证的方法;在证据可能灭失或者以后难以取得的情况下,经行政机关负责人批准,可以先行登记保存,并应当在 7 日内及时作出处理决定,在此期间,当事人或者有关人员不得销毁或者转移证据。

(二)关于证据的登记保存行为性质的认定

根据《行政强制法》第 2 条"行政强制措施,是指行政机关在行政管理过程中,为制止违法行为、防止证据损毁、避免危害发生、控制危险扩大等情形,依法对公民的人身自由实施暂时性限制,或者对公民、法人或者其他组织的财物实施暂时性控制的行为。"的规定,证据先行登记保存属于防止证据损毁的行为,因此属于行政强制措施。

(三)证据先行登记保存的程序

(1)采取先行登记保存措施,应当经执法部门负责人批准。

(2)先行登记保存有关证据,应当当场清点,制作《证据登记保存通知书》,由当事人和执法人员签字或者盖章,当场交当事人 1 份。先行登记保存期间,当事人或者有关人员不得损坏、销毁或者转移证据。

(3)对先行登记保存的证据,执法部门应当于先行登记保存之日起 7 日内采取以下措施,并制作《证据登记保存处理决定书》。

①根据情况及时采取记录、复制、拍照、录像等证据保全措施。

②需要鉴定的,及时送达有关部门鉴定。

③违法事实成立,应当依法予以收的,作出行政处罚决定,没收违法物品。

④根据有关法律、法规规定可以查封、扣押的,决定查封、扣押。

⑤违法事实不成立,或者违法事实成立但依法不应当予以查封、扣押或者没收的,决定解除先行登记保存措施。

(四)证据先行登记保存应注意的几个问题

为了合理运用证据先行登记保存,使其发挥应有的效力,在运用这一措施的过程中应注意把握以下几点:

一是实施必要性应该权衡,实施条件应当具备,实施时机需要把握。在日常执法中,可采取调查笔录、视听资料和勘验笔录等其他形式去收集证明和认定行为人违法事实的证据,并非一定要采取证据先行登记保存这一方法。当然,证据先行登记保存本身具有其他方式不可替代的作用。因此,在采取证据先行登记保存这一方式之前,应对其必要性进行权衡,必须同时具备两个前置条件,即证据可能灭失或者以后难以取得和经行政机关负责人批准,并严格按照法律程序进行。

二是保存的物品必须明确,实施步骤不可或缺。先行登记保存的物品必须是与违法行为有直接必然关联的,且要经过执法人员应出示有效行政执法证件、行政机关负责人批准、送达证据保存通知书等相关执法文书、实施先行登记保存并将保存的物品编号登记存放、妥善保管、7日内及时作出处理决定等必要步骤,每一步骤都要留下充足的证据。

三是文书制作不容忽视。在实施先行登记保存时,制作物品清单时一定要按物品的名称、规格型号、成色、品级和单位数量逐一登记全、登记清,要使用标准的计量单位,不能用含糊计量单位。处理期限不能遗忘。实施先行登记保存应当在7日内及时作出处理决定。这就意味着行政机关先行登记保存的有效期只有7日,超过规定期限,作出的先行登记保存被视为无效;行政机关通过对证据的审查和判断,进行分析研究,鉴别真伪,如果认为当事人无违法行为,应当及时解除证据先行登记保存,如果认为构成违法,要及时作出处理决定。

四是证据先行登记保存应当实行就地保存为主、异地保存为辅。只有在既不损害当事人的合法权益,同时又可提高执法效率、降低执法成本的情况下,方可实行异地保存。同时,如在原地保存可能妨害公共秩序或者公共安全的,才应当采取异地保存。

五是证据先行登记保存的期限超过7日应当及时作为。在实践中,当事人常常在此期限内不来接受处理,往往造成执法人员感到处理较困难和办案的被动。

六是要正确区分证据和违法物品的概念。目前,普遍的做法是对违法物品用先行登记保存通知书进行保存,以此代替扣押单,而对物证进行处理不同于对违法物品的处理,对证据的处理就是判定证据是否具有客观性、真实性、关联性的过程,只有当证据同违法物品是高度统一的情况下,才能把证据转化为违法物品进行处理。

第五章　交通运输执法行政程序证据的审查

第一节　交通运输执法行政程序证据审查概述

交通运输执法行政证据的审查是行政程序的重要环节,作为行政主体定案根据的证据也必须查证属实,未经查证或质证的证据,不能作为定案依据。《交通行政处罚行为规范》第28条规定,案件调查结束后,办案人员认为违法事实成立,应当予以行政处罚的,制作《违法行为调查报告》,连同《立案审批表》和证据材料,移送本交通行政执法机关负责法制工作的内设机构进行审核;认为违法事实不成立,应当予以销案。《交通行政处罚行为规范》第29条同时规定,交通行政执法机关负责法制工作的内设机构审核案件采取书面形式进行,审查内容包括:案件是否属于本交通行政执法机关管辖;当事人的基本情况是否清楚;案件事实是否清楚,证据是否确实、充分;定性是否准确;适用法律、法规、规章是否准确;行政处罚是否适当;办案程序是否合法。《交通行政处罚行为规范》第29条的核心是证据审查和法律适用审查。

一、交通运输执法证据审查的含义

所谓交通运输执法行政证据的审查,是指交通运输执法行政执法人员在行政执法阶段和行政证据调查、收集过程中,尤其是交通运输执法机关在作出具体行政行为前,负责审查认定交通运输行政执法事实的工作人员就所涉及的与行政执法事实相关联的、行政执法中收集调查(包括行政相对人等主动提供)的证据加以分析、研究和鉴别,审查它们与交通运输行政执法事实之间的客观联系,审查证据材料的证据能力和证明力,确认其证据力的大小与强弱,从而对交通运输行政执法事实作出正确认定的一种活动。换句话说,行政证据的审查认定,就是行政机关对收集取得的证据,根据证据的本质属性,结合行政执法的具体情况,进行分析、鉴别,并作出认定的活动。它是一个对行政证据"去粗取精,去伪存真,由此及彼,由表及里"的逐步深入的认识过程。

交通运输行政证据的审查,在不同阶段有着不同的目的和作用。交通运输行政执法人员在行政执法准备阶段,对交通运输行政监督检查中已经获取的证据进行审查,是为了确定是否需要立案并启动行政执法程序、是否需要进行进一步调查收集证据、如何收集以及收集哪方面证据的问题。它可以为交通运输行政执法提供正确的方向,避免交通运输行政执法走弯路,提高行政效率。

在证据调查过程中,对交通运输行政证据的审查认定,主要是在立案并启动调查程序后,为了全面调查收集证据,弥补证据调查可能存在的漏洞,完善已有证据。它可以为交通运输行政机关进行行政执法提供全面、充分的证据材料。

在作出具体行政行为前对行政证据进行审查认定,是在调查终结后,为了确定是否作出以及确保正确作出具体行政行为进行的证据审查,其作用也最为重要,它可以保证具体行政行为在认定事实上的正确性。可以说,交通运输行政证据的审查认定贯穿于整个行政执法过程,是正确行政执法、正确适用法律、正确作出具体行政行为的前提和基础。

审查认定证据是交通运输行政执法过程中的关键环节,也是证据制度的基础和核心部分。通过审查判断证据,可以鉴别证据的真伪,去伪存真,以保证采用的证据具有客观真实性;通过审查判断证据,可以确定证据的相关性及其证明力大小,排除无关的证据材料,发挥与交通运输行政执法有关证据应有的证明作用。只有通过对交通运输行政证据的审查判断,才能运用证据对行政执法事实作出正确认定,才能确保证据的确实充分、合法有效,从而使交通运输行政执法最终作出的具体行政行为建立在可靠的事实基础之上,为正确适用法律奠定坚实基础,从而完成交通运输行政执法的任务。

二、交通运输执法证据审查的原则

交通运输执法证据审查的原则,主要包括对证据材料进行"三性"审核和对非法证据的排除。

(一)审核认定证据的真实性原则

证据的客观性是指作为证据的事实必须是客观存在的,而不是猜测和虚构的东西。交通运输执法机关必须予以全面、客观地审核认定。根据案件的具体情况,可以从以下方面审查证据的真实性:

(1)证据形成的原因。

(2)发现证据时的客观环境。

(3)证据是否为原件、原物,复制件、复制品与原件、原物是否相符。

(4)提供证据的人或者证人与当事人是否具有利害关系。

(5)是否存在影响证据真实性的其他因素。

(二)审核认定证据的关联性原则

审查证据的关联性,也就是审查证据与案件事实之间是否存在着内在的必然的逻辑关系。一般来说,可从以下几个方面来进行:

(1)证据证明的事实是否是本案发生的事实或条件。

(2)证据是否是本案所形成的。

(3)证据所能证明的对象是否是本案事实。

(4)证据是否是本案发生过程中或本案导致的后果所产生的。

(三)审核认定证据的合法性原则

交通运输执法机关审查证据的合法性,应当根据案件的具体情况,可从以下三方面进行:

（1）证据是否符合法定形式。

（2）证据是否按照法定职权取得。

（3）证据的取得过程是否符合法定程序要求。

（4）是否有影响证据效力的其他违法情形。

三、行政证据审查的标准

证据审查判断是运用证据确认案件事实的前提。只有经过审查、判断的证据，才有可能用其证明某一事实。可是判断证据需要一定的标准，所以审查判断证据的标准就成了证据理论的核心问题之一。行政证据审查认定的标准，是指执法人员审查判断每一个证据或者对行政执法作出事实认定结论的准则，是衡量执法人员审查判断证据是否正确和水平高低的具体尺度。如果说行政证据审查的内容是执法人员审查判断应当注意的问题和方面，那么，行政证据审查认定的标准则是衡量执法人员审查判断这些问题或者作出证据结论或者结果是否正确的标尺。判断证据的真实性的标准是证据与案件待证事实之间的联系，证据与证据之间的联系，以及证据与整个案件过程中的完整性之间的联系。前两种联系可以初步判断单个证据的真实性，但单个证据的真实性往往还不是最后可靠的根据，还应把它放在整个证据体系与案件过程中去考查。

确定行政证据审查认定的标准是一个比较复杂的理论问题。从现行的法律规定和学理研究来看，审查判断证据可分为对个别证据审查判断的标准和对全案证据审查判断的标准。

（一）单个证据审查判断的标准

单个证据审查判断的标准是指交通运输执法人员对收集的每一个证据进行审查的标准。

（1）作为交通运输具体行政行为依据的证据必须具有真实性。

在审查判断证据的客观真实性时，执法人员应注意的是，我国的法律、法规规定的真实，可以分为两种情况：一是客观的真实，即符合案件实际情况的真实，它不以行政执法人员、当事人、利害关系人等行政执法参与人员的意志和认识为转移。因此当事人和审判人员不能反驳它，而只能通过不断的证明活动认识它。二是法律的真实。法律规定一旦某一种情况得到了证明，就假定另一种情况是真实的，如推定。法律的真实允许当事人反驳，一旦行政执法参与人员提出了可成立的反证，法律的真实就不复存在。从行政执法作出具体行政行为的需要采看，作为具体行政行为依据的证据必须经得起各种各样的反驳。而要做到这一点，定案证据就必须符合客观的真实。可以说，客观真实是证据的最基本属性之一。

需要指出的是，具体行政行为依据的证据的客观真实性与执法人员的主观能动性并不矛盾。真实性是从唯物论的角度认识定案证据所得出的结论，而主观能动性是从认识论的角度认识行政执法作出具体行政行为依据的证据所得出的结论。证据材料只有经过当事人、利害关系人的提供和执法人员收集活动，才能够进入执法程序，才能成为行政执法的证据；对于执法人员已经调查收集的证据，哪些可以作为定案的根据使用以及应当如何使用，实际上仍然需要证据审查人员发挥主观能动性，予以甄别、筛选和判断。实际上，行政执法证据的客观真实和执法人员主观认识是相统一的关系。

（2）交通运输行政执法证据必须与案件相关，具有关联性。

行政执法证据必须与本案相关,即具有相关性。所谓相关性是指证据对特定的行政执法事实的证明作用和价值。据此,对待查行政执法事实有意义的证据材料即具有相关性;而对行政执法事实或者其他证据没有任何影响的事实材料,则与行政执法无关,不具有相关性。在审查判断行政执法及作出的具体行政行为证据的相关性时,执法人员应当将其与证据的真实性区别开来,逐一审查,在认定某一个证据是否具有相关性之前应分清该证据的证明对象是什么。所谓相关性就是指证据与特定的证明对象有关联。如果该证据的证明不是本案实体法或者程序法规定的事实,该证据材料就没有相关性。审查证据的关联性应当从因果关系去考虑,所取的证据无非有以下几个方面,一是证据本身就是证明违法行为的存在;二是违法行为导致的结果。总之,证据材料与违法行为应当存在一定的关联性。

(3)交通运输行政执法及作出的具体行政行为证据必须具备合法性。

行政执法及作出的具体行政行为证据的合法性表现在两个方面:一是定案证据必须是通过合法的手段调查收集的事实材料,通过刑讯逼供等非法手段调查收集的证据是非法证据。二是行政证据应当严格遵循法定程序,这些程序性规定对于保障相对人在程序上的权益以及保障交通运输执法机关正确作出具体行政行为都具有非常重要的意义,例如当事人的知情权、陈述权和申辩权。三是行政执法及作出的具体行政行为的证据必须符合法律规定的表现形式。不符合法律规定的表现形式的事实材料只能是一般的证据材料,即使其具有真实性和相关性,也不是行政执法及作出的具体行政行为的证据。只有做到这一点,才能保证行政执法的程序公正,并有效树立行政执法的权威。

(4)法律对行政执法的证据在审查认定程序上有特殊规定时,只有经过法定程序进行审查认定才能成为作出具体行为的根据。

我国的《行政许可法》《行政处罚法》均规定了对某些种类的行政许可、行政处罚必须经过听证程序。对于此类行政许可、行政处罚,如果行政证据没有在听证程序中被出示并经当事人、利害关系人质证和记录在案是不能成为行政许可、行政处罚证据的。行政许可法更明确规定:行政机关应当根据听证笔录,作出行政许可决定。其他法律、法规也有类似的规定。

(二)全部证据审查判断的标准

交通运输行政执法全部证据审查判断的标准,是衡量行政执法人员认定行政执法及最终作出具体行政行为依据的事实应达到的程度,其内容与行政证据证明标准一致。

(1)交通运输行政执法行为即具体行政行为,必须做到主要事实清楚,证据确凿,即要符合客观真实的标准,或者要做到每一个法定事实,即执法人员认定该行为所适用的法律规范所规定的证明对象都要有相应的证据证明,相应的事实有主要证据证明。这是行政执法人员对行政执法待证事实作出最终认定结论必须达到的标准。行政执法行为事实清楚与证据确实充分是一个问题的两个方面:具体行政行为事实清楚以证据确实充分为前提,而证据确实充分是对行政执法待证事实的整体要求,它不但要求每个证据都要查证属实,而且证据要有一定的数量,能够相互印证。这是对认定为具体行政行为证据的数量和质量的统一要求。行政执法事实清楚,证据确凿充分,事实方面不允许有错误,这是最高的证明标准。此标准在适用范围上,适用于涉及公民人身权利和公民、法人或者其他组织重大的财产权和重要的法律规定的权利的行政案件。应当明确的是,此标准仅仅是执法人员对全案证据作出最终认定结论的标准,而不是案件的某一个阶段或者部分案件事实的认定标准。

（2）优势证据标准。

优势证据标准，是指交通运输行政执法人员认定行政执法事实成立的可能性大于其不成立的可能性的标准。这种标准主要适用于采取紧急或者临时性措施的行政执法证据的审查判断，或者行政执法部分证据的初步审查判断。

（3）合理可能性标准。

"合理可能性"是指交通运输行政执法人员认定的行政执法事实符合情理，具有成立的一般的可能性。合理可能性标准适用于某些行政执法事实的认定，如行政执法中采取登记保存行为等。

（4）形式符合标准。

某些行政执法，法律只要规定有法定的证据即可。行政机关从形式上进行审查，只要形式上有这些证据，行政机关即可作出具体行政行为。

第二节　交通运输执法行政程序证据审查的环节、任务和方法

一、交通运输行政证据的审查环节

对行政证据的审查和认定贯穿于整个交通运输行政执法和对交通运输行政执法进行监督的全过程。它存在着若干环节或阶段，具有明显的阶段性的特点。在这些交通运输行政证据审查、认定的不同环节或阶段里，对行政证据审查和认定的主体、达到的目的、审查判断标准的要求是不一样的。当然，由于行政执法的种类、性质和具体情况不同，证据审查认定环节上，也有所不同。但就交通运输行政执法总体而言，对行政证据的审查认定存在于对已有证据材料分析审查判断的行政执法准备阶段、调查收集证据时对证据的初步审查阶段、对全部证据材料审查判断基础上得出结论性意见阶段、交通运输行政机关和专门机构及专门人员对证据和结论的再审查阶段。

（一）立案阶段对行政证据的审查判断环节

交通运输行政执法的目的是为了保证法律的正确实施。但具体从实践上讲，交通运输行政执法的直接目的则是调查取证、利用证据证明相对人是否遵守法律和履行法定义务，然后根据调查取得的证据作出具体行政行为。交通运输行政执法人员进行行政执法并不是盲目地、仓促地对行政相对人进行调查取证的。它首先要求分析手中掌握的已知证据材料。通过对已知行政证据材料的分析来确定对什么样的行政相对人进行调查或对什么样的行政事务进行调查等。

对于交通运输行政执法者现有或已有的或已掌握的证据资料，主要存在以下几种情况：有的是行政相对人即时提交的（如行政许可申请等）；有的是行政机关已经事先掌握的（如某一道路运输经营企业情况）；有的是交通运输行政机关行使职权实施监督检查时发现的（如在行政执法中发现公路附属设施遭到严重的认为损害等）；有的是交通运输行政机关接到举报的；

有的是上级行政机关和领导交办的;有的是媒体报道的信息;有的是行政机关工作人员道听途说或在非执法过程中发现的。对于这些现有的或已掌握的行政证据材料,进行必要的分析和审查判断,其目的是要确定是否需要进行调查取证。在此阶段,对证据审查判断的主体主要是交通运输行政执法人员和行政机关的负责人,主要目的是根据初步掌握的情况,确定是否立案,以及下一步调查取证的方向和需要收集的证据。

(二)调查取证阶段对行政证据的审查判断环节

在对已有证据进行分析和审查判断后,交通运输行政机关执法人员即可根据自己的权限,决定是否进行调查取证。在自己无权作出决定时,可以报经所属部门负责人批准进行调查取证;必要时应报经交通运输行政执法机关负责人批准。交通运输行政执法机关负责人也可以直接决定,指令行政执法人员进行调查取证。

在调查取证阶段,交通运输行政执法机关执法人员对调查取得的每一个证据都要进行分析、审查和判断,以决定是否有内容不明确、未调查清楚的问题,结合对已取得的证据全部进行初步审查,然后决定需要进行对哪些人、哪些事物的再调查和新调查。此阶段分析、审查判断证据的主体是行政执法人员,审查判断的目的是为了全面收集证据。受调查取证进程的影响,交通运输行政执法人员的审查判断证据并不是系统进行的,它们只是对行政证据做初步的审查判断。因此,此阶段也称为对行政证据审查判断的初步审查阶段。

(三)得出结论性意见对行政证据进行再审查环节

交通运输行政机关执法人员调查取证结束后,对取得的全部证据进行系统性审查,结合所执行的法律法规和规章,提出自己的结论性意见,即拟予作出的具体行政行为意见。交通运输行政机关执法人员对全部证据进行系统性的审查判断的阶段,如果认为行政证据仍有某些方面的欠缺,可以做进一步调查取证;在自认为证据确实、充分的情况下,认定采纳的证据,作出综合性的结论意见,提出拟予作出具体行政行为的意见。

(四)交通运输行政机关内部的专门机构、专门人员进行再审查环节

对于行政执法人员在前个阶段的结论性审查意见,为了避免其审查中的"先入为主",更进一步地保证行政证据的客观性、公正性,根据"自己不能当自己的法官"原理还必须将有关的一系列行政证据和适用的法律交由交通运输行政机关内部负责法制工作的机构、专门人员进行再审查。这种再审查是对行政证据的系统性审查,既要对每个证据的客观性、关联性、合法性进行审查,也要对全部证据是否客观、是否关联、是否合法充分地进行审查,决定对拟作出的具体行政行为进行证据的采纳。

按照交通运输部的规定,按照一般程序❶作出行政处罚决定都要经过交通运输行政执法

---

❶《交通行政处罚程序规定》(交通部令 1996 年第 7 号)规定,适用一般程序实施行政处罚,其证据要经过机关负责人审查;《交通行政处罚行为规范》规定,适用一般程序实施行政处罚,其证据在机关负责人审查之前,还要经本交通行政执法机关负责法制工作的内设机构进行审核。但上述两个规定中未规定,适用简易程序实施行政处罚证据的机关负责人、负责法制工作的内设机构审查,主要考虑该处罚为当场进行,且处罚轻微证据不复杂,由机关负责人、负责法制工作的内设机构审查事实上是不可能的,主要由执法人员自行审查。

机关内设的法制机构审查才能作出,这实际上已包含了对行政证据的再审查。为保证行政证据的客观真实和合法,保证交通运输行政执法机关作出的具体行政行为证据确凿、适用法律正确,交通运输行政机关应当建立、健全由专门机构、专门人员对行政证据的第一次结论性再审查制度。对此,从我国的交通运输管理实践看,目前各交通运输行政机关内部都已经建立了法制机构,配备了工作人员,已经具备了实施这一制度的条件。

参与行政证据调查的执法人员之外的行政机关内部负责法制工作的机构、专门人员对行政证据的再审查制度已被交通运输部规章所采纳。《交通行政处罚行为规范》第 28 条规定,案件调查结束后,办案人员认为违法事实成立,应当予以行政处罚的,制作《违法行为调查报告》,连同《立案审批表》和证据材料,移送本交通行政执法机关负责法制工作的内设机构进行审核;认为违法事实不成立,应当予以销案。《交通行政处罚行为规范》第 29 条同时规定,交通行政执法机关负责法制工作的内设机构审核案件采取书面形式进行,审查内容包括:

1. 实体性审查

一是案件是否属于本交通运输行政执法机关管辖;二是当事人的行为是否构成违法,当事人的基本情况是否清楚;案件事实是否清楚,证据是否确实、充分,定性是否准确;三是行政处罚的裁量,即处罚是否适当。

2. 程序性审查

办案程序是否合法。一是按照"任何人不能担任自己案件的法官"的原则,是否履行了身份告知,并告知当事人有申请回避的权利。二是是否听取了当事人的陈述申辩。三是是否依法履行了质证程序。我国的《行政许可法》《行政处罚法》对某些行政许可、行政处罚均规定了听证制度。《行政许可法》规定:行政机关应当指定审查行政许可申请的工作人员以外的人员为听证主持人;举行听证时,审查行政许可申请的工作人员应当提供审查意见的证据、理由;行政许可申请人、利害关系人可以提出证据进行申辩和质证。我国的《行政处罚法》规定:听证由行政机关指定的非本案调查人员主持;举行听证时,调查人员应提出当事人违法的事实、证据和行政处罚意见。

3. 取证适用的法律法规审查。

在行政证据再审查的过程中,再审查证据的机构或人员如果遇到行政执法人员调查取证存在的疑问或不足,需要询问新的证人、调取新的证据或者需要重新鉴定或者勘验的,从理论上讲不应由再审查人员进行,而应当中止证据审查,通知原行政执法人员按照行政执法程序进行调查取证。待获取所需证据后,再恢复行政证据再审查程序。

交通运输行政执法机关的负责人在行政证据再审查中扮演着重要角色。在我国行政管理实践中,所有具体行政行为都是由行政机关负责人审查全部材料后作出决定的。我国《行政处罚法》明确规定:调查终结或听证结束后,行政机关负责人对调查结果进行审查,根据不同情况,作出相应决定;对情节复杂或者重大违法行为给予较重的行政处罚的,行政机关的负责人应当集体讨论决定。由此可见,交通运输行政机关的负责人也具有对行政证据审查的职责。但由于交通运输行政机关负责人公务繁忙,不能把大量精力放在行政证据的审查上,行政机关的负责人是在总体上进行的粗线条的证据审查。行政证据审查的主要承担者还应是行政执法人员和负责对行政证据进行再审查的专门机构的专门人员。

以上这些法律规定的具体措施,实质上都是对行政证据进行系统化再审查的具体步骤。

二、交通运输行政证据审查的任务

审查证据的目的是为了证明拟作出具体行政行为事实清楚,证据确凿。具体说就是要判断所收集的证据能否确实充分地证明行政执法所需事实情况。审查证据的任务是为实现审查证据的目的而设定的,任务也就是目的的具体体现。因此,审查证据的任务可以概括为两个方面:其一是查明证据是否确凿;其二为查明证据是否充分。

(一)查明证据是否确凿或者能够证明基本事实

查明证据是否确凿有两层含义:其一是查明证据本身的内容是否确凿,即证据所表现或反映的情况是否确实存在;其二是查明证据内容与案件事实的联系是否确实,即该证据是否确实能证明与行政执法案件的真实情况有直接、必然的联系。

(二)查明证据是否充分,是否能够证明清楚待证事实

查明证据是否充分也有两层含义:

(1)查明所收集的证据是否充分地证明交通运输行政执法机关所执行法律规范规定的事实条件逐一构成要素的存在。例如在公路路政行政执法中,收集到的证据是否能够充分证明,公路两侧建筑控制范围是经县级以上人民政府批准划定的(未划定的,是否该建筑物在法律法规规定的范围内),位于公路两侧建筑控制区的违法建筑建设时间是在法律规定生效之后等。

(2)是要查明所收集的证据能否充分地证明行政执法所需要的待证事实的存在。所谓充分证明,根据行政执法的要求是指所收集的证据足以证明所要证明的行政执法需要的事实。这种证明应具备三个特征:

其一是完备性。即所有需要证明的行政执法所需要的事实要素或情节都应该有证据证明,而且这些证据应当构成一个完整的证明系统。

其二是一致性。即所有证据证明的案件情况都应当相互一致,没有无法作出合理解释的差异和矛盾。

其三是排他性。即所有证据证明的行政执法所需要、所认定的事实是依据这些证据所能得出的唯一合理结论,没有其他可能性。

这三个性质是一个有机的整体,缺少任何一个方面都不能称其为充分证明。

对确凿、充分进行解释并不是给予确凿、充分一个精确的标准。因为证据确凿、充分是一对内涵不确定的概念。行政机关执法人员、内部专门负责行政证据审查的机构和人员应结合行政执法的具体情况来回答这两个问题。但是由于行政诉讼制度的存在,人民法院通过司法审查对行政证据进行的最终结论性审查认定,具有最终效力。行政机关负有审查判定证据的人员应尽可能和人民法院行政审判人员审查认定行政证据的标准相一致,这样才有可能符合行政法制建设的最终要求。

三、审查证据的方法

正确地审查证据,一方面要了解证据审查的基本规则,另一方面要掌握科学的审查方法。在实践中,大致有以下几种证据审查方法:

1. 逐一甄别法

逐一甄别法是对单个证据进行审查的重要方法,也是对证据进行初步筛选的必要手段。

逐一甄别法的审查规则是先审查证据是否符合法定形式(审查的标准应当参照《最高人民法院关于行政诉讼证据若干问题的规定》),对证据的合法性进行判断,即审查证据的证据力。然后,再审查证据的内容是否符合客观事物的发生、发展、变化过程,是否符合逻辑,是否符合常理,是否符合客观规律,对证据的真实性进行判断,即审查证据的证明力。

2. 相互对比法

相互对比法是证明证据真实性的一种方法。这一方法的适用前提是收集到的证明同一事实的证据有多个,需要先通过证据间相互对比的方法进行梳理才能作出结论。具体来说,就是证据本身不能自行证明其具有的真实性。一个证据的真实性往往需要通过其他的证据来证明。通过证据之间的分析和比较,可以发现所收集证据的一致性或者矛盾所在。如果证据一致即相互印证,就可以作为定案的证据认定案件事实。如果证据相互矛盾,则需要采用逐一甄别法剔除虚假的证据,或者做进一步的调查,寻找新的证据后再做结论。

3. 综合审查法

综合审查法是审查证据是否充分的一种方法,即对收集到的所有证据进行分析、判断、比较,判断证据之间是否一致,能否形成一个完整的证据链,从而排除其他的可能性,得出唯一的结论。证据能够反映案件事实的真相,但单个证据能够反映的仅仅是事实的部分,要全面真实地反映事实的全部真相(当然,这里所说的真相是指法律真相,任何一个案件,都不可能做到完全符合案件的真实情况,只要达到法律真相即可),就必须有完整的证据链条,证据链要求认定的证据能够环环相扣、相互印证,证据之间有着内在的必然的逻辑关系,证据所证明出来的事实具有唯一性。对案件的事实证明,必须达到每认定一个事实,都有相关证据证明(不需要证明的除外),不能主观臆断。通过对所有证据加以对照、印证,进行综合分析,从相互间的联系性上来考察,看它们所反映的情况是否一致,是否协调,就能比较容易地发现问题、判明真伪。诚然,在大多数情况下,行政处罚案件的案情相对比较简单、明了。行政处罚案件中对证据的审查与刑事案件中对证据的审查有所不同,但两者在证据的原理和规则方面没有根本的区别,在查处违法行为等方面性质相同。根据依法行政的要求,行政执法办案同样要以事实为根据、以法律为准绳。依法收集并充分审查证据是行政执法机关办好案件的重要环节。在实践中,交通运输执法机关有时会遇到一些复杂的大案、要案。对这类案件,不能简单地追求办案效率,收集部分证据或按办案人员的意愿收集证据,草率审查得出结论。这往往是导致行政执法机关在行政复议或行政诉讼中陷于被动的重要原因。

4. 特定事实排除法

特定事实排除法是通过否定特定事实的方法来证明待证明的事实。如果说前三种方法是运用证据从正面证明案件事实,那么特定事实排除法就是通过证据从反面排除某种事实存在的可能性。使用特定事实排除法要注意的是,要否定的事实与待证的事实是非此即彼的关系,适用于正面证据难以形成相互印证的情形,反面证据能够反证或排除某种事实的情况。用以否定特定事实的证据必须确凿,排除特定事实时必须穷尽所有的可能性。

5. 质证法

行政程序中的质证主要是指案件调查人、当事人及其委托代理人、第三人在听证员主持下,在听证过程中对对方展示的证据材料采取询问、辨认、质疑、说明、辩驳等方式,以在证据的证明力、待证事实等问题上对听证员的内心确信产生影响的一种活动。为保证行政行为的公正,在听证程序中设置特定程式化要求和规范性做法,使听证员不能仅凭个人好恶或某种利益观点出发对拟作出的行政行为的合法性进行判断,而是以某种特定的能够反映客观公正的准则来解决争议,这种规则体现在质证上,就是质证规则。即:在听证过程中,规范质证主体的质证行为,保证质证活动顺利进行的一项证据规则。

我国法律目前明确规定使用质证法进行证据审查的主要有《行政许可法》和《行政处罚法》。根据我国《行政许可法》的规定,对于符合听证条件的行政许可,行政机关依法举行听证。在听证主持人主持下,申请人、利害关系人可以提出证据,可以和审查许可申请的工作人员就审查意见依据的证据、理由进行申辩和质证,也可以相互之间质证;根据我国《行政处罚法》的规定,行政处罚实施机关依法举行听证时,在听证主持人主持下,当事人可以就调查人员提出的违法事实、证据和行政处罚建议进行申辩质证。听证制度是随着我国民主法制的发展,由立法机关将司法程序引入行政程序中建立起来的制度。司法程序中的质证制度自然成为听证制度应有的内容,因而听证制度具有准司法程序的性质。

质证不仅仅在行政许可、行政处罚等法律明确规定的情况下,成为审查认定证据的方法,而且在其他种类的行政行为中也应该采纳质证方法审查认定证据。如行政征收,行政机关也应在行政征收的证据、依据、理由方面使用质证方法,以更好地保护公民、法人或者其他组织的合法权益。

第三节　具体行政证据的审查认定

具体种类行政证据的审查认定,是行政证据审查认定方法在某一种类证据上的有效运用。由于行政证据种类的不同,审查方法也各有特点。

一、物证的审查认定

物证的审查认定是行政证据审查人员依法定程序,对行政执法中有关物证的证据能力和证明力加以审查、确认的过程。物证与行政相对人(当事人)、利害关系人陈述、证人证言等言词证据以及书证相比,在证明力上所体现的客观性更强。但是,它是一种不会说话的"哑巴证据"。因此,一是它极容易被冒名顶替。特别是那些相似物、类似物、种类物,更易为人们所更换;二是物证作为证明手段和证明方法,它不能直接用来证明行政执法事实。它同行政执法事实的关联性,必须借助特定的手段或方式,通过证据审查人员的审查、判断加以确定和认证。因此,对物证的审查、判断是运用证据证明案件事实的重要环节。

(一)审查判断物证的内容

1. 审查认定物证的来源是否合法

物证的来源主要指物证的出处,由何人提供和收集而来。特别是来源的程序是否合法。如查封扣押或登记保存、直接提取是否依法进行等。由于物证是一种客观存在,因此,它可能出现在各种场合,可能来源于行政相对人的经营办公场所、室内、野外;还可能来自当事人、利害关系人、证人提供或行政机关收集等渠道。从物证的来源上进行审查,即对物证分别是在何时何地、何种情况下、由何人提供或收集、使用何种行政执法手段获得的诸方面进行审查,以此来认定物证来源是否合法。物证的来源如何是决定其是否具备证据能力的重要因素之一。在交通运输行政执法中,执法人员对物证的证据力进行认定之前必须查清物证的来源,看是否是经过正当程序获取的,是否因冒名顶替或为报复目的而伪造、变造的,是否因疏忽而搞错的,是否为非法所得。以上这些因素或情形都直接影响到某一特定物证的证据能力。

2. 审查认定物证的收集的程序和保管是否依法进行

物证的收集与保管是指由法定的人员按照法定的程序接收或主动收集、调查以及保管物证的法定行为。一要审查该物质取得的时间是否是在具体行政行为作出之间,如果在具体行政行为之后则为违法;二要是否告知并保障了当事人享有的陈述、申辩或者听证权利;三是查封、扣押的物证是否合法,例如由当事人提交或行政执法人员对物证进行的查封扣押、登记保存是否开具了有关收据和清单并由物证持有人签字,交通运输行政执法人员主动依职权通过行政强制措施收集证据是否办理了批准手续,是否出示了表明身份的证件等。除了收集环节外,还应审查物证的保管环节。否则,可能因保管条件、保管方法不当引起物证内外特征的变化,从而导致此后的鉴定意见出现差错。

3. 审查认定物证是否真实可靠,即该物证是否具有客观性

物证的最重要特征在于采用其本身所固定的外部特征、形状、品质、状态等来证明行政执法所需要的事实。但是,由于受到各种客观因素或环节的影响,常常限制或阻碍了物证这一客观属性的映现程度,从而影响了其证明力的大小与强弱。因此,在审查认定物证的效力时应注意:

其一,要查明为待证事实所要求的物证的本质特征或内在属性在认定时是否已发生了实质性的变化,以及是否达到了足以影响其证明力的程度。

其二,要查明物证是否为原物。一般而言,物证具有不可替代性。在行政执法中如采用的是复制品或类似物、相似物、种类物将影响到对物证证据力的认定。当然,基于法律上所规定的特殊情形,则可作为例外来对待。

其三,要确认物证是否经过了伪造。凡伪造的物证除了影响物证的证据能力外,同时将导致该物证在客观上丧失证据力。

4. 审查认定物证本身与行政执法事实是否具有关联性

即应审查认定某一物证的存在与否能否足以影响到特定的行政执法事实所呈现的实际状态。凡是某一物证以其存在的证明价值来体现对行政执法事实的发现产生有效影响的,便是

具有关联性的物证。如非法砍伐公路护路林留下的树桩、树坑、木材使公路管理机构对行为人处罚产生有效影响,这些就是具有关联性的物证。

物证对案件的影响分为直接的方式和间接的方式。凡是物证以其存在足以影响发现行政执法事实的重要部分或其中一部分的,为具有直接的关联性;而凡是物证以其存在有助于查明行政执法事实,或构成发现行政执法事实线索的,则为具有间接的关联性。在间接方式下,物证只有与其他证据结合起来,相互印证,才可以达到认定行政执法事实的目的。通常而论,单一的物证不能起到证明行政执法事实的作用,必须与包括其他物证在内的证据综合证明、互为依存条件、互为证明关系,才能体现某一物证的价值。

(二)审查判断物证的方法

1. 交付辨认

在行政执法中,辨认是指在行政证据审查人员主持下,由行政相对人(当事人)、利害关系人、证人等对提供、收集到的物证材料进行识别、判断,辨明其真伪以及阐述与案件事实是否具有关联性的认识活动。我国《行政处罚法》《行政许可法》规定的听证程序中存在的质证就包含对物证的辨认。

2. 科学技术鉴定

物证的证明作用在无法直接感知情况下,可以由交通运输行政执法机关来决定对物证进行科学技术鉴定。

3. 比较和印证

行政证据审查人员在审查认定证据过程中,当发现物证与其他证据以及证据与行政执法所需事实出现矛盾时,应当进行全面的、细致的分析。当物证作为直接证据时,应比较该物证与其他证据之间存在矛盾的根源所在,确认是其他证据缺乏真实可靠性,还是物证本身的问题;当物证作为间接证据时,须与包括物证在内的其他证据加以互相印证,形成一条具有内在必然性的逻辑性严密的证明链条。在行政执法实践中,往往数个间接证据的效力,能够相当于甚至超过一个直接证据的证明效力。当物证与其他证据发生冲突时,只要物证真实可靠,物证的证明力一般高于书证和言词证据、视听资料。对于许可证件,如道路运输证、超限运输车辆通行证等,可以直接向许可机关进行调查,许可机关出具的相关证明文书属于国家公文,具有较强的证明力。

二、对书证的审查认定

书证的审查认定是指行政证据审查人员对书证进行分析研究,鉴别其真伪,确定书证与行政执法事实(待证事实)是否具有关联性,是否具有可采性,从而确定书证有无证明力和证明力大小与强弱的活动。

对书证的审查,主要查明以下问题:

(一)查明书证的制作情况

书证制作情况包括书证是谁制作的;是什么时间、什么地点、在什么情况下制作的;制作人是否有制作该书证的资格;书证是如何制作的;有无伪造、变造等情况。

书证的制作理应具有特定目的,如《车辆行驶证》证明涉事车辆的核定总质量、车辆所有人、登记机关等情况。书证的制作应当符合法定形式,一般情况下,交通运输执法机关收集的书证以复印件居多,一是要审查其制作是否符合法律法规或司法解释的有关要求,收集由有关部门保管的书证原件的复制件、影印件或者抄录件的,应当注明出处,经该部门核对无异后加盖其印章。收集由个人保管的书证的复印件,也应当由当事人核对签字确认无异;二是对于应报表、图纸、会计账册、专业技术资料、科技文献等书证的,当审查其是否附有说明材料。在交通运输行政执法实践中,行政机关可能会接到匿名的举报电话或书信,这只能作为发现违法以及调查收集证据的线索,不能独立作为书证证据使用,只能结合其他证据审查后加以认定。

在查明书证是谁制作、如何制作的问题上,应注意两点:

第一,有无伪造、变造的情况。所谓伪造就是模仿他人的笔迹或以其他手段制造假书证;所谓变造就是以涂改、加字、减字、剪贴等手段以改变书证内容所表现的外部特征来达到篡改书证内容的目的。如果怀疑出现上述情况,可以通过询问当事人、在场证人,尤其是笔录制作人的方式进行;也可以通过由在场人、制作人辨认的方式进行。必要时可通过书证鉴定以辨明真伪。

第二,行政执法机关调查收集的证据,如果书证上没有签名盖章,行政执法机关向个人收集调取的书面证据,如询问、陈述、谈话类笔录,应当有行政执法人员、被询问人、陈述人、谈话人签名或者盖章;向有关单位收集调取证据应由提供人署名,并加盖单位印章。对于有签名盖章的书证,也应注意审查是否属实;如须核对印章、鉴别笔迹,应适用有关科学技术鉴定的规则,交由专门的鉴定机构和专门人员作出鉴定意见。

(二)审查书证的内容

书证的内容是否是制作人的真实意思表示,有无欺诈情节,书写人在制作时是否存在暴力、威胁、利诱、欺骗等情形;书证的内容是否明确,是否含糊不清、是否前后矛盾;书证的内容是否与行政执法事实有联系,是否与行政执法的其他证据相矛盾,是否能证实行政执法的真实情况等。

(三)审查书证是否具有法定的生效要素

根据人民法院判决认定的事实进行行政执法是否判决书已经生效;合同如果成为行政执法的书证是否经双方当事人签字,约定的生效条件是否具备等。

三、对具体行政行为作为行政证据的审查认定

(一)对具体行政行为作为行政证据的理由

我国许多法律均有这样的规定:行政相对人出现什么什么情况,行政机关责令限期改正,逾期不改正的,行政机关如何;也有一些法律规定某个行政机关作出具体行政行为要以另外一个行政机关作出具体行政行为为条件时应当如何。如《公路安全保护条例》第56条就明确规定了行政相对人出现在公路建筑控制区内修建、扩建建筑物、地面构筑物或者未经许可埋设管

道、电缆等设施的，以及在公路建筑控制区外修建的建筑物、地面构筑物以及其他设施遮挡公路标志或者妨碍安全视距情形的，由公路管理机构责令限期拆除，可以处 5 万元以下的罚款。逾期不拆除的，由公路管理机构拆除，有关费用由违法行为人承担。《中华人民共和国道路运输条例》第 64 条规定的是未取得道路运输经营许可，擅自从事道路运输经营的，由县级以上道路运输管理机构责令停止经营；有违法所得的，没收违法所得，处违法所得 2 倍以上 10 倍以下的罚款；没有违法所得或者违法所得不足 2 万元的，处 3 万元以上 10 万元以下的罚款；构成犯罪的，依法追究刑事责任。我国《公路安全保护条例》第 66 条规定：对 1 年内违法超限运输超过 3 次的货运车辆，由道路运输管理机构吊销其车辆营运证。这里，公路管理机构对非法超限运输行为的查处是以后有关道路运输管理机构进行其他具体行政行为的前提条件。可见，行政机关已经作出的具体行政行为也可能成为拟予作出的具体行政行为的证据。

（二）对以书面形式表现出来的证据——具体行政行为的审查

具体行政行为以书面形式表现出来，属于一种特殊的公文书证。如《道路运输证》《超限运输车辆通行证》等，它既具有书证的一般特点，又具有普通书证所不具有的特点。对于书面形式表现出来的具体行政行为进行审查：

首先，审查具体行政行为的真实性。即审查具体行政行为的书面载体是谁制作的，是如何制作的，有无伪造、变造等情况。如果有怀疑，交通运输行政执法机关就需要向作出具体行政行为、制作文件的行政机关核实。经核实，如果出现虚假，根据案件的事实、情节和有关法律规定，决定给予处罚、移送司法机关，由司法机关以伪造国家机关公文、印章罪追究刑事责任。

其次，要审查具体行政行为的内容是否与正在进行的行政执法活动有关联，如对于非法从事超限运输活动拟作出处罚的，如果公安机关交通管理部门按照非法实施超载运输作出处罚，公路管理机构对该非法从事超限运输的行为的处罚可能违反"一事不再罚"的规定。是否是作出该具体行政行为的行政机关的真实意思表示。对书面形式的具体行政行为的审查，不同于一般书证的地方在于必须审查其是否发生法律效力。发生法律效力，一是要看该文书是否真的送达；二是要看发生法律效力的其他方面的表现。在送达问题上，需要注意的问题是，在交通运输行政执法机关从其他行政机关调取的代表作出具体行政行为的书证时，就必须同时调取送达的书面证明，以防止当事人、利害关系人以没有送达、没有发生法律效力为由否定该证据的证明力。由行政相对人（当事人）提供的代表作出具体行政行为的书证，除核实书证的真实性外，也应在涉及利害关系人时，调查利害关系人是否收到或知道该具体行政行为的存在。

（三）对具体行政行为作为证据时审查的方式

在对具体行政行为作为证据进行审查时，行政执法机关一般只进行形式审查，只要具体行政行为具备以下几个要件即可认定具体行政行为成立，具有具体行政行为的确定力、公定力、执行力，交通运输行政执法机关即可作为证据予以认定和采纳。这些要件是：

（1）行政主体要素。行政主体是以自己的名义独立行使行政权力并独立承担由此而带来的法律责任的组织，包括行政机关和法律、法规授权的组织。

（2）行政职能要素。即该行为必须是行使行政职权的行为，而非作为民事主体进行的民事活动。如对造成公路损害的行为,公路管理机构有权依法作出行政处罚决定,也有权作出《公路赔偿通知书》,行政处罚决定属于具体行政行为,而《公路赔偿通知书》则属于按照《公路法》第85条作出的民事行为。

(3)法律效果要素。指该行为必须包括直接或间接影响相对人法律上权利义务的意思表示内容。

(4)外在表现形式。具体行政行为作为行政主体的一种意思表示(语言、文字、符号或行动等),必须用一定形式表现出来,否则无法为外界所认识。法律规定必须有特定方式的,必须采取法定方式来表现。

这四个方面的要件是一个有机联系的整体,若欠缺上述某一构成要件,即可视为该具体行政行为不存在,就不能将其作为行政证据使用。

一般而言,具体行政行为经过审查,只要同时具备以上四个方面的要件,就应认定其效力,便可作为证据使用;但在具体行政行为方面明显存在着重大瑕疵时,应该承认其具有公定力,但不能轻易作为证据使用。什么情况下来怎样判断具体行政行为明显存在着重大瑕疵呢?具体行政行为有以下情形之一,就可认为有明显或重大瑕疵:

(1)行政主体明显越权,超出其管理事项、管辖地域,或者违反法律规定。

(2)行政主体不明确。

(3)内容不明确。

(4)内容事实上不可能实现。如行政机关作出限期改正给予的期限过短,使相对人在规定时间内不可能改正。

(5)具体行政行为赋予行政相对人从事行政许可活动或违反法律禁止性规定。如国土资源部门对当事人在公路建筑控制区内修建建筑物核发了《建设用地许可证》就是违反《公路法》和《公路安全保护条例》规定的行为。

(6)具体行政行为的内容违背社会善良风俗,包括违反社会公德、违反民族特有风俗及社会一般良俗的。

(7)具体行政行为的形式不符合法律规定,应以书面形式而以口头形式作出具体行政行为的,法律要求特定制式或要式而欠缺此形式。如书面具体行政行为无署名或无公印,或对直接关系公共安全、人身健康、生命财产安全的重要设备、设施、产品、物品依法进行检验、检测后应在设备、设施、产品、物品上加贴标签或者加盖检验、检测、检疫印章而没有照此执行,而是发给书面证明的等。

(8)具体行政行为程序上严重违法。包括应由行政相对人申请而缺少申请,或者须经上级部门审批而未审批、具体行政行为未告知行政相对人或缺少相对人受领等。

四、对当事人、利害关系人陈述和证人证言的审查、认定

(一)对证人证言的审查认定

证人证言具有自己的特点,它表现在:

第一,证人作证是由行政执法本身的性质所决定的,任何人和单位只要了解行政执法事实,依法就有作证义务。因此,证人具有不可选择性,不会因与行政执法人、当事人等有利害关

系而回避。

第二，证人证言是证人陈述自身通过亲眼看见、直接观察所了解的事实。

第三，证人证言是证人的思维意识的产物，而这种主观意识要受到人的客观存在的环境和条件的限制或制约。这种制约因素来自多方面，其中包括利诱、威胁、嫉愤、泄愤、嫉妒、复仇、偏见等。这些主、客观因素的干扰或影响，有可能导致证人证言在内容上的不实或半真半假，从而导致证据力的消失或削弱。为此，应当对证人证言加以慎重地审查与认定。

对证人证言的审查认定主要从以下几个方面来进行：

第一，审查判断证人证言的来源。证人证言的来源，主要是指该证人对行政执法事实的了解是其亲眼目睹，还是道听途说。前者属于直接证据，后者属于间接证据（英美法系直接将其称为传闻证言而适用排除规则，将其排除出证据范畴）。对于通过间接方式而获得的证言，在交通运输行政执法中应首先查明证人是在何种情况下获悉的，并尽可能根据该证言对直接感知行政执法事实的人进行调查了解。在证据审查时如果仅有间接方式获得的证言，不应对其进行认定。

第二，审查判断证人是否如实提供证言。即应从主观上查明证人是否有意作伪证。对此，应审查证人是否受当事人或利害关系人的指使、利诱或威胁，对证人证言的收集是否合法，有无采取刑讯、威胁、收买、欺骗等非法手段逼取或者骗取证言的情形。如果存在上述情形或类似情形，有关证人证言将丧失证据资格。

第三，审查判断证人的作证能力。

对于证人证言进行审查最重要之点就在于要审查证人的作证能力。

第四，审查判断证人证言的内容。主要应审查证人证言所表达的内容与行政执法事实有无关联性、有何种关联性以及证人证言与其他证据之间有无矛盾之处、证人证言与行政执法事实之间是否相互吻合、有无矛盾之处。如果证人证言与行政执法事实本身无关联，即使在内容上是符合客观事实的，也无证据价值。当证人证言与其他证据出现矛盾，或者与已发生的事实相抵触时，应结合其他证据相互印证，必要时还可依法补充收集证据。

第五，审查认定证人证言的形成过程，以判断证据力的大小与强弱。即使一个如实提供证言的人，其陈述的内容也有不符合客观事实的可能。这主要是因为，证言的形成过程是一个复杂的、主观能动地反映客观事物的感知、记忆和陈述过程。在其感知阶段，证人在生理、心理、神经、精力上是千差万别的，对事物的感知有的敏感，有的迟钝，有的准确，有的时常发生差错；有的对某一种事物特别敏感，见其所长，而对另一种事物尤感迟钝，见其所短。除了在生理上所固有的感觉器官如大脑、视力、听觉、触觉及神经系统因素外，还与人的社会经历、出身、知识结构等所构成的综合观察、识别能力有很大差别。在记忆阶段，人通过大脑将感知到的客观事物记录、保存下来。但生理学的常识告诉我们，大脑的记忆力是因人而异的。一般而言，人的记忆力与遗传因素、年龄、职业、健康状况具有直接关系。例如，健康的人往往比长期患病的人有更好的记忆能力，年轻人往往比老年人有更好的记忆能力。同时从记忆的方式上而言，凡是采取积极、主动记忆的一般比被动、消极的记忆会更有长久的记性和准确性。另外，某人对客观事物是否保持高度的注意力或者是否努力地进行细心的观察，也对记忆力的长久性与准确性产生很大影响，并且随着时间的推移，人们对某一客观事物的记忆会逐渐淡忘或模糊，这也是属于不以人的意志为转移的客观规律，对此种因素也绝不能忽略。在陈述阶段，它涉及人们相互之间通过语言交流思想的传递系统。因此,证人证言的证据力的大小与强弱也与此阶段具有很大关系,这主要取决于证人对发现的客观事物加以再现的表达能力。这种表达能力与证人的语言文字水平和逻辑思维模式具有密切关系。即凡是语言文字水平较高的证人便能够相对客观、准确地表达行政执法事实情况;凡逻辑思维能力较强的证人便能够按照一定的逻辑顺序、紧扣问题的实质部分,清晰地展现出行政执法事实的原貌,使其证言具有较高的证据价值。否则,证人在作证时语言表达能力差,用词不当,逻辑思维混乱,颠三倒四,必然会导致证言内容的含糊不清,令人费解,将极大地削弱其证据力的强度。

第六,审查认定证人与行政执法的行政相对人、利害关系人与行政执法事实之间是否有利害关系。从广义上而言,这种利害关系包括任职或雇佣关系、亲属关系、朋友关系以及相互敌视的对立关系等。如果存在这类关系,就有可能影响证人证言的客观真实性,以至于削弱证据力的程度。

第七,审查认定证人的品格、操行对其证言是否产生影响。证人的证言从本意上应有助于客观地再现行政执法事实。但是,由于人的社会属性规定了人的这种表达能力往往会受到证人的品格、操行的影响。这种品格和操行是指人所享有的为社会广泛认知的声誉和一贯的处事方式。总体而言,凡是品格、操行一贯优良的人,其证言则具有更大的真实、可靠性;反之,其证言的真实、可靠性较弱,即证据力不强。但是,对此不能绝对化一概而论,必须针对具体情况进行具体的分析、判断,不应以证人的身份、地位、荣誉作为认定其证言证据力的唯一标准。

(二)对当事人(行政相对人)、利害关系人陈述的审查认定

当事人、利害关系人,往往是行政执法事实的实际参与人,他们最了解行政执法事实过程中的基本情况。但是,由于当事人、利害关系人自身与行政执法有直接的利害关系,他们的陈述就不可避免地带有片面性和倾向性,可能会扩大某些对自己有利的事实,还可能会缩小对己不利的事实,甚至有可能提供虚假的陈述;并且,由于受到人本身对事物的感知能力、记忆能力或表述能力的限制,即使其愿意如实陈述有关事实,也未必能够达到一种理想的效果。因此,将当事人、利害关系人的陈述作为证据来使用时,应当谨慎地对其加以审查判断,以决定其是否有证据能力以及证据力的大小与强弱。

对当事人、利害关系人陈述的审查认定主要从以下几个方面进行:

(1)审查当事人、利害关系人是否基于不良动机或目的,提供虚假陈述,以及有无因受到威胁、利诱、欺骗等情况而提供虚假陈述。经审查发现行政相对人(当事人)、利害关系人出于欺骗或受他人威胁、欺诈而违背自己真实意思作出的证据,或与有关人员合谋获取非法利益而作出的证据,都不能作为认定行政执法事实的根据。

(2)审查当事人、利害关系人陈述的具体内容。主要审查当事人、利害关系人陈述与行政执法事实的关系,是否符合行政执法事实所涉及的实体法律规范所包含的事实,有无相互矛盾或可疑之处,是否合情合理等。

(3)审查判断当事人、利害关系人的陈述与其他证据有无矛盾,是否能够互相得以印证。为此,要审查当事人、利害关系人陈述与其所提供的其他证据及整个行政执法中取得的其他证据有无相互抵触和矛盾之处,如有,则应查明产生抵触和矛盾的症结所在,以便决定其证据力的有无及大小与强弱。

五、对鉴定意见的审查认定

鉴定意见是对行政执法中所遇到的专门问题由专门机构、专门人员利用科学技术方法进行鉴别或者判断而得出的结论,它是一种十分重要的行政证据。对鉴定意见进行审查主要从以下几个方面进行:

(1)审查认定鉴定机构、鉴定人是否具有鉴定资格。如果法律、法规、规章对于需鉴定的专门问题规定有法定鉴定机构的,行政执法中遇到此类问题必须交由法定机构内具有鉴定资格的人员进行;行政机关委托鉴定机构进行鉴定,要审查鉴定机构有无对该问题的鉴定资格,鉴定人员有无对该问题的鉴定资格等;由行政机关通过指派鉴定人员的方式或通过聘请具有专门知识的人员方式组织鉴定的,鉴定人员必须具有某一专门研究领域的理论和实践经验,或者说具有解决专门问题所应具备的知识、技能和经验。

(2)审查鉴定人员是否具有依法应该回避的情形。即鉴定人是否为行政执法的当事人、利害关系人或者他们的近亲属,鉴定人员或其近亲属与行政执法有无利害关系。如果鉴定人担任过行政执法的证人或者与行政执法的当事人、利害关系人有其他关系的,可能影响公正地作出鉴定的,其鉴定意见将被视为无效。

(3)审查检材、样本或与鉴定对象有关的其他鉴定材料是否符合法定条件,即是否能够作为有关鉴定意见的基础。只有提供了充分、可靠的鉴定材料才能保障鉴定活动的正常开展。为此,应审查检材的发现、提取、处理、固定的方法是否符合技术规范、技术规程的要求;检材提取的部位是否准确,在储存、传递过程中有无遭到损坏,检材有无变形、伪造及检材在其性状、数量、质量上是否符合有关要求。

(4)审查认定鉴定人员是否受到外界的影响。即鉴定人员有无违反规定接受当事人及其委托人的请客送礼;有无违反规定私自会见当事人、利害关系人的情况;有无徇私、受贿或故意作虚伪鉴定的情况。这是因为,鉴定人主观上所存在的不利因素与客观上存在的缺陷和限制相比更具有危害性。换言之,即便鉴定人在专业知识和技能方面是多么的丰富和高超,其鉴定条件多么优越,其检验是多么充分和可靠,但是如果鉴定人受到外界人为因素的影响,将足以对鉴定意见的客观性、真实性和可靠性造成实质性的危害。因此,在这种情形下,必须否定该鉴定意见的证明效力。

(5)审查认定鉴定人所使用的技术设备是否先进,采取的方法和操作程序是否规范、实用,其技术手段是否有效、可靠。一些科学技术鉴定要求有精密、良好的设备和先进的技术条件,并且要采用最为优良的、实用的科学方法,这是有关鉴定意见是否具有证据力以及证明力强弱的一种特殊要求。

(6)审查认定鉴定人员在检验、检测、检疫的程序规范或者在检验方法上是否符合法定的技术规范、技术规程的要求。

(7)审查认定鉴定意见的论据是否充分,是否提出了论证依据,推论是否合理,论据与结论之间是否存在矛盾。

(8)审查鉴定意见与行政执法的其他证据有无矛盾。行政执法人员对鉴定意见的审查,还可将鉴定意见与行政执法中的其他证据结合起来,一并加以对照、分析和比较。如果鉴定意见与行政执法的其他证据有矛盾,则或者是鉴定意见错误,或者其他证据不实。如果鉴定意见所利用的方法是科学的,检材和样本的数量也是足够的,并经过了充分的检验、通过必要的论证得出该鉴定意见,在这种情况下,一般可认定为其他证据不实,重点应放在排除其他证据上面;如果鉴定条件并不十分好或者检材不充分,或者痕迹模糊,或使用的检验方法陈旧,在这种情况下,若鉴定意见与行政执法的其他证据相矛盾,则鉴定意见有可能会错,应通知原鉴定人员进行补充鉴定,也可以经行政机关负责人批准重新指定、聘用鉴定人员或委托鉴定机构进行鉴定。

(9)审查鉴定意见在形式上是否符合规定要求。应当载明委托人和委托鉴定的事项、向鉴定部门提交的相关材料、鉴定的依据和使用的科学技术手段、鉴定部门和鉴定人鉴定资格的说明,并应有鉴定人的签名和鉴定部门的盖章。通过分析获得的鉴定意见,应当说明分析过程。

(10)鉴定意见与案件事实的关联性问题。

六、勘验笔录和现场笔录的审查认定

勘验笔录和现场笔录是行政机关执法人员在相关人员参与下制作的证据材料,具有很强的证明力,但它也容易出现一些问题。因此行政执法采纳此类证据时应进行严格的审查把关。

对勘验笔录和现场笔录的审查主要从以下几个方面进行:

(一)审查认定勘验、检查及现场笔录在制作上是否符合法定程序

这种审查认定主要包括以下内容:

(1)勘验、检查及现场笔录的制作主体是否符合法律规定,即所谓的主体是否合法。具体而言,应审查进行勘验、检查的行为人所从事的行为是否有法律依据,有无进行勘验、检验的资格,现场笔录是否为具有交通运输行政执法资格的行政执法人员现场制作等。

(2)审查当时是否通知当事人、利害关系人或者其成年家属到场,有无邀请参加人到场。这是决定勘验、检查及现场笔录具有客观、公正性的必要保障。

(3)审查认定勘验、检查人员和现场行政执法人员等行政执法人员和当事人、利害关系人、被邀请参加人是否在笔录上签名或盖章,现场笔录是否经过当事人核实、确认,日期有无错误等。

(二)审查认定笔录中记载内容

审查认定笔录中所记载的现场情况、物品、痕迹等有无受到自然环境或人为的破坏,在人身特征或者生理状态上有无故意制造假象或者伪装的情形,笔录上有无篡改或者伪造的现象发生等。以上情形如发生,将直接影响有关笔录的证明效力。现场笔录应当载明时间、地点和事件等内容,并由执法人员和当事人签名。当事人拒绝签名或者不能签名的,应当注明原因。有其他人在现场的,可由其他人签名。勘验笔录应当记载勘验的时间、地点、勘验人、在场人、勘验的经过和结果,由勘验人、当事人、在场人签名。

(三)审查认定勘验、检查及现场笔录所记载的内容是否具有客观性、完整性和准确性

例如,笔录上所记载的物证、痕迹、场地环境情况等与从现场收集到的实物证据是否吻合;

采用文字记录以及绘图、现场录像、拍照等所反映的行政执法事实的各个部分是否相互照应，有无相互抵触的情形；现场所记录的重要情况有无遗漏之处，所使用的文字表述是否确切，采用数字是否准确无误；笔录所表述的内容有无推测、臆断之嫌。行政执法人员提交的现场制作的笔录是否为事后补救制作等。

（四）审查认定制作勘验、检查及现场笔录的行政执法人员的业务水平与工作态度如何

作为具体的勘验、检查及现场笔录，是制作笔录的行政执法人员的敬业精神、工作态度、业务素质、专业技术水平等情况的综合反映和检验。凡工作勤奋、作风踏实、精益求精、素质优良、技术精湛的行政执法人员所完成的勘验、检查及现场笔录，其客观性、可靠性就会较强，在证据上就会具有令人折服的证据力；反之，如果行政执法人员的业务素质不高、技术能力不强，甚至工作态度粗枝大叶，勘验、检查工作不细心，其反映行政执法事实的真实性、可靠性就会较低，所制作的现场笔录和勘验笔录的证据力就会较弱。

七、视听资料的审查认定

视听资料作为随着现代科学技术的发展应运而生的一种新证据种类，它的最大优势在于能够借助音色、音调、音质、动态连续性的图像等直观、逼真地再现案件事实的原貌。它既可以以持续的图像来显现当事人的行为过程，又能可视地再现在特定环境下人与人、人与物之间的相互关系及客观场景。它本身的记录过程较少地会渗入人的主观因素，因此其客观真实性很强，即该种证据的证据力在正常条件下是相当高的。由于视听资料具有客观性强、可靠性大的本质特点，它可以用来检验和印证其他证据的真实性、可靠性，并且在特定条件下，只要视听资料被认定为行政执法的证据，便可以作为直接认定行政执法事实的根据。但是视听资料也有其固有的缺陷，它对客观物质材料的依赖程度极强，而且在对行政执法收集取得行政证据进行结论性审查前，视听资料在其产生、收集保管过程中容易受到很多人为的或自然因素的影响和侵袭。如人为地利用技术手段对视听资料加以剪辑、拼凑、清洗、插录、复制、拟音灌制、消磁处理等；客观环境、自然因素也会造成音质、图像失真，视听资料自然失效等情况的出现。因此，对视听资料如不进行严格的审查和准确的判断，就不能辨别真伪，也不能确定其与行政执法事实有无关联性，确定与客观实际是否相符，更无从决定其对行政执法事实能否起证明作用以及能起多大的证明作用。所有这些问题的确定都有赖于对视听资料进行全面的审查判断。这种审查判断要根据视听资料的本质属性和基本特点，从以下几个方面进行：

（一）审查视听资料的来源

视听资料的来源不同，其客观真实程度和证明力也就不同。一般来说，交通运输行政执法的证据调查人员收集制作的视听资料的证明力比较强。行政相对人或利害关系人所提供的视听资料客观真实性相对较差；其他国家机关、社会团体、企事业单位通过其安装的专门技术设备取得的视听资料真实性比较强，但与行政执法的关联性较差。如银行安置的监控设备主要是记录营业大厅内、自动存取款机前顾客的活动，对此类视听资料要重点审查其关联性，注意排除与行政执法无关的内容。与行政执法没有利害关系的公民个人包括专门职业者有意或无

意中获得的视听资料,往往带有很大的偶然性和片面性,虽有成为证据的可能性,但整体上的能证性较差。但也不能一概而论,应具体情况具体分析。

审查视听资料来源还要审查制作方式、时间、地点、条件及周边环境。即确认有关视听资料是由何人录制、摄制、输入的,以及制作的具体时间、地点和当时的具体环境状况。

关于以偷拍、偷录、窃听等秘密手段获取证据材料的问题,《最高人民法院关于行政诉讼证据若干问题的规定》明确不得作为定案的证据。但是如果公开拍摄、录音等取得的证据不在此限,例如,道路上的电子眼、超限检测站及银行等设置的监控等拍摄取得的证据不属于偷拍、偷录。交通运输执法人员在有其他见证人情况下拍摄的证据材料,也不属于偷拍、偷录情形。

(二)审查认定视听资料的收集过程

审查视听资料的收集过程中有无违法行为。如对视听资料中有关个人的陈述是否出于自愿或真实的意思表示,有无在刑讯逼供、暴力、威胁、欺骗、引诱下制作的可能;其从事的行为有无受到威逼、胁迫、欺诈等非法行为的影响。

(三)审查视听资料的技术因素

首先要审查获取、储存视听资料的技术设备的性能及其可靠程度;其次审查视听资料的技术形成过程;最后审查制作人的操作技术水平。

(四)审查视听资料所反映的内容的真实可靠性

视听资料是技术设备运行的产物。如果没有经过加工,一般所反映的内容都是客观真实的。但这仅仅是录制或储存过程的客观真实,这种真实是其内容客观真实的前提条件。但录制或储存过程的客观真实,并不能保证视听资料在因主观因素或自然因素影响和侵袭下,其内容仍能保证客观真实没有任何改变。这就要求行政证据审查人员应当运用现代技术方法,必要时还应采用专业技术鉴定作为辅助手段进行审查认定。

(五)审查视听资料所反映的内容与行政执法事实的关联性

视听资料所反映的内容必须与行政执法的事实有某种联系。这种联系的方式和途径是多种多样的,如有的是直接的联系、有的是间接的联系、有的是偶然巧合的联系、有的是固定内在的联系等。因此,需要通过科学分析研究,排除各种矛盾和其他可能性,确定视听资料所反映的事件和行为同行政执法待证事实有无关联,有什么样的关联等。与行政执法事实无关的视听资料,不具有任何证明作用。

在审查视听资料时,除了从以上几个方面进行审查外,还应根据视听资料的特殊性采用适当方法进行审查。这些方法除了遵循一定证据的审查方法外,还要采用更先进、更科学的方法,即运用必要的、先进的科学技术和手段进行审查。目前审查视听资料的方法主要有:检验法、辨别法、鉴定法、对比法等。所谓检验法,是指运用科技及其设备对获得视听资料的装置、设备以及视听资料的技术形成过程进行检验和验证。所谓辨别法,是指仅凭人的视觉和听觉对视听资料所反映的内容进行识别和确认。所谓鉴定法,是指运用技术设备对视听资料所反映的内容真伪进行鉴别。所谓对比法,是指将视听资料放人行政执法的整个证明体系中,分析视听资料与其他证据之间是否一致,与行政执法事实发生的原因、结果、时间、人物、地点有无矛盾,从而对视听资料的真实性进行审查和认定。

总之,视听资料的审查是一项复杂的工作,在审查过程中往往需要综合运用上述方法,去粗取精、去伪存真、由此及彼、由表及里地排除种种矛盾和疑点,方能得出正确的结论。

八、电子数据的审查认定

借鉴刑事诉讼电子数据的有关规定❶,对电子邮件、电子数据交换、网上聊天记录、博客、微博客、手机短信、电子签名、域名等电子数据,应当着重审查以下内容:

(1)是否随原始存储介质移送;在原始存储介质无法封存、不便移动或者依法应当由有关部门保管、处理、返还时,提取、复制电子数据是否由 2 人以上进行,是否足以保证电子数据的完整性,有无提取、复制过程及原始存储介质存放地点的文字说明和签名。

(2)收集程序、方式是否符合法律及有关技术规范;经勘验、检查、搜查等侦查活动收集的电子数据,是否附有笔录、清单,并经执法人员、电子数据持有人、见证人签名;没有持有人签名的,是否注明原因;远程调取境外或者异地的电子数据的,是否注明相关情况;对电子数据的规格、类别、文件格式等注明是否清楚。

(3)电子数据内容是否真实,有无删除、修改、增加等情形。

(4)电子数据与案件事实有无关联。

(5)与案件事实有关联的电子数据是否全面收集。

对电子数据有疑问的,应当进行鉴定或者检验。

经审查无法确定真伪,以及制作、取得的时间、地点、方式等有疑问,不能提供必要证明或者作出合理解释的,不得作为定案的根据。

---

❶ 最高人民法院关于适用《中华人民共和国刑事诉讼法》的解释。

第二编

交通运输行政执法的程序
与文书制作

交通运输行政执法文书与行政程序、证据相互关联，密不可分。行政证据是在行政程序中收集的，执法文书是在行政程序中制作的，同时许多行政证据和执法文书又是证明交通运输执法机关适用法定程序的证据材料，而执法文书本身就是证据，用以反映行政程序的履行情况。本编以交通运输执法的程序讲解执法的文书制作，以及这些文书作为证据的基本要求。

第六章　交通运输行政执法的
程序和文书概述

衡量交通运输执法行为和执法质量的标准,除了事实清楚、证据确凿、定性准确、处罚适当外,还有一点至关重要,那就是程序合法。程序正义是实质(或实体)正义的前提和基础。不能说有了程序上的正义,就一定会实现实体正义。但是没有程序正义,就一定没有实质的正义或者实体的公正。但不可否认的是,实体上出现不公正的案例,多是因程序不公正而引起。交通运输行政执法要坚持以事实为根据、以法律为准绳,确保事实认定符合客观真相、办案结果符合实体公正、办案过程符合程序公正。"正义不仅要实现,而且要以看得见的方式实现",如此,方能让民众从每一项执法活动中感知到公平正义的存在。

一、交通运输行政执法程序

(一)交通运输行政执法程序的概念

行政程序是行政行为实施的步骤、顺序、方式和期限的总和。从静态来看,行政程序是一套规则体系,是维持公平的规则,如行政许可程序、行政处罚程序等,它是为达成某一行政决定、作出行政行为所要经历的步骤、方法和程式;而从动态的角度来看,行政程序无非是一种旨在达成某一行政决定、作出行政行为的过程,它强调的是正当的法律过程。

行政程序由前后相互连接的几个阶段构成,每一阶段都有其相应的任务。在交通运输行政程序中,交通运输执法机关要在当事人及其他参加人的参与下,经过调查收集或审核证据,作出行政决定。因此,典型的交通运输行政程序可分为程序的开始、调查或审查、决定三个阶段。

(二)交通运输行政执法程序的开始

交通运输行政执法程序的开始有两种方式,一种是交通运输行政机关依职权开始,如行政强制程序、行政处罚程序;另一种是依相对人的申请开始,如行政许可程序。

1.依职权开始

行政权属于公权力,交通运输行政机关有权单方面作出决定,尤其是在相对人违反交通运输行政法律规范,危害到社会公益时,交通运输行政机关有权主动启动行政程序。一般情况下,应否启动行政程序、如何具体启动行政程序,属于交通运输行政机关的自由裁量范围,由交通运输行政机关依法确定。如《行政处罚法》第34条规定,行政机关发现公民、法人或者其他组织有依法应当给予行政处罚的行为的,必须全面、客观、公正地调查,收集有关证据。

2. 依当事人的申请开始

法律法规规定交通运输行政机关规定须有当事人申请才能启动行政程序,当事人申请的,交通运输行政机关必须启动行政程序。如《行政许可法》第2条规定,本法所称行政许可,是指行政机关根据公民、法人或者其他组织的申请,经依法审查,准予其从事特定活动的行为。对当事人提出的申请,交通运输行政机关经过审查可依法决定受理或不予受理,或者要求申请人在一定期限内进行补正。

(三)调查或审查程序

调查或审查程序是行政程序的第二阶段,在这一阶段,交通运输行政机关在当事人和其他参加人的参与下,采取一系列调查或审查措施,就其认为必要的事项进行调查,收集证据,认定处理行政事件所依据的事实,并给予当事人主张权利与法律上利益的机会。调查或审查程序启动后,要有两名以上交通运输执法人员实施,并要表明身份。

调查措施主要有以下几种:

1. 检查

检查是交通运输行政机关广泛应用的行政技术,通过检查可以发现或者确定事实的存在、性质和程度。检查的作用在于防止和纠正不符合法律规定的情况、查明是否违反法律规范,以及提供作为采取决定的依据。《行政处罚法》第36条规定,"行政机关发现公民、法人或者其他组织有依法应当给予行政处罚的行为的,必须全面、客观、公正地调查,收集有关证据;必要时,依照法律、法规的规定,可以进行检查。"检查情况应当制作检查笔录。检查笔录由检查人员、被检查人或者见证人签名;被检查人不在场或者拒绝签名的,办案的交通运输执法人员应当在检查笔录中注明。

需要注意的是:交通运输执法人员对机关、团体、企业、事业单位或者公共场所进行日常监督检查,依照有关法律、法规和规章执行,不适用调查程序的有关规定。

2. 询问当事人、证人

证人证言是行政程序中重要的证据。按照现行有关规定,询问一般有以下要求:首次询问违法嫌疑人时,应当问明违法嫌疑人的姓名、出生日期、户籍所在地、现住址、身份证件种类及号码。询问时,应当告知被询问人对询问有如实回答的义务以及对与本案无关的问题有拒绝回答的权利,同时告知违法嫌疑人有依法要求交通运输执法人员有申请回避的权利。询问不满16周岁的未成年人时,应当通知其父母或者其他监护人到场,其父母或者其他监护人不能到场的,可以通知其教师到场。确实无法通知或者通知后未到场的,应当在询问笔录中注明。询问笔录应当交被询问人核对,对没有阅读能力的,应当向其宣读。记录有误或者遗漏的,应当允许被询问人更正或者补充,并要求其在修改处捺指印。被询问人确认笔录无误后,应当在询问笔录上逐页签名或者捺指印。拒绝签名和捺指印的,办案的执法人员应当在询问笔录中注明。询问违法嫌疑人时,应当认真听取违法嫌疑人的陈述和申辩。对违法嫌疑人的陈述和申辩,应当认真核查。

3. 鉴定、检测

为了查明案情,需要对行政案件中有争议的专门性技术问题进行鉴定的,交通运输行政机关应当指派或者聘请具有专门知识的人员进行。应当为鉴定提供必要的条件,及时送交有关检材和比对样本等原始材料,介绍与鉴定有关的情况,并且明确提出要求鉴定解决的问题,但是不得暗示或者强迫鉴定人作出某种鉴定意见。鉴定人鉴定后,应当出具鉴定意见。鉴定意见应当载明委托人、委托鉴定的事项、提交鉴定的相关材料、鉴定的时间、依据和结论性意见等内容,并由鉴定人签名或者盖章。通过分析得出鉴定意见的,应当有分析过程的说明。

关于检测,《公路安全保护条例》第 40 条规定,车辆应当按照超限检测指示标志或者公路管理机构监督检查人员的指挥接受超限检测,不得故意堵塞固定超限检测站点通行车道、强行通过固定超限检测站点或者以其他方式扰乱超限检测秩序,不得采取短途驳载等方式逃避超限检测。

4.证据保全

交通运输行政机关办理行政案件,对与案件有关的需要作为证据的物品,可以依法扣押有关财物。如《行政处罚法》第 37 条规定的证据登记保存,《公路安全保护条例》规定的扣押车辆、工具等。

5.听取当事人意见

行政机关作出决定之前,尤其是在作出不利于当事人的决定之前听取当事人的意见,已作为一项基本制度规定在我国的相关行政法律法规中,如《行政处罚法》第 31 条规定,"行政机关在作出行政处罚决定之前,应当告知当事人作出行政处罚决定的事实、理由及依据,并告知当事人依法享有的权利。"再如,《行政强制法》第 18 条、第 36 条等规定了行政机关在作出行政强制措施、行政强制执行决定之前,应当告知当事人有陈述和申辩的权利,充分听取当事人的意见,对当事人提出的事实、理由和证据,应当进行记录、复核。当事人提出的事实、理由或者证据成立的,行政机关应当采纳。此外,《行政许可法》《行政处罚法》均规定了听证,听证也是听取当事人和利害关系人意见的方式,与一般的陈述申辩相比,由于听证需要消耗大量的人力、物力,影响行政效率,因此我国的听证制度仅限于涉及相对人或其他利害关系人重大利益时才适用。

(四)决定程序

1.行政决定必备的具体内容

(1)做决定的交通运输行政机关的名称。

(2)相对人适当的身份资料,即相对人的姓名、出生年月日、性别、身份证统一号码、住所;如果是法人或其他社会组织的,记载其名称、住所(营业场所)、法定代表人的姓名。

(3)主文。包括决定的内容、认定的事实、适用的法律法规,如果行政决定涉及给付义务或恢复原状,还必须指出履行或恢复的期间。

(4)说明理由,说明作出决定时所考虑的事实上和法律上的理由;对裁量行政行为,还需要说明行使裁量权的着眼点。

(5)不服行政决定的救济方法、期限及受理机关。

2.方式

一般以书面方式作出。

3. 送达

交通运输行政机关作出行政决定送达当事人,其目的在于告知当事人行政决定的内容,以期得到当事人的配合或履行,实现行政行为的目的。行政决定须以一定方式送达当事人,只有送达当事人,行政决定才发生法律效力。《行政处罚法》《交通行政许可实施程序规定》《交通行政处罚程序规定》规定了相应的送达方式,如《行政处罚法》第 40 条规定:"行政处罚决定书应当在宣告后当场交付当事人;当事人不在场的,行政机关应当在 7 日内依照民事诉讼法的有关规定,将行政处罚决定书送达当事人。"如果交通运输行政机关未能将行政决定送达当事人,可能导致当事人或利害关系人无法知悉已经作出的行政决定。《行政诉讼法》第 46 条规定:"公民、法人或者其他组织直接向人民法院提起诉讼的,应当自知道或者应当知道作出行政行为之日起 6 个月内提出。法律另有规定的除外。"并规定"其他案件自行政行为作出之日起超过 5 年提起诉讼的,人民法院不予受理。"交通运输行政机关应当及时送达行政决定,以免行政法律关系长期处于不稳定状态,在较长期限内随时有被诉的风险。

二、交通运输行政执法文书的概念、分类及特点

(一)交通运输行政执法文书的概念

交通运输行政执法文书是交通运输执法机关按照法定的执法程序和执法内容,在交通运输行政执法过程中根据有关法律、法规、规章的规定和实体问题所制作、发布的反映行政执法活动过程和每个环节内容并且具有法律效力或者有法律意义的文件。

(二)交通运输行政执法文书的分类

交通运输行政执法文书按照不同的标准可做以下分类:

(1)按使用对象分为内部文书和外部文书。

内部文书是指交通运输执法机关内部使用,记录内部工作流程,规范执法工作运转程序的文书。包括:立案审批表、案件处理意见书、听证会报告书、结案报告等。

外部文书是指行政执法机关对外使用,对处罚机关和行政相对人均具有法律效力的文书。包括:处罚决定书、询问笔录、现场检查(勘验)笔录、抽样取证凭证、产品确认通知书、证据登记保存清单、登记保存物品处理通知书、查封扣押通知书、解除查封扣押通知书、责令改正通知书、行政处罚事先告知书、听证通知书、听证笔录、行政处罚决定书、送达回证等、案件移送函。

(2)按办案程序分为立案文书、调查取证文书、执行结案文书等。

立案文书,如行政处罚立案审批表、行政强制措施审批表、行政许可受理审批表等。

调查取证文书,如询问笔录、现场检查(勘验)笔录、抽样取证凭证、产品确认通知书、证据登记保存清单、登记保存物品处理通知书、查封(扣押)决定书、查封(扣押)现场笔录、解除查封(扣押)决定书。

审查决定文书,如案件处理意见书、责令改正通知书、违法行为通知书(适用一般案件和听证案件)、行政处罚决定审批表、行政处罚决定书、听证会通知书、听证笔录、行政处罚听证会报告书。

执行结案文书,如送达回证、罚没物品处理记录、行政处罚结案报告、履行行政处罚决定催告书、强制执行申请书、案件移送函。

(3)按照文书的文种不同可以分为行政许可文书、行政强制措施文书、行政处罚文书和行政强制执行文书等。

(4)按照内容不同,交通运输行政执法文书基本分为两类,一类是反映实体事实情况的文书,如《现场笔录》《勘验笔录》等;另一类为反映程序性的文书,即交通运输执法是否符合法定程序,要通过每一个法律文书来反映和证明,如《行政许可受理通知书》表明,交通运输许可机关已经受理申请,即将启动审查程序,同时也确定了许可决定作出的期限;再如《违法行为通知书》既证明交通运输执法机关履行了拟作出行政处罚种类及其事实、理由和依据,也证明依法告知了当事人依法享有的陈述、申辩或要求听证的权利等。执法文书制作的成功与否,核心是其是否能够反映证明对象、法定要素。

(5)按照文书的形式分为格式文书和说理式文书。

格式文书是指按照上级或本级行政机关明确要求的预定格式或文书样式制作的文书,如交通运输部《关于印发交通行政执法风纪等 5 个规范的通知》(交体法发〔2008〕562 号)规定的 36 种法律文书。说理式文书目前主要适用于行政处罚案件,是指将处罚程序、证据与违法事实的论证、定性过程、处罚结果与自由裁量权的适用,详尽地写入处罚文书,以提高适用法律法规的准确性和自由裁量权的合理性的行政处罚文书。

说理式文书要求,一是讲清认定违法事实的事理。案件事实表述应以调查取得的证据为基础,紧扣违法行为的构成要件展开,保证案件事实的针对性和准确性。介绍当事人的基本情况;交代案件来源,使案件的来龙去脉清楚明白;陈述违法事实,在陈述违法事实时,要对当事人何时、何地、何人、从事何类违法活动,行为的具体表现以及涉案标的物数量、金额、违法所得等情况叙述清楚;对当事人从事违法行为的主观意图、所采取的手段、造成的社会后果作出相应表述;列举相关证据。证明违法事实的主要证据,要在行政处罚决定书中逐一详细列举,调查终结报告中还应指出该证据所要证明的事实,保证证据和事实的关联性;说明执法程序。在执法程序中采取强制措施或者经过法定机构鉴定的,应当如实载明。同时,还要写明向当事人告知的事实、理由和依据的时间;当事人有无陈述、申辩或申请听证的情况;当事人提出陈述、申辩或申请听证的,写明陈述、申辩的复核情况或听证情况。

二是讲清适用法律的法理。在认定事实的基础上,对当事人的陈述、申辩意见采信与否的理由应叙述清楚。结合有关法律、法规或规章的具体规定,客观分析当事人的违法性质,对案件性质进行准确定性。案件性质认定要从违法行为的构成要件着手阐明理由。准确引用所适用法律、法规或规章的具体条文的内容,说明当事人的行为具体违反了该法条的什么禁止性、义务性规定,构成什么行为;详细引用与禁则、义务性规定相对应的罚则条文。

三是讲清处罚裁量的情理。在对当事人从事违法行为的主观意图、手段、社会后果客观评价的基础上,对从轻或减轻、从重或加重处罚的情节、理由、法律依据做必要的说明,使自由裁量权的行使合法合理。

四是讲清处罚文书的文理。每一份处罚文书都是论证违法行为的论说文。要求必须做到观点明确、论据充分、论证严谨、逻辑严密、说理透彻。在文字表述上,必须做到用词准确、文理通顺、详略得当。

(三)交通运输行政执法文书的特点

交通运输行政执法文书作为一种公文,从整体上看有以下几方面特点。

1. 法律的约束性

交通运输行政执法文书具有法律约束力。有的文书带有明显的法律效力和处置性,如《交通运输行政处罚决定书》。有的虽然没有直接的法律效力和处置性,但也是对处罚活动的如实记录,具有明显的法律意义,特别是在诉讼过程中其法律意义表现得更为突出。如《询问笔录》《勘验检查笔录》等,就有证据的作用,它虽然不具有独立的法律约束力,但具有重要的法律意义,能起到证明某种法律行为或事实的作用。

正是因为交通运输行政执法文书具有法律约束力,就要求文书必须依法制作。如《交通运输行政执法程序规定》就规定了33种行政执法文书的制作要求。因此,交通运输行政执法机关必须依照有关法规的规定制作交通运输行政执法文书。

此外,在制作文书时,必须履行必要的法律手续,否则文书无效。例如:《询问笔录》必须履行有被询问人签名的手续,才能成为一份有效的文书。再如:《交通运输行政处罚决定书》必须送达当事人才能生效。

2. 内容的规范性

法律法规规章对交通运输行政执法程序的每一步骤都有规范性的要求,作为反映交通运输执法机关执法的程序、证据和适用法律规范形式和载体,交通运输行政执法文书必须符合相应的规范要求,不得随意制作。

(1)对具有法律效力的文书内容的规范。

例如:《行政处罚法》第39条规定,行政机关依照本法的规定给予行政处罚,应当制作行政处罚决定书。行政处罚决定书应当载明下列事项:(一)当事人的姓名或者名称、地址;(二)违反法律、法规或者规章的事实和证据;(三)行政处罚的种类和依据;(四)行政处罚的履行方式和期限;(五)不服行政处罚决定,申请行政复议或者提起行政诉讼的途径和期限;(六)作出行政处罚决定的行政机关名称和作出决定的日期。行政处罚决定书必须盖有作出行政处罚决定的行政机关的印章。

这是一般程序中行政处罚决定书内容的规范。同时《行政处罚法》第34条对简易程序中行政处罚决定书的内容也作出了明确规定。交通运输执法人员在填写制作时必须严格按照《行政处罚法》的规定执行。

(2)法律、法规和规章不仅对有法律意义的文书的内容作出了规范,对具有法律意义的文书的内容也作出了明确的规定。例如:《交通行政处罚程序规定》对《交通违法行为通知书》《交通行政处罚案件听证会报告书》等文书的内容都作出了具体的规定。

(3)法律、法规和规章不仅对每个文书的内容有总的规范要求,而且对文书的每一部分也都有要求写明的必备事项。如当事人的身份情况,就有固定要求写明的事项,包括姓名、性别、年龄、工作单位、职务、住址等情况。

3. 形式的程式性

交通运输行政执法文书是一种程式化的文书。这种程式化的特点主要是由文书的实用性决定的。因为在实际运用文书的一个主要目的是要让文书的接受者(行政管理相对人)尽快地理解文书的主旨,便于文书的尽快实施,所以文书不必要也不应当制作得非常复杂,同时它也要便于执法人员书写。

程式化的特点反映在两个方面:一是结构固定。文书一般都分为首部、正文和尾部三部分。例如:《行政处罚决定书》就是由三部分组成。首部包括标题、案号和当事人的基本情况;正文包括违法事实及陈述申辩或听证情况、理由和处罚决定;尾部包括告知当事人履行处罚决定的期限、方式,不服行政处罚决定、申请复议或者提起诉讼的途径和期限等内容。二是有一部分文字采用程式化的方式行文。特别是那些填空式的文书,大部分文字是事先印好的,成为一种固定的程式,交通运输行政执法文书都采用了这种形式,例如:《交通行政处罚(当场)处罚决定书》《交通违法行为通知书》等都是填空式的文书。

4.文字解释的单一性

交通运输行政执法文书必须具有单一解释性的特点。无论是对情况的说明、对事实的叙述,还是对处理意见的表达都必须只能有一种解释,而不能产生歧义。

三、交通运输行政执法程序、文书和证据

行政证据法与程序法互渗互透、交织,离开证据法的程序法,与离开程序法的证据法,对交通运输行政执法而言,都是难以设想的。现代依法行政要求执法实行证据裁判主义,同时又以司法逻辑三段论为行使行政执法权的基本模型,这就使得证据问题、法律问题与程序问题如水乳般交融于一体,难舍难分。就证据制度而言,其动态面,与程序法合为一体,即便其静态面,也难脱程序法的影响与支配。研究证据制度,必须将它置于程序法的层面,与程序法的构造同步进行。程序法支配着证据法的样态,证据法中的每一个内容设计,都要自觉、不自觉地考虑到程序法的需求与影响。无论是大陆法还是英美法的立法实践都是如此。

行政执法程序本身就包括调查取证程序,如《山东省行政程序规定》专门规定了"调查和取证"。再如德国《行政程序法》规定了代理、回避、证据、听证、阅览卷宗、期间、期日、恢复原状、认证等制度。《交通行政处罚程序规定》规定了交通行政处罚的证据种类及收集证据的程序。交通运输行政执法证据是在执法程序中取得的,按照现行法律法规的规定,违反法定程序收集的证据属于无效证据。交通运输行政执法程序和核心就是查明事实、适用法律的过程,而查明事实的过程就是收集证据的过程。文书本身就是行政程序中制作的,作为证明事实和履行法定程序的证据。所以交通运输行政执法程序、文书和证据是有机统一的整体。

《行政诉讼法》第35条规定:"在诉讼过程中,被告及其诉讼代理人不得自行向原告、第三人和证人收集证据。"该规定实际涉及了行政执法案卷制度,体现了案卷主义原则的精神。所谓行政执法案卷制度,是行政主体在作出行政行为前通过调查、鉴定、听取陈述申辩或举行听证等取得和相对人用以证明待证事实的各种记录、陈述意见、鉴定意见、证人证言、物证等证据,以及行政程序中所依据或收到的各种法律文书按照一定的顺序组成案卷,行政主体的行政行为只能以该案卷为依据作出,卷外证据不能作为行政行为的根据。因此,交通运输行政机关所作的行政许可、行政强制、行政处罚等行为不仅要依法收集证据,而且要按照有关规定制作文书,并做好文书的归档工作。

第七章　交通运输行政许可程序及文书制作

交通运输行政许可程序包括申请、受理、审查和决定四个主要程序，其中每一个程序中又包括若干子程序。

第一节　申请程序及文书

一、申请程序

行政许可是一种依申请所为的具体行政行为。一般情况下，行政许可只能依当事人的申请而发生，行政主体不能主动作出。无申请，即无行政许可。这是行政许可的基本原则。

交通运输行政许可申请程序因申请人行使自己的申请权而开始。申请行为必须符合以下要件：

一是申请行为必须向有许可权的交通运输执法机关提出，而且应当向许可机关提交《交通行政许可申请书》。《行政许可法》第29条规定："公民、法人或者其他组织从事特定活动，依法需要取得行政许可的，应当向行政机关提出申请。"（适用文书见《交通行政许可申请书》）

二是申请人必须依照法定方式提出。《行政许可法》第29条规定："申请人可以委托代理人提出行政许可申请。但是，依法应当到行政机关办公场所提出行政许可申请的除外。行政许可申请可以通过信函、电报、电传、传真、电子数据交换和电子邮件等方式提出。"委托代理人提出行政许可申请的，代理人应当向许可机关提供《授权委托书》（适用文书见《授权委托书》）。

三是申请人必须提交法律法规规定的有关材料。《行政许可法》第31条规定："申请人申请行政许可，应当如实向行政机关提交有关材料和反映真实情况，并对其申请材料的真实性负责。"如《路政管理规定》规定，因修建铁路、机场、电站、通信设施、水利工程和进行其他建设工程需要占用、挖掘公路或者使公路改线的，建设单位应当按照《公路法》第44条第2款的规定，事先向交通运输主管部门或者其设置的公路管理机构提交申请书和设计图。申请书的主要内容包括：主要理由；地点（公路名称、桩号及与公路边坡外缘或者公路界桩的距离）；安全保障措施;施工期限;修复、改建公路的措施或者补偿数额。

同时,交通运输执法机关有为申请人的申请行为提供方便的义务。《行政许可法》第29条规定:"申请书需要采用格式文本的,行政机关应当向申请人提供行政许可申请书格式文本。"

二、交通运输行政许可文书制作

(一)《交通运输行政许可申请书》制作

1.适用情形

该文书是公民、法人或者其他组织向交通运输行政许可机关提出行政许可事项适用的格式文本。

2.填写内容及相关注意事项

(1)关于申请人。交通运输行政许可的申请人既可能是公民,也可能是法人或者其他组织,但需要注意的是,在涉路施工许可方面,按照《公路法》和《公路安全保护条例》的规定,涉路施工的申请人应当为建设单位。一般情况下建设单位和施工单位是不同的,建设单位为业主,是涉路施工工程的投资方,对该工程拥有产权;施工单位是由相关专业人员组成的、有相应资质,由建设单位按照规定选择完成涉路施工工程的单位。法律法规规定涉路施工的申请人应当为建设单位,既考虑了产权关系,也考虑了涉路施工工程形成后的管理和维护。按照我国的有关法律规定,物的所有人对该物有管理维护的义务。由于涉路施工工程形成与公路的相邻关系,涉路施工工程直接影响公路的安全运行,所以申请人只能是建设单位。

为证明申请人的身份,应当附有申请人身份证明,作为企业的,应当附有工商登记方面的证明;作为事业单位,应当附有事业单位事业单位法人证书;作为公民,应当附有身份证。

(2)关于委托代理人。此处的委托代理是指代理人受交通运输行政许可申请人的委托,在委托代理权限内,以申请人名义办理该行政许可申请事项的活动。在"委托代理人"一栏中填写委托代理人的姓名,且应当附有授权委托书。

(3)关于"申请的交通行政许可事项及内容"。申请人可按照交通运输行政许可机关公示的许可事项名称填写。

(4)关于"申请材料目录"。所填写内容为相关专业法律法规规定的,申请人申请某一行政许可事项所有的提交的材料,主要有两类:一是证明申请人的身份的材料;二是法律法规规定的证明申请人符合法定条件的材料,如《道路旅客运输及客运站管理规定》第14条规定的材料,该材料主要用于证明申请人符合《道路旅客运输及客运站管理规定》第10条规定的条件及申请人的身份的材料;再如《公路安全保护条例》28条规定的材料。

(5)申请日期、申请人签字或盖章。申请日期以当日的申请时间为准;签字或盖章应当与申请人名称一致,委托代理的,由代理人签字,但签章应当为申请人的公章。

《交通运输行政许可申请书》样式,见图7-1。

交通运输行政许可申请书

申请人（及法定代表人）名称		申请人联系方式	电话	
			手机	
申请人住址及邮政编码			E-mail	
			传真	
委托代理人的姓名及联系方式				
申请的交通行政许可事项及内容				
申请材料目录				
申请日期	年　月　日	申请人签字或盖章		

注:1.本申请书由交通行政许可的实施机关负责免费提供;

2.申请人应当如实向实施机关提交有关材料和反映情况,并对申请材料实质内容的真实性负责。

图 7-1　交通运输行政许可申请书

（二）《授权委托书》制作

1.适用情形

《授权委托书》适用于委托代理,在交通运输行政许可中,委托代理是基于行政许可申请人的委托而发生代理权的代理。一般情况下交通运输行政许可的委托代理为职务代理,即单位的法定代表人委托本单位的工作人员以本单位名义申请行政许可。广而言之,《授权委托书》也适用于当事人委托代理人处理行政处罚、行政强制等事项的活动中。

2.填写内容及相关注意事项

（1）"委托人"一栏中填写行政许可申请人的姓名或名称,写明委托人的姓名,委托人为单位的,写明单位名称(全称)。委托人为公民的,填写"身份证号码",委托人为法人或其他组织的,无需填写。

（2）"受委托人"一栏中,填写代理人的姓名。

（3）关于委托事项和委托权限。从代理的事项方面,可区分为一般代理和特别代理。一般代理是指对代理权限没有特别限定的代理。特别代理限定于某一特定法律行为的代理。本文书适用于委托代理人办理行政许可方面的事宜,所以属于特别代理。

《授权委托书》样式,见图 7-2。

授 权 委 托 书

委托人：_____

地址：_____

邮编：_____联系电话：_____

身份证号码（个人）：_____

法定代表人（单位负责人）：_____职务：_____

受委托人：_____

身份证号码（个人）：_____

现委托_____作为代理人办理_____

行政许可事宜。委托权限如下：

1._____

2._____

3._____

4._____

委托人：（签章）

年　　月　　日

图 7-2　授权委托书

第二节　许可受理程序及文书制作

一、许可受理程序

收到申请人提出的行政许可申请后，交通运输许可机关应当对其形式要件进行审查，以决定是否受理。主要审查的对象是申请人是否提交了符合规定种类、数量、形式的申请材料，一般不对其实质内容进行审查。但是，基于便民原则，一些简单事项，交通运输许可机关可以当场决定的，也可以进行实体审查，并当场作出决定。例如，农机具铁轮车、履带车需要在公路上行驶的许可申请，就可以现场审查，并作出许可决定。

交通运输许可机关收到行政许可申请后，区别不同情况决定是否予以受理：

（1）对申请事项依法不需要取得许可的，应当及时告知申请人不予受理，并向申请人出具《交通运输行政许可申请不予受理决定书》。

（2）对申请事项依法不属于本机关职权范围的，应当及时作出不予受理的决定（文书见《交通运输行政许可申请不予受理决定书》），并告知申请人向有权的机关申请。

（3）对申请材料存在可以当场更正的错误的，应当允许其当场更正。

（4）对申请材料不齐全或者不符合法定形式的，应当当场或者在 5 个工作日内一次性书面告知申请人需要补充的全部内容，并向申请人出具《交通运输行政许可申请补正通知书》；

逾期不告知的,自收到申请材料之日起即为受理。

(5)对申请事项属于本机关职权范围,申请材料齐全、符合法定形式,或者申请人按照本机关的要求提交全部补正申请材料的,应当受理行政许可申请,应当出具《交通运输行政许可申请受理通知书》。

二、交通运输许可相关文书制作

(一)《交通运输行政许可不予受理决定书》的填写

(1)适用情形。对申请事项依法不需要取得许可或者申请事项依法不属于本机关职权范围的事项。

(2)主送单位(公民)为《交通运输行政许可申请书》记载的申请人。

(3)"提出申请的时间"、"申请事项"应当与《交通运输行政许可申请书》记载的时间一致。

(4)对申请事项依法不需要取得许可的,在该告知事项前的□中画√;对申请事项依法不属于本机关职权范围的,在该告知事项前的□中画√,并告知申请人向有权许可机关的具体名称。

(5)"复议机关"的填写:对县级以上交通运输主管部门作出不予受理决定的,按照《行政复议法》第 12 条的规定,填写该部门的本级人民政府或上一级交通运输主管部门;对公路管理机构、道路运输管理机构、海事管理机构等法律法规授权的组织作出不予受理决定的,按照《行政复议法》第 15 条第 1 款第 3 项的规定,填写直接管理该组织的交通运输主管部门。

(6)需要注意的是,修订后的《行政诉讼法》对起诉期限作出修改,期限应当填写为 6 个月。

(7)应当出具加盖本机关专用印章和注明日期的书面凭证。

《交通运输行政许可不予受理决定书》式样,见图 7-3。

交通运输行政许可不予受理决定书

编号:

_____ :

　你于　　年　月　日提出_____申请。

　经审查:

　□申请事项依法不需要取得行政许可。

　□该申请事项不属于本行政机关职权范围,建议向_____

_____提出申请。

　根据《行政许可法》第三十二条规定,决定对你提出的申请不予受理。

　申请人如对本决定不服,可以在收到本决定书之日起 60 日内向_____

_____申请复议,也可以在收到本决定书之日起六个

月内直接向人民法院提起行政诉讼。

　特此通知。

交通运输行政许可机关(印章)

年　　月　　日

图 7-3　交通运输行政许可不予受理决定书

（二）《交通运输行政许可申请补正通知书》的填写

（1）适用情形。本文书适用于申请人向交通运输行政许可机关提出申请后，实施机关对申请人提交的全部材料进行形式审查后（审查的对象是申请人是否提交了符合规定数量、形式的申请材料），发现申请材料不符合规定数量、形式，且申请人当场不能补全或更正时，交通运输行政许可机关告知申请人时使用的文书。

（2）主送单位（公民）为《交通运输行政许可申请书》记载的申请人。

（3）"提出申请的时间"、"申请事项"应当与《交通运输行政许可申请书》记载的时间一致。

（4）"补正"栏要对照法律、法规、规章❶规定需要提交的材料，明确提出需要补正的材料。

（5）应当出具加盖本机关专用印章和注明日期的书面凭证。

《交通行政许可申请补正通知书》式样，见图7-4。

交通行政许可申请补正通知书

编号：

_____：

你于　　年　月　日提出_____申请。

根据《行政许可法》第三十二条第一款第（四）项的规定，请你对申请材料作如下补正：

1. _____

2. _____

3. _____

4. _____

5. _____

请你（单位）字收到本通知之日起5日内补齐全部材料，逾期视为放弃本次申请。

特此通知。

交通运输行政许可机关（印章）

年　　月　　日

图7-4　交通行政许可申请补正通知书

（三）《交通行政许可申请受理通知书》的填写

（1）适用情形。本文书适用于申请人向交通运输行政许可机关提出申请后，实施机关认为申请事项属于本机关职权范围，申请材料齐全、符合法定形式，或者申请人按照本机关的要求提交全部补正申请材料的，应当受理行政许可申请时，告知申请人的文书。

（2）主送单位（公民）为《交通运输行政许可申请书》记载的申请人。

---

❶许多法律法规规定了交通运输行政许可的项目，但未规定具体的许可条件和向行政机关提交的材料，而是规章作出了规定。

（3）"提出申请的时间"、"申请事项"应当与《交通运输行政许可申请书》记载的时间、事项一致。

（4）应当出具加盖本机关专用印章和注明日期的书面凭证。

《交通行政许可申请受理通知书》式样，见图7-5。

交通行政许可申请受理通知书

编号：

_____：

    你于   年 月 日提出_____申请。

    经审查，该申请事项属于本机构职责范围，申请材料符合法定的要求和形式，根据《行政许可法》第三十二条的规定，决定予以受理。

                     交通运输行政许可机关（印章）

                      年   月   日

图7-5　交通行政许可申请受理通知书

第三节　许可审查程序及文书制作

一、许可审查程序

交通运输许可机关受理行政许可申请后，即进入行政许可的审查阶段。受理行政许可后，应当依照法定条件和标准对申请人是否具备取得行政许可的要件进行审查，审查申请人提供的材料所反映的事实是否与设定行政许可的法律、法规相一致。

行政许可的审查一般是书面审查，即审查申请人提交的书面材料。但是，交通运输行政许可千差万别，需要根据其内在的性质规定相应的特别审查程序。主要有以下几种情况：

依照法律、法规和规章的规定，需要对申请材料的实质内容进行核实的，应当审查申请材料反映的情况是否与法定的行政许可条件相一致。实施实质审查，应当指派两名以上工作人员进行。可以采用以下方式：

（1）当面询问申请人及申请材料内容有关的相关人员。

（2）根据申请人提交的材料之间的内容相互进行印证。

（3）根据行政机关掌握的有关信息与申请材料进行印证。

（4）请求其他行政机关协助审查申请材料的真实性。

（5）调取查阅有关材料，核实申请材料的真实性。

（6）对有关设备、设施、工具、场地进行实地核查。现场核查。对一些涉物的行政许可，交通运输许可机关在审查过程中还应该实地核查申请材料反映的事实与实际情况是否一致。如路政行政许可中的平交道口的设立、非公路标志的设立等申请，一般情况下，路政执法人员需要现场对有关情况进行核实和验证。

（7）依法进行检验、勘验、监测。对一些专业性强的行政许可，交通运输许可机关还应当指定工作人员或邀请专家依据技术标准、技术规范，对申请人是否具备法定条件进行审查。如对因修建铁路、机场、电站、通信设施、水利工程和进行其他建设工程需要占用、挖掘公路或者使公路改线的许可以及因抢险、防汛需要在大中型公路桥梁和渡口周围200米范围内修筑堤坝、压缩或者拓宽河床许可的申请事项，因涉及公路设施的安全，交通运输主管部门或公路管理机构应当邀请符合法定条件的专家进行审查。实施机关作出行政许可决定，依照法律、法规和规章的规定需要听证、招标、拍卖、检验、检测、检疫、鉴定和专家评审的，所需时间不计算在本条规定的期限内。实施机关应当向申请人送达《交通行政许可法定除外时间通知书》。

（8）听取利害关系人意见。根据《行政许可法》的规定，交通运输许可机关对行政许可申请进行审查时，对于法律、法规规定，需要征得其他部门同意的，还需要征求该部门的同意，如不同意，则不能作出许可从事某项活动许可。发现行政许可事项直接关系他人重大利益的，应当告知该利害关系人、申请人，向该利害关系人送达《交通行政许可征求意见通知书》。利害关系人有权进行陈述与申辩。交通运输许可机关应当听取申请人、利害关系人的意见。例如，公路两侧建筑控制区内架设、埋设管杆线等设施，以及在公路用地范围内架设、埋设管（杆）线、电缆等设施的许可事项，公路两侧建筑控制区土地的使用权人并非公路管理机构，在建筑控制区架设、埋设管杆线等设施可能影响到该土地使用权人的利益，因此公路管理机构应当告知相关利害关系人进行陈述申辩，交通运输执法机关应当听取他们的意见。再如，对在收费公路上涉路施工、设置非公路标志许可申请，公路管理机构应当征求收费公路经营管理者的意见。

（9）征得其他行政机关的同意。在交通运输法律法规的规定中，对有些行政许可事项，要求交通运输许可机关在作出行政许可决定前，征得有关行政机关的同意，如《公路法》第44条规定，因修建铁路、机场、电站、通信设施、水利工程和进行其他建设工程需要占用、挖掘公路或者使公路改线的，建设单位应当事先征得有关交通主管部门的同意；影响交通安全的，还须征得有关公安机关的同意。再如《公路安全保护条例》第28条规定，对涉路施工许可，影响交通安全的，应当征得公安机关交通管理部门的同意。

（10）举行听证。交通运输行政许可听证是指行政机关作出影响申请人和其他利害关系人权益的决定之前，依法应当告知其有获得听证的权利。听证程序是交通运输行政许可程序的特别程序。

①交通运输行政许可听证的适用范围。

按照《行政许可法》的规定，交通运输行政许可听证有两种情况：一是法律、法规、规章规定实施行政许可应当听证的事项，或者交通运输许可机关认为需要听证的其他涉及公共利益的重大行政许可事项，交通运输许可机关应当在作出交通行政许可决定之前，向社会发布《交通行政许可听证公告》，公告期限不少于10日。二是行政许可直接涉及申请人与他人之间重大利益关系的，交通运输执法机关在作出行政许可决定前，应当告知申请人、利害关系人享有要求听证的权利，并出具《交通行政许可告知听证权利书》；申请人、利害关系人在被告知听证权利之日起5日内提出听证申请的，交通运输许可机关应当在20日内组织听证。

②交通运输行政许可听证的程序。

A.交通运输许可机关应当于举行听证的7日前将举行听证的时间、地点通知申请人、利害关系人,必要时予以公告。

B. 听证应当公开举行。

C. 交通运输许可机关应当指定审查该行政许可申请的工作人员以外的人员为听证主持人,申请人、利害关系人认为主持人与该行政许可事项有直接利害关系的,有权申请回避。

D. 举行听证时,审查该行政许可申请的工作人员应当提供审查意见的证据、理由,申请人、利害关系人可以提出证据,并进行申辩和质证。

E. 听证应当制作笔录,听证笔录应当交听证参加人确认无误后签字或者盖章。交通运输许可机关应当根据听证笔录,作出行政许可决定。

③听证应当制作听证笔录。

(11)召开专家评审会议审查申请材料的真实性。

按照《行政许可法》第45条的规定,依法需要专家评审的,所需时间不计算在规定的期限内。《交通行政许可实施程序规定》第13条规定,要召开专家评审会议审查申请材料的真实性。综上,对行政许可中涉及的重大技术问题,交通运输许可机关可以决定进行专家评审。如对《公路安全保护条例》第28条规定的申请人就涉路施工提交的材料的审查,涉及公路安全、完好、畅通重大事项的,应当召开专家评审会议审查申请材料的真实性。

二、交通运输许可审查程序相关文书制作

(一)《交通行政许可征求意见通知书》及《交通行政许可征求意见函》的制作

本文书适用于交通运输行政许可机关在受理申请人的申请事项后,在对申请材料审查过程中,对法律法规规定需要征求利害关系人、发现行政许可事项直接关系他人重大利益,或者依法应当征得其他行政机关同意,按照《行政许可法》及其他法律法规的规定,通知前述有关单位或个人就申请许可的事项有权提出意见的文书。

1. 关于《交通行政许可征求意见通知书》

(1)适用范围

本文书适用于交通运输行政许可机关在受理申请人的申请事项后,在对申请材料审查过程中,对法律法规规定需要征求利害关系人或者行政许可事项直接关系他人重大利益的利害相关人,按照《行政许可法》及其他法律法规的规定,通知前述有关单位或个人就申请许可的事项有权提出意见的文书。

(2)具体填写

①主送一栏填写"法律法规规定需要征求利害关系人、发现行政许可事项直接关系他人重大利益的利害相关人"的名称或名字。

关于利害关系人,一般认为是权益受到行政行为侵害的直接当事人,是相对于行政许可主体、行政许可申请人之外独立的权利主体。利害关系人有着独立的权益、价值取向以及对自身权利的保护要求,同样承担着一定的社会责任和义务。利害关系人可以是公民、法人或其他组织,也可能是一定数量的公民、法人或其他组织。利害关系人一般由法律法规作出规定,例如《公路安全保护条例》第28条规定:"公路管理机构应当自受理申请之日起20日内作出许可

或者不予许可的决定;……涉及经营性公路的,应当征求公路经营企业的意见。"此外,交通运输许可机关也可以根据许可事项的实际确定,笔者认为,可参照《最高人民法院关于执行〈中华人民共和国行政诉讼法〉若干问题的解释》第13条关于"与行政行为有利害关系"的规定。该解释规定了四种情况:一是被诉的具体行政行为涉及其相邻权或者公平竞争权的;二是与被诉的行政复议决定有法律上利害关系或者在复议程序中被追加为第三人的;三是要求主管行政机关依法追究加害人法律责任的;四是与撤销或者变更具体行政行为有法律上利害关系的。参照该解释规定的情况,交通运输许可机关可考虑将以下两种情况的公民、法人或其他组织作为利害关系人:一是行政许可事项涉及其相邻权或者公平竞争权的;二是与撤销或者变更具体行政行为有法律上利害关系的。

②申请人一栏填写为《交通运输行政许可申请书》记载的申请人。

③提出的指向一栏填写为《交通运输行政许可申请书》记载的行政许可申请事项。

④本机关地址一栏填写许可机关的名称。

⑤联系人及联系方式一栏填写承办本许可事项的执法人员及联系地址和联系方式。

⑥申请书及必要的相关申请材料,是指申请事项直接涉及他人重大利益的相关复印件及有关说明。

《交通行政许可征求意见通知书》式样,见图7-6。

交通行政许可征求意见通知书

编号:

_____:

　　(申请人)_____于_____

年____月____日提出_____

_____的申请。经审查,该申请事项可能与你(单位)有直接重大利益关系。根据《中华人民共和国行政许可法》第三十六条的规定,现将该申请事项告知你(单位)。请于接到该通知书之日起3日内提出意见。逾期未提出意见的,视为无意见。

　　本机关地址_____

　　联系人及联系方式_____

　　特此告知。

附:申请书及必要的相关申请材料(复印件)

交通运输行政许可机关(印章)

年　　月　　日

图7-6　交通行政许可征求意见通知书

2.关于《交通行政许可征求意见函》

(1)适用范围

本文书适用于交通运输行政许可机关在受理申请人的申请事项后,该事项依法应当征得其他行政机关同意,按照法律法规的规定,通知有关行政机关就申请许可的事项提出意见的文书。

(2)具体填写

①主送一栏填写"依法应当征得其他行政机关同意"的名称,例如,《公路安全保护条例》第36条规定:"公路超限运输影响交通安全的,公路管理机构在审批超限运输申请时,应当征求公安机关交通管理部门意见。"再如,《中华人民共和国道路运输条例》第10条规定,"对从事跨省、自治区、直辖市行政区域客运经营的申请,有关省、自治区、直辖市道路运输管理机构依照本条第二款规定颁发道路运输经营许可证前,应当与运输线路目的地的省、自治区、直辖市道路运输管理机构协商"。

②申请人一栏填写为《交通运输行政许可申请书》记载的申请人。

③提出的指向一栏填写为《交通运输行政许可申请书》记载的行政许可申请事项。

④本机关地址一栏填写许可机关的名称。

⑤联系人及联系方式一栏填写承办本许可事项的执法人员及联系地址和联系方式。

⑥申请书及相关申请材料,是指申请事项直接涉及其他行政机关管理事项的相关复印件及有关说明。

《交通行政许可征求意见函》式样,见图7-7。

交通行政许可征求意见函

编号：

_____：

　(申请人)　　　　　　　　　　于_____

年____月____日提出_____

_____的申请。经本机关审查,该许可事项_____

_____,按照____的规定应当征得你机关的同意。根据《中华人民共和国行政许可法》第三十六条的规定,现将该申请人申请该许可事项的材料随函送交你机关。请于接到函件之日起7日内提出意见。逾期未提出意见的,视为同意。

　　本机关地址_____

　　联系人及联系方式_____

　　特此告知。

附:申请书及相关申请材料(复印件)

交通运输行政许可机关(印章)

年　　月　　日

图7-7　交通行政许可征求意见函

(二)《延长交通行政许可期限通知书》的制作

1.适用情形

本文书是交通运输行政机关正式受理申请人的许可申请后,在法定许可期限到期之前,由于在规定期限内不能作出行政许可决定,经交通运输行政机关负责人批准,告知当事人使用的文书。

2.具体填写

(1)主送一栏填写为《交通运输行政许可申请书》记载的申请人。

(2)"提出申请的时间"、"申请事项"应当与《交通运输行政许可申请书》记载的时间、事项一致。

(3)"延长期限的理由"可填写"申请事项情况复杂"、"需要征求有关利害关系人"意见等不能作出行政许可决定的客观事由。

《延长交通行政许可期限通知书》式样,见图7-8。

延长交通行政许可期限通知书

编号:

_____:

  你于_____年___月___日提出_____

_____申请,已于_____年___月___日受理。由于_____

_____

原因,二十日内不能作出行政许可的决定。根据《中华人民共和国行政许可法》第四十二条的规定,经本行政机关负责人批准,审查期限延长十日,将于_____年___月___日前作出决定。

  特此通知。

交通运输行政许可机关(印章)
年 月 日

图7-8 延长交通行政许可期限通知书

(三)《交通行政许可期限法定除外时间通知书》的填写

1.适用情形

本文书是交通运输行政机关正式受理申请人的许可申请后,依法进行招标、拍卖、检验、检测、鉴定和专家评审的,将所需时间书面告知申请人所使用的文书。

2.法律依据

《行政许可法》第45条关于"行政机关作出行政许可决定,依法需要听证、招标、拍卖、检验、检测、检疫、鉴定和专家评审的,所需时间不计算在本节规定的期限内。行政机关应当将所需时间书面告知申请人。"的规定。在交通运输行业,法律法规有此类明确规定的有:《道路运输条例》规定的同一线路有3个以上申请人时,可以通过招标的形式作出许可决定;《公路安全保护条例》规定的公路管理机构审批超限运输申请,应当根据实际情况勘测通行路线等。

3.具体填写

(1)主送一栏填写为《交通运输行政许可申请书》记载的申请人。

（2）"提出申请的时间"、"申请事项"应当与《交通运输行政许可申请书》记载的时间、事项一致。

（3）法定除外期限需要注明法定事由和依据，法定除外期限应当写明所依据的法律法规的全称及具体条、款、项。例如，公路管理机构审批超限运输申请，需要勘测通行路线，即可填写根据《公路安全保护条例》第 37 条第 1 款规定。

（4）在选择项中，根据适用情况情形前括号内画"√"，并填写相关内容。

《交通行政许可期限法定除外时间通知书》式样，见图 7-9。

交通行政许可期限法定除外时间通知书

编号：

_____：

你于_____年___月___日提出_____申请，已于_____年___月___日受理。根据_____

_____的规定，需要：

（　）1. 听证，所需时间为_____

（　）2. 招标，所需时间为_____

（　）3. 拍卖，所需时间为_____

（　）4. 检验，所需时间为_____

（　）5. 检测，所需时间为_____

（　）6. 检疫，所需时间为_____

（　）7. 鉴定，所需时间为_____

（　）8. 专家评审，所需时间为_____

（　）9._____，所需时间为_____

根据《中华人民共和国行政许可法》第四十五条的规定，上述所需时间不计算在规定的期限内。特此通知。

交通运输行政许可机关（印章）

年　　月　　日

注：根据上述 9 种不同情况，在符合的情形前括号内画"√"，第 9 种需要根据具体情况及法律法规的规定填写。

图 7-9　交通行政许可期限法定除外时间通知书

(四)《交通行政许可听证公告》的填写

1. 适用情形

本文书是交通运输行政机关正式受理申请人的许可申请后，经审查发现该申请事项依法应当听证或认为需要听证，且在不涉及国家秘密、商业秘密和个人隐私的情况下，向社会公告举行听证使用的文书。

2. 具体填写

(1)听证的事由主要填写行政许可的有关情况,申请人为《交通运输行政许可申请书》记载的申请人。"提出申请的时间"、"申请事项"应当与《交通运输行政许可申请书》记载的时间、事项一致。

(2)在选择项中,根据适用情况情形前括号内画"√",并填写相关内容。

(3)被告知人为不特定的公民、法人或者其他社会组织,注明要求参加行政许可听证的截止时间。

(4)本机关地址一栏填写许可机关的名称。

(5)联系人及联系方式一栏填写承办本许可事项的执法人员及联系地址和联系方式。

《交通行政许可听证公告》式样,见图7-10。

交通行政许可听证公告

编号：

_____：

_____于_____

年____月____日提出_____

_____

的申请。经审查,该申请事项属于:

(　　)1. 根据法律、法规、规章规定应当听证的事项;

(　　)2. 本机关认为该申请事项涉及公共利益,需要听证。

根据《中华人民共和国行政许可法》第四十六条的规定,拟举行听证,请要求听证的单位或者个人于_____年____月____日前向本机关登记,并提供联系电话、通信地址、邮政编码。逾期无人提出听证申请的,本机关将依法作出交通行政许可决定。

本机关地址_____

联系人及联系方式_____

特此公告。

交通运输行政许可机关(印章)
年　　月　　日

注:根据上述两种不同情况,在符合的情形前括号内画"√"。

图7-10　交通行政许可听证公告

(五)《交通行政许可告知听证权利书》的填写

1. 适用情形

本文书是交通运输许可机关正式受理申请人的许可申请后,经审查发现该申请事项与他人之间存在重大利害关系,依法应当听证或认为需要听证,且在不涉及国家秘密、商业秘密和个人隐私的情况下,告知利害关系人有要求举行听证的权利而使用的文书。

2. 法律依据

《行政复议法》第 46 条法律、法规、规章规定实施行政许可应当听证的事项,或者行政机关认为需要听证的其他涉及公共利益的重大行政许可事项,行政机关应当向社会公告,并举行听证。

第 47 条行政许可直接涉及申请人与他人之间重大利益关系的,行政机关在作出行政许可决定前,应当告知申请人、利害关系人享有要求听证的权利;申请人、利害关系人在被告知听证权利之日起五日内提出听证申请的,行政机关应当在 20 日内组织听证。

3. 具体填写

(1)被告知人为与申请事项有利害关系的公民、法人或者其他社会组织以及申请人。

(2)听证的事由主要填写行政许可的有关情况,"申请人"为《交通运输行政许可申请书》记载的申请人。"提出申请的时间"、"申请事项"应当与《交通运输行政许可申请书》记载的时间、事项一致。

(3)注明要求参加行政许可听证的截止时间。

(4)本机关地址一栏填写许可机关的名称。

(5)联系人及联系方式一栏填写承办本许可事项的执法人员及联系地址和联系方式。

需要注意的是:《行政诉讼法》第 25 条规定,"行政行为的相对人以及其他与行政行为有利害关系的公民、法人或者其他组织,有权提起诉讼。"所以,属于应当听证的,交通运输许可机关应当履行听证的有关程序。本文书应当根据利害关系人的人数分别制作,每件一式两份,一份送利害关系人,一份存档,作为履行听证程序的证据。

《交通行政许可告知听证权利书》式样,见图 7-11。

交通行政许可告知听证权利书

编号:

_____:

　(申请人)_____ 于 _____

年____月____日提出 _____

_____ 的申请。经审查,该申请事项可能与你(单位)有重大利益关系。根据《中华人民共和国行政许可法》第四十七条的规定,现将该申请事项告知你(单位),你(单位)可以要求对此申请举行听证。接到该通知书之日起 5 日内如未提出听证申请的,视为放弃此权利。

　本机关地址_____

　联系人_____

　联系方式_____

　特此告知。

　附:申请书及必要的相关申请材料(复印件)

交通运输行政许可机关(印章)

年　　月　　日

图 7-11　交通行政许可告知听证权利书

（六）听证笔录的制作

听证笔录目前没有文书样式，但按照有关规定应当包括下列事项：

（1）事由。

（2）举行听证的时间、地点和方式。

（3）听证主持人、记录人等。

（4）申请人姓名或者名称、法定代理人及其委托代理人。

（5）利害关系人姓名或者名称、法定代理人及其委托代理人。

（6）审查该行政许可申请的工作人员。

（7）审查该行政许可申请的工作人员的审查意见及证据、依据、理由。

（8）申请人、利害关系人的陈述、申辩、质证的内容及提出的证据。

（9）其他需要载明的事项。

听证笔录应当由听证参加人确认无误后签字或者盖章。

第四节 许可决定程序及文书制作

一、许可决定程序

在经过审查程序后，便进入了决定程序。《行政许可法》规定了 3 种决定程序。一是当场决定程序。《行政许可法》第 34 条规定："申请人提交的申请材料齐全、符合法定形式，行政机关能够当场作出决定的，应当当场作出书面的行政许可决定。"二是上级机关决定程序。《行政许可法》第 35 条规定："依法应当先由下级行政机关审查后报上级行政机关决定的行政许可，下级机关应当在法定期限内将初步审查意见和全部申请材料直接报送上级行政机关。"如收费公路的收费期限问题，《公路法》第 60 条规定："县级以上地方人民政府交通主管部门利用贷款或者集资建成的收费公路的收费期限，按照收费偿还贷款、集资款的原则，由省、自治区、直辖市人民政府依照国务院交通主管部门的规定确定。"《收费公路管理条例》第 14 条规定，收费期限的批准权的主体为省、自治区、直辖市人民政府。因此，省、自治区、直辖市人民政府依照国务院的规定，为收费期限许可的决定机关。收费期限许可的决定程序为省级交通运输主管部门在法定期限内将初步审查意见和全部审查材料直接报送省、自治区、直辖市人民政府。

二、许可决定程序文书制作

（一）《交通行政许可（当场）决定书》的填写

（1）适用情形。申请材料齐全、符合法定形式，交通运输许可机关可以当场决定的许可事项。

（2）主送单位（公民）为《交通运输行政许可申请书》记载的申请人。

（3）"提出申请的时间"、"申请事项"应当与《交通运输行政许可申请书》记载的时间一致。

（4）"符合形式的规定"应当为交通运输专业法律规定的条款。

（5）"准予依法从事的活动"应当为交通运输专业法律法规条款规定的内容。

需要注意的是：《行政许可法》规定的许可机关为行政机关，但是公路管理机构、道路运输管理机构、海事管理机构是否为行政机关呢？按照《行政许可法》第23条的规定，法律、法规授权的具有管理公共事务职能的组织，在法定授权范围内，以自己的名义实施行政许可。被授权的组织适用行政许可法有关行政机关的规定。因此，签章处应当根据实际使用交通运输主管部门或者公路管理机构、道路运输管理机构、海事管理机构等的法人章或行政许可专用章。如果按照《行政许可法》第24条规定，上级交通运输许可机关委托下级交通运输许可机关实施许可的，仍然应当签署本机关的印章。

（6）应当出具加盖本机关专用印章和注明日期的书面凭证。

《交通运输行政许可（当场）决定书》式样，见图7-12。

交通运输行政许可（当场）决定书

编号：

_____：

你于____年____月____日提出_____申请。

经审查，你提交的申请材料齐全，符合_____

_____规定的形式，根据《行政许可法》第三十四条第二款

的规定，决定准予交通行政许可，准予你依法从事下列活动：_____

_____

_____ 。

本机关将在作出本决定之日起10日内向你颁发、送达_____

_____证件。

交通运输行政许可机关（印章）

年 月 日

图7-12 交通运输行政许可（当场）决定书

（二）《交通行政许可审查意见书》

1.适用情形

本文书是交通运输行政机关工作人员、相关内部审查部门在对申请材料按照规定程序进行审查后，对申请人申请事项是否符合法定条件、标准的，是否准予行政许可提出意见，报请负责人审批使用的内部文书。

2.相关法律规定

《行政许可法》第 37 条　行政机关对行政许可申请进行审查后,除当场作出行政许可决定的外,应当在法定期限内按照规定程序作出行政许可决定。

3.具体填写

(1)"申请事项"栏应填写申请的行政许可事项,事项的名称以省或市政府核准公布的名称为准。

(2)"提出申请的时间"应当与《交通运输行政许可申请书》记载的时间、事项一致。

(3)"申请人"填写为《交通运输行政许可申请书》记载的申请人。

(4)"承办人审核意见"由负责承办的执法人员填写该申请事项审查的主要程序及是否符合法定条件、标准的,是否准予行政许可的具体意见。

(5)"部门负责人审核意见"由承办部门负责人填写,其内容为是否同意承办的执法人员的意见。

(6)"单位负责人审批意见"由交通运输行政执法机关负责人(主要负责人或分管负责人)对申请资料、许可程序及和"承办人审核意见"、"部门负责人审核意见"审查后签署具体意见,填写"同意"或"不同意"。

4.注意事项

本文书应当附本行政许可事项所有的资料,包括申请人的申请书及提交的所有材料,具体办理过程中形成的听证、核查等材料,以及下级行政机关在法定期限内向许可机关报送的初步审查意见和全部申请材料。

《交通行政许可审查意见书》式样,见表 7-1。

交通行政许可审查意见书　　　　　　　　　　　　表 7-1

编号:

申请事项			受理时间	
申请人	姓名		身份证号码	
	单位名称		法定代表人(单位负责人)	
承办人审核意见			承办人员:　　　年　月　日	
部门负责人审核意见			签章:　　　年　月　日	
单位负责人审批意见			签章:　　　年　月　日	

(三)《交通行政许可决定书》的制作

1. 适用情形

本文书是交通运输行政机关正式受理申请人的许可申请后,经审查发现申请人的申请符合法定条件、标准的,行政机关应当依法作出准予行政许可的书面决定。

2. 相关法律规定

《行政许可法》第38条:申请人的申请符合法定条件、标准的,行政机关应当依法作出准予行政许可的书面决定。

3. 具体填写

(1)主送一栏填写为《交通运输行政许可申请书》记载的申请人。

(2)"提出申请的时间"、"申请事项"应当与《交通运输行政许可申请书》记载的时间、事项一致。

(3)依据一栏填写交通运输专业法律法规的具体规定,所依据的法律法规的全称及具体条、款、项。

(4)送达许可证件的名称为具体许可事项颁发的证件名称。

《交通行政许可决定书》,见图7-13。

交通行政许可决定书

编号:

_____:

你于____年__月__日提出_____申请。

经审查,你提交的申请材料齐全,符合_____

_____规定的条件、标准,根据《行政许可法》第三十四条第一款、第三十八条第一款的规定,决定准予交通行政许可,准你依法从事下列活动:_____

_____

_____

本机关将在作出本决定之日起10日内向你颁发、送达_____

_____证件。

交通运输行政许可机关(印章)

年 月 日

图7-13 交通行政许可决定书

(四)《不予交通行政许可决定书》的制作

1. 适用情形

本文书是交通运输行政机关正式受理申请人的许可申请后,经审查发现申请人的申请不符合法定条件、标准的，行政机关应当依法作出不予行政许可的书面决定。

2. 具体填写

（1）主送一栏填写为《交通运输行政许可申请书》记载的申请人。

（2）"提出申请的时间"、"申请事项"应当与《交通运输行政许可申请书》记载的时间、事项一致。

（3）申请事项存在的问题应当是不符合法定条件、标准方面的，如危险货物运输道路运输许可中停车场地、驾驶人员或其他从业人员不符合规定等，对问题的表述应当具体到该行政许可事项中，且需要有相应的证据或明确的规定做支撑。如某道路运输管理机构在对某客运经营许可申请作出《不予交通行政许可决定书》中，对问题表述为"不符合市场供求关系"就过于笼统。

（4）依据一栏填写交通运输专业法律法规的具体规定，所依据的法律法规的全称及具体条、款、项。送达许可证件的名称为具体许可事项颁发的证件名称。

《不予交通行政许可决定书》，见图7-14。

不予交通行政许可决定书

编号：

_____：

你于_____年___月___日提出_____申请。

经审查，你的申请存在_____

_____

_____问题，不符合_____

_____的规定，根据《行政许可法》第三十八条第二款的规定，决定不予交通行政许可。

申请人如对本决定不服，可以在收到本决定书之日起60日内向_____

_____申请复议，也可以在收到本决定书之日起六个月内直接向人民法院提起行政诉讼。

交通运输行政许可机关（印章）

年　　月　　日

图7-14　不予交通行政许可决定书

第八章　行政强制措施程序及文书制作

第一节　交通运输行政强制措施适用的条件及程序

一、交通运输行政强制措施适用的条件及相关规定

按照《行政强制法》第 2 条的规定,交通运输行政强制措施是交通运输执法机关在行政管理过程中,为制止违法行为、防止证据损毁、避免危害发生、控制危险扩大等情形,依法对公民、法人或者其他组织的财物实施暂时性控制的行为。同时按照《行政强制法》第 16 条第 2 款关于"违法行为情节显著轻微或者没有明显社会危害的,可以不采取行政强制措施"和第 23 条关于"不得查封、扣押与违法行为无关的场所、设施或者财物"等规定,交通运输行政强制措施适用于交通运输行政监督检查和实施行政处罚程序时,为制止违法行为、防止证据损毁、避免危害发生、控制危险扩大等情形。

二、交通运输行政强制措施适用的程序

(1)实施行政强制措施前的批准程序。适用的文书为《交通运输行政强制措施审批表》。需要注意:向交通运输执法机关负责人报告并经批准原本为交通运输执法机关的内部审批程序,经《行政强制法》的规定,该程序成为法定程序,法定程序必须遵守,否则即为违反法定程序。情况紧急需要当场实施行政强制措施的,交通运输行政执法人员应当在 24 小时内向本机关负责人报告,并补办批准手续。交通运输行政执法机关负责人认为不应当采取行政强制措施的,应当立即解除。

(2)由两名以上行政执法人员实施。由行政执法人员实施具体行政行为是我国行政法的一贯规定,行政许可、行政处罚、行政强制均是如此。《行政强制法》第 17 条规定,行政强制措施应当由行政机关具备资格的行政执法人员实施,其他人员不得实施。

(3)出示执法身份证件。执法证是行政执法人员执法身份的证明,因此,执法人员在实施行政强制措施时,必须出示执法证件。

(4)通知当事人到场。

(5)当场告知当事人采取行政强制措施的理由、依据以及当事人依法享有的权利、救济途径。听取陈述、申辩。从交通运输行政执法机关的案卷材料看,基本上能够履行告知程序,在作出行政强制措施决定前告知相对人行政强制措施的事实、理由和依据,给相对人陈述申辩的机

会,但听取相对人的意见常表现为若相对人有陈述、申辩的则记录在卷,鲜有反映交通运输行政执法机关对相对人陈述、申辩内容认真进行复核的材料,由此可以看出,复核程序往往被忽视。

（6）听取当事人的陈述和申辩。听取当事人陈述、申辩,可以通过现场笔录、询问笔录,制作当事人陈述申辩书等方式证明已履行该程序。

（7）制作现场笔录。

（8）现场笔录由当事人和行政执法人员签名或者盖章,当事人拒绝的,在笔录中予以注明。

（9）当事人不到场的,邀请见证人到场,由见证人和行政执法人员在现场笔录上签名或者盖章。

（10）现场制作并送达《交通运输行政强制措施决定书》。按照《行政强制法》第24条的规定,当场交付《交通运输行政强制措施决定书》和《扣押车辆、工具清单》。对扣留的车辆（工具）,行政执法人员应当会同当事人或见证人查点清楚,当场开列暂扣物品清单。清单应当尽可能涵盖所查扣物品的名称、材料、规格、质地、数量等详细情况,并保证有关信息准确无误,防止事后出现纠纷。《扣留车辆（工具）清单》应当一式两份,分别由当事人和行政机关保管。

（11）解除扣押。按照《行政强制法》第27条、第28条的规定,对符合下列情形的,制作《交通运输解除行政强制措施决定书》和《解除扣押车辆、工具清单》,并交付当事人:

①当事人没有违法行为的。

②交通运输行政机关对违法行为已经作出处理决定,不再需要扣押的。

③扣押的设施或者财物与违法行为无关的。

④查封、扣押期限已经届满。

⑤其他不再需要采取查封、扣押措施的情形。

此外,按照《行政强制法》第25条关于"查封、扣押的期限不得超过30日;情况复杂的,经行政机关负责人批准,可以延长,但是延长期限不得超过30日。法律、行政法规另有规定的除外。"的规定,交通运输行政机关需要按照前述规定延长扣押期限的,应当适用《交通运输延长行政强制措施期限审批表》和《交通运输延长行政强制措施期限通知书》,履行法定程序,前者为依法进行的内部审批文书,后者为送达当事人的外部文书。此程序非实施行政强制措施的必经程序。

同时,按照《行政强制法》第25条第3款关于"对物品需要进行检测、检验、检疫或者技术鉴定的,查封、扣押的期间不包括检测、检验、检疫或者技术鉴定的期间。检测、检验、检疫或者技术鉴定的期间应当明确,并书面告知当事人。"的规定,交通运输行政机关需要对物品进行检测、检验、检疫或者技术鉴定的,应当按照前述规定,适用《检测、检验或技术鉴定期间告知书》,履行法定告知程序。

第二节　行政强制措施适用的相关法律文书

一、《行政强制措施审批表》

1. 适用

本文书适用于交通运输执法机关依据有关法律法规作出行政强制措施之前,按照《行政强制法》的规定履行报批程序时适用的内部法律文书。

2.法律依据

《行政强制法》第18条第1项"实施前须向行政机关负责人报告并经批准"及第19条"情况紧急,需要当场实施行政强制措施的,行政执法人员应当在24小时内向行政机关负责人报告,并补办批准手续。"的规定。

3.填写

(1)当事人基本情况。属于"公民"的,填写身份证或驾驶证上的姓名,"住址"填写户籍所在地地址或经常居住地❶;属于"法人或者其他组织"的,填写的单位名称、法定代表人(负责人)、地址等与工商登记注册信息一致。"公民"、"法人或者其他组织"不能同时填写。

(2)案件基本情况。按照《行政强制法》第23条关于"查封、扣押限于涉案的场所、设施或者财物,不得查封、扣押与违法行为无关的场所、设施或者财物"的规定,扣押针对的是违法行为,而交通运输领域的行政强制措施主要是扣押,所以应当填写立案的事实依据,摘要叙述案情和违法事实,即违法行为发现的时间、案件来源和发现途径、违法行为嫌疑人、违法行为的基本事实、情节和后果,以及相关的证据。

(3)拟实施行政强制措施的理由、种类和依据。所依据的法律法规的名称一般为交通运输专业法,如《道路运输条例》、《公路安全保护条例》等,应当具体到相应的条、款、项、目,如《公路安全保护条例》第65条第1、第2款规定了"扣留车辆"的强制措施,且前述两款规定是行政强制措施,适用的情形也是不同的,第3款规定内容为行政处罚,具体到相应的条、款、项、目有利于将当事人的具体情形与法律规定准确对应,避免被人民法院认定为适用法律错误;承办人建议采取行政强制措施的种类要与交通运输专业法的规定相一致。

(4)"法制工作机构审查意见"由本执法机关内设的法制机构填写,法制机构按照主要证据能否认定存在违法事实、适用法律法规是否正确、是否在职权范围之内等进行审查,提出具体审核意见,包括同意或部分同意"承办人建议采取行政强制措施的种类",或者不同意"承办人建议采取行政强制措施的种类",法制机构负责人签字,注明审查意见签署的时间。

(5)行政负责人审批意见。应当有交通行政执法机构负责人同意或不同意采取行政强制措施的意见、签名及日期。

《交通运输行政强制措施审批表》样式,见表8-1。

二、《现场笔录》

(一)适用

本文书适用于交通运输执法机关在依法行使职权作出具体行政行为的过程中,对行政违法行为当场进行调查、给予处罚或者处理而制作的文字记载材料所作的笔录。

---

❶根据最高人民法院关于适用《中华人民共和国民事诉讼法》若干问题的意见第5条规定:公民的经常居住地是指公民离开住所地至起诉时已连续居住一年以上的地方。

交通运输行政强制措施审批表

表 8-1

案号：

当事人	公民	姓名		身份证号码	
		住址		联系电话	
	法人或者其他组织	名称			
		地址			
		联系电话		法定代表人	
案件基本情况	____年___月___日_____				
拟实施行政强制措施的理由、种类和依据	依照_____的规定,建议_____,期限为_____日。 承办人签名：　　　　　　执法证号：　　　　　　　　年　月　日 承办人签名：　　　　　　执法证号：　　　　　　　　年　月　日				
法制工作机构审查意见				法制工作机构负责人签名： 年　月　日	
单位负责人审批意见				负责人签名： 年　月　日	

（二）有关法律依据

《行政诉讼法》第 33 条明确规定,现场笔录(和勘验笔录并列),是一种独立的行政诉讼证据种类。同时《行政强制法》第 18 条也规定,行政机关实施行政强制措施应当制作现场笔录,并规定,现场笔录由当事人和行政执法人员签名或者盖章,当事人拒绝的,在笔录中予以注明;当事人不到场的,邀请见证人到场,由见证人和行政执法人员在现场笔录上签名或者盖章。《最高人民法院关于行政诉讼证据若干问题的规定》第 15 条规定:"根据行政诉讼法第 31 条第 1 款第 7 项的规定,被告向人民法院提供的现场笔录,应当载明时间、地点和事件等内容,并由执法人员和当事人签名。当事人拒绝签名或者不能签名的,应当注明原因。有其他人在现场的,可由其他人签名。"同时,第 63 条对《现场笔录》和证人证言的证明效力问题规定:"证明同一事实的数个证据,其证明效力一般可以按照下列情形分别认定:……(二)鉴定意见、现场笔录、勘验笔录、档案材料以及经过公证或者登记的书证优于其他书证、视听资料和证人证言……"

（三）填写

1. 现场情况

（1）地点。填写具体地点,既可能是违法行为发生的地点,也可能是违法事实查获的地点。询问地点要填写具体。

（2）时间。应当填写开始至结束的时间,应当精确到年、月、日、时、分。

153

（3）执法人员和记录人员。现场实施检查或行政强制措施应当两名执法人员共同操作，并持有执法证件。记录人可以现场实施检查或行政强制措施的执法人员兼任，也可由其他执法人员承担。

（4）现场人员情况。应填明姓名、性别、年龄、工作单位、住址和联系方式。与案件的关系非常重要，如果被询问人就是本案的当事人，就填写"本案当事人"，如果是雇员，就填写"雇员"。

2. 事实情况

全面记录现场检查中发现的主要违法行为所发生的时间、地点、事件经过及主要证据等相关内容，要求准确、全面反映现场的客观状态，包括检查人员、见证人、出示执法证件、告知当事人权利义务的情况、是否采取行政强制措施、当事人是否在现场、当事人是否陈述申辩、当事人是否阻挠检查、案由、主要在场人员、在场人员的活动、当事人及在场人员的言词、检查场所的具体位置、周边有无明显标志、涉案物品的详细情况、证照、票据等等。并可以采用拍照、录像、及时询问当事人、见证人等方式对现场笔录予以补强。交代现场询问当事人、旁证人员，现场摄影、录像、绘图，当事人主动提交的证据的情况。依据现场情况而作出的先行登记保存、封存、扣留等措施。按有关要求，采取相关措施也是现场笔录应记载的内容。

3. 现场人员的签名或盖章

现场人员如果对现场笔录没有异议，应当在现场笔录上签名或盖章，证明现场笔录的记载属实，签名或盖章是现场笔录发生法律效力的要件之一。现场人员不愿意在现场笔录上签名或盖章的，行政执法人员在笔录中予以注明；当事人不到场的，邀请见证人到场，由见证人和行政执法人员在现场笔录上签名或者盖章。这种情况不影响笔录的效力。

4. 执法人员签名

应当由现场执法人员分别签名，不能代签。

（四）注意事项。

1. 客观实录，不加评论

追求客观真实，是制作笔录的真谛，应该用纪实、叙述的写作手法来记录检查的情况，切忌在笔录中做评论、推断。现场笔录应该是执法人员在现场所看、所听的实录。

2. 行文要规范

现场笔录中的记录，应使用标准、规范、准确的语言，除记录在场人的言辞以外，不能使用方言。应使用规范的汉语简化文字，除记录现场实际存在的繁体文字、外文、拼音、符号、图形以外，不能使用繁体字。应使用规范的法律文书用语，不能使用诗歌、小说、散文等文体以及类似语句。用词应当准确、朴实、简洁，不使用华丽语言或者渲染性的辞藻。不使用感叹语气。不得使用模糊的词语，特别是涉及案件性质认定、处罚幅度的事项应当用语准确，比如涉案商品数量，是多少就是多少，不能记录为"大约"、"大概"、"估计"等，数字应当用阿拉伯数字和大写汉字同时记录。

3. 要抓住重点，繁简适当

一般按照检查的时间顺序，也可以围绕现场情况、证据的主次进行记录。行文详略得当、突出重点的同时不忽略细节。

《现场笔录》式样,见表8-2。

现场笔录 表8-2

案号: 字 第 号

执法地点		执法时间		年 月 日 时 分至 时 分
执法人员		执法证号	记录人	
现场人员基本情况	姓名		性别	
	身份证号		与案件关系	
	单位及职务		联系电话	
	联系地址			
	车(船)号		车(船)型	
主要内容	事实情况:_____ _____ _____ _____ _____ _____ _____ 上述笔录我已看过(或已向我宣读过),情况属实无误。 　　　　　　　　　　　　　　　现场人员签名: 　　　　　　　　　　　　　　　时间:			
	备注: 执法人员签名:_____ 、_____ 时间:			

三、《行政强制措施告知书》

1.适用

本文书适用于交通运输执法机关依据有关法律法规作出行政强制措施之前,按照《行政强制法》的规定,告知当事人拟作出行政强制措施决定的事实、理由、依据以及当事人依法享有权利的文书。

2.法律依据

《行政强制法》第18条第5项:"当场告知当事人采取行政强制措施的理由、依据以及当事人依法享有的权利、救济途径。"的规定。

3.填写

主要填写的内容:

(1)当事人的单位名称(或者个人姓名)。

(2)实施行政强制措施的理由、所依据的法律法规应当为交通运输的专业法律法规,填写其具体名称及相应的条、款、项、目,拟作出行政强制措施的种类、期限。

（3）当事人享有的陈述、申辩的权利和期限。

（4）拟扣押财物的名称及相关情况要具体明确。

（5）交通行政执法机关的联系人（行政强制措施的承办人）、电话、地址。

（6）当事人签名或盖章及期限。

（7）交通行政执法机关的印章及日期。《权利告知书》一式两份，一份由交通行政执法机关交行政强制措施的当事人或者代理人保留，一份由交通行政执法机关存档保留。

《行政强制措施告知书》式样，见图8-1。

行政强制措施告知书

案号：　　　字　第　　号

＿＿＿＿＿＿＿＿＿＿＿＿＿＿＿＿＿＿：

＿＿＿＿年＿＿＿月＿＿＿日，你（单位）＿＿＿＿＿＿＿＿＿＿＿＿＿＿＿＿＿

＿＿＿＿＿＿＿＿＿＿＿＿＿。依照＿＿＿＿＿＿＿＿＿＿＿＿＿＿＿＿＿＿＿＿＿

的规定，本机关决定对以下财物予以＿＿＿＿＿＿＿＿＿＿＿＿＿，期限为＿＿＿＿＿日。

车船籍	车船号	车船类型	数量	有无随车船物品	备注

　　根据《中华人民共和国行政强制法》第十八条的规定，你（单位）可以向本机关进行陈述和申辩。

交通运输行政执法机关（印章）

年　　月　　日

＿＿＿＿＿＿＿＿＿＿＿＿＿＿＿＿＿＿＿＿＿＿＿＿＿＿＿＿＿＿＿＿＿＿＿＿＿

执法人员：＿＿＿＿＿＿＿＿＿＿　执法证号：＿＿＿＿＿＿＿＿＿＿＿＿＿

执法人员：＿＿＿＿＿＿＿＿＿＿　执法证号：＿＿＿＿＿＿＿＿＿＿＿＿＿

当事人签名：＿＿＿＿＿＿＿年＿＿＿＿月＿＿日＿＿时＿＿分

＿＿＿＿＿＿＿＿＿＿＿＿＿＿＿＿＿＿＿＿＿＿＿＿＿＿＿＿＿＿＿＿＿＿＿＿＿

（本文书一式两份：一份存根，一份交当事人或其代理人）

图8-1　行政强制措施告知书

四、《行政强制措施决定书》

1. 适用

本文书适用于交通运输执法机关依据有关法律法规作出行政强制措施时，使用的文书。

2. 法律依据

《行政强制法》第24条"行政机关决定实施查封、扣押的，应当履行本法第18条规定的程序，制作并当场交付查封、扣押决定书和清单。"及相关规定。

3. 主要填写的内容

（1）文书编号，行政执法机关简称＋执法门类＋文书类别＋年份＋文书顺序号。

（2）当事人基本情况，当事人是公民的，要记载其姓名、性别、年龄、工作单位、电话、住址、邮政编码等；当事人是法人或其他组织的，要记载其名称、法定代表人、电话、住址、邮政编码等。

（3）案件的基本情况。

（4）行政强制措施决定的结论，实施行政强制措施的理由、所依据的法律法规的名称及相应的条、款、项、目，行政强制措施的种类、期限。按照《行政强制法》的规定，实施行政强制措施的期限不超过 30 日，该日期为自然日。

在现有相关法律法规中，规定交通运输行政强制措施有以下几个方面：

①扣留车辆，《公路安全保护条例》第 65 条，其一，经批准进行超限运输的车辆，未按照指定时间、路线和速度行驶的，由公路管理机构或者公安机关交通管理部门责令改正，拒不改正的；其二，未随车携带超限运输车辆通行证的，由公路管理机构扣留车辆。

②扣留车辆、工具，《公路安全保护条例》第 72 条，造成公路、公路附属设施损坏，拒不接受公路管理机构现场调查处理的。

③暂扣车辆。《道路运输条例》第 63 条，道路运输管理机构的工作人员在实施道路运输监督检查过程中，对没有车辆营运证又无法当场提供其他有效证明的。

④扣押危险化学品运输工具。《危险化学品安全管理条例》第 7 条第（四）项。情形为：违法生产、储存、使用、经营、运输的危险化学品以及用于违法生产、使用、运输危险化学品的原材料、设备、运输工具。

⑤责令临时停航。《水污染防治法》第 77 条。

⑥暂扣船舶、浮动设施。《内河交通安全管理条例》第 64 条。

⑦证据的登记保存。《行政处罚法》第 37 条第 2 款规定了证据的登记保存，应当属于行政强制措施。

（5）"你（单位）应当在＿＿＿日内到＿＿＿＿＿＿接受处理"栏：这里的几日内并没有明确的法律依据，一般时间不宜过长，可以根据实际情况酌定，但不得超过 30 个自然日。

（6）救济途径。告知当事人申请行政复议、提起行政诉讼的权利。交通运输执法机关分为县级以上人民政府交通运输主管部门、法律法规授权管理公共事务的组织、受交通运输部门委托实施处罚的组织三类。对交通运输主管部门作出的处罚决定不服的，按照《行政复议法》第 12 条的规定，告知当事人向该部门的本级人民政府申请行政复议，也可以向上一级主管部门申请行政复议；对法律法规授权管理公共事务的组织（如公路管理机构、道路运输管理机构、海事管理机构等）作出的处罚决定不服的，按照《行政复议法》第 15 条的规定，告知当事人向向直接管理该组织的交通运输主管部门申请行政复议；对受交通运输部门委托的组织作出的处罚决定不服的，告知当事人按照《行政复议法》第 12 条的规定申请复议，以该交通运输部门为被申请人，复议机关为该交通运输部门的上级交通运输主管部门或本级人民政府。

（7）交通行政执法机关的印章及日期，日期以交通运输行政执法机关负责人批准或者决定行政强制措施的日期为准。

（8）扣押财物清单。

①物品清单应当对被扣押的物品名称、规格、数量做清楚记录，便于准确判断物品及其价

值。扣押车辆的应当写明车辆号牌,清单空白项应划线处理,不得空白。

②其他说明:用于记载扣押物品及其主要组成件的完整性及完好性,例如扣押车辆时,应当注明轮胎、门锁、车灯、玻璃、后视镜等是否完好,属于运输车辆的,同时清点所装载的货物并做好记录。

③当事人应当手签姓名和签收日期,当事人不在场的或者拒绝签字的,执法人员应当在文书上注明情况。

需要注意:本文书应当当场送达当事人。

《行政强制措施决定书》式样,见图8-2。

行政强制措施决定书

案号:　　　字　第　　号

当事人	个人	姓名		身份证号码	
		住址		联系电话	
	单位	名称			
		地址			
		联系电话		法定代表人	

____年____月____日,你(单位)_____

_____。

依据_____的规定,本机关决定对你(单位)的_____

(财物、设施或场所的名称及数量)实施_____的行政强制措施,期限

为_____日,自_____年____月____日起。

　　请持本决定书在____日内到_____接受处理,逾期不接受处理的,本机关

将依法作出处理决定。

　　如果不服本决定,可以依法在60日内向_____

申请行政复议,或者在六个月内依法向人民法院提起行政诉讼,但本决定不停止执行,法律另有规

定的除外。

交通运输执法机关(印章)

年　　月　　日

扣押财物清单如下:

其他说明:_____

序　　号	扣押物品名称	规　　格	数　　量	备　　注

执法人员:_____　执法证号:_____

执法人员:_____　执法证号:_____

当事人签名:_____　签收日期:____年____月___日___时___分

(本文书一式两份:一份存根,一份交当事人或其代理人)

图8-2　行政强制措施决定书

五、《延长行政强制措施期限通知书》

1. 适用

本文书适用于交通运输执法机关依据有关法律法规作出行政强制措施后，因情况复杂，需要延长查封（扣押）期限时，依法履行通知义务，向当事人制作和送达的文书。

2. 法律依据

《行政强制法》第24条"查封、扣押的期限不得超过30日；情况复杂的，经行政机关负责人批准，可以延长，但是延长期限不得超过30日。法律、行政法规另有规定的除外。延长查封、扣押的决定应当及时书面告知当事人，并说明理由。"的规定。

3. 主要填写的内容

（1）当事人。当事人是公民的，要记载其姓名；当事人是法人或其他组织的，要记载其名称。

（2）"因你（单位）_____"栏填写涉嫌从事的违法行为；"本机关依法于____年____月____日"栏填写采取行政强制措施的具体时间；"行政强制措施决定书编号：_____"处填写行政强制措施决定书的具体编号。

（3）"现因_____"栏填写延长行政强制措施期限的事由，一般需要达到情况复杂；"决定延长行政强制措施期限_____日"栏填写延长行政强制措施的期限，除有法律、行政法规规定外，不得超过30个自然日。

《延长行政强制措施期限通知书》式样，见图8-3。

延长行政强制措施期限通知书

案号：　　　字　第　　　号

当事人（姓名或单位名称）_____：

　　因你（单位）_____，本机关依法于____年____月____日对你（单位）采取了_____的行政强制措施，行政强制措施决定书编号：_____。

　　现因_____，依据《行政强执法》第二十五条的规定，经本机关负责人批准，决定延长行政强制措施期限____日。

　　如不服本行政强制措施决定的，可以在收到决定书之日起六十日内向_____申请行政复议，也可以在六个月内向_____人民法院提起行政诉讼。

交通运输行政执法机关（印章）

年　　月　　日

执法人员：_____　　执法证号：_____

执法人员：_____　　执法证号：_____

当事人签名：_____　　签收日期：____年____月____日____时____分

（本文书一式两份：一份存根，一份交当事人或其代理人）

图8-3　延长行政强制措施期限通知书

六、《解除行政强制措施通知书》

1. 适用

本文书适用于交通运输执法机关依法解除行政强制措施并告知当事人的文书。

2. 法律依据

《行政强制法》第 28 条第 1 款的规定。

3. 主要填写的内容

（1）当事人。当事人是公民的，要记载其姓名；当事人是法人或其他组织的，要记载其名称。

（2）"因你（单位）＿＿＿＿＿"栏填写涉嫌从事的违法行为；"本机关依法于＿＿＿年＿＿月＿＿日"栏填写采取行政强制措施的具体时间；"行政强制措施决定书编号：＿＿＿＿＿＿"处填写行政强制措施决定书的具体编号。

（3）"依照《中华人民共和国行政强制法》第二十八条第一款第＿＿＿＿项"栏根据实际情况从以下情形中选择填写规定项的编号：①当事人没有违法行为；②查封、扣押的场所、设施或者财物与违法行为无关；③行政机关对违法行为已经作出处理决定，不再需要查封、扣押；④查封、扣押期限已经届满；⑤其他不再需要采取查封、扣押措施的情形；"本机关决定自＿＿＿年＿＿月＿＿日起解除该行政强制措施。"栏中填写解除行政强制措施的具体时间。

（4）退还财物清单。

①物品清单应当对被扣押的物品名称、规格、数量做清楚记录，便于准确判断物品及其价值。扣押车辆的应当写明车辆号牌，应当与《强制措施决定书》中内容一致。清单空白项应划线处理，不得空白。

②当事人应当手签姓名和签收日期，当事人不在场的或者拒绝签字的，执法人员应当在文书上注明情况。

《解除行政强制措施通知书》式样，见图 8-4。

七、关于《责令车辆停驶通知书》

《责令车辆停驶通知书》是交通部《关于印发交通行政执法风纪等 5 个规范的通知》（交体法发〔2008〕562 号）中规定的法律文书。按照《交通行政执法文书制作规范》第 28 条的规定，该文书是指由于车辆对公路造成较大损害，交通行政执法机关责令当事人停驶车辆，停放于指定场所的文书。

按照其格式文书的内容，其依据为《公路法》第 85 条第 2 款的规定，但是对照该"对公路造成较大损害的车辆，必须立即停车，保护现场，报告公路管理机构，接受公路管理机构的调查、处理后方得驶离。"的规定，可以看出该规定的主语为"当事人"，而不是"公路管理机构"，主体不符合《行政强制法》第 2 条关于行政强制措施的规定。但是，该责令行为的内容又符合《行政强制法》第 2 条关于行政强制措施的规定。因此，在理解方面存在异议，鉴于《公路安全保护条例》第72条已就公路管理机构对公路造成损害行为采取行政强制措施作出了规定,笔者认为对公路造成损害行为,宜适用《公路安全保护条例》第72条的规定,使用《扣留车辆(工具)决定书》,而不宜使用《责令车辆停驶通知书》。

解除行政强制措施通知书

案号：　　　字第　　号

当事人(姓名或单位名称)＿＿＿＿＿＿＿＿＿＿＿＿＿＿＿＿＿＿＿：

　　因你(单位)＿＿＿＿＿＿＿＿＿＿＿＿＿＿＿＿＿＿＿＿,本机关依法于＿＿＿年＿＿月＿＿＿日对你(单位)采取了＿＿＿＿＿＿＿＿＿＿＿＿＿的行政强制措施,行政强制措施决定书编号：＿＿＿＿＿＿＿＿＿＿＿＿。

　　依照《中华人民共和国行政强制法》第二十八条第一款第＿＿＿＿项的规定, 本机关决定自＿＿＿＿＿年＿＿月＿＿＿日起解除该行政强制措施。

交通运输行政执法机关(印章)

年　　月　　日

退还财物清单如下：

　　经当事人(代理人)查验,退还的财物与扣押时完全一致,扣押期间没有使用、丢失和损坏现象。

序号	退还物品名称	规　格	数量	备　注

执法人员：＿＿＿＿＿＿＿＿＿＿＿　　执法证号：＿＿＿＿＿＿＿＿＿＿＿＿＿

执法人员：＿＿＿＿＿＿＿＿＿＿＿　　执法证号：＿＿＿＿＿＿＿＿＿＿＿＿＿

当事人签名：＿＿＿＿＿＿＿＿＿　签收日期：＿＿＿年＿＿＿月＿＿日＿＿时＿＿分

(本文书一式两份：一份存根,一份交当事人或其代理人)

图8-4　解除行政强制措施通知书

第九章　交通运输行政处罚程序及文书制作

交通运输行政处罚程序包括调查取证和作出决定、处罚决定的执行两个主要程序,其中调查取证和决定分为简易程序(当场决定程序)、一般程序;行政处罚决定执行程序分为当场执行程序、一般执行程序(罚缴分离执行程序),每一个具体程序中又包括若干子程序。相对于行政许可中准予许可当事人获得利益而言,行政处罚导致当事人失去利益、遭受惩罚更容易使其对行政处罚程序产生兴趣。所以,交通运输行政执法机关适用《行政处罚法》及国家有关规定的程序应当更为严谨。

第一节　行政处罚简易程序

一、行政处罚简易程序适用的条件

《行政处罚法》第 33 条规定了简易程序适用的条件:违法事实确凿并有法定依据,对公民处以 50 元以下、对法人或者其他组织处以 1000 元以下罚款或者警告的行政处罚的。

违法事实简单、明了、清楚,当场获得的证据就足以证明违反违法行为的存在及违法事实和情节,无需进一步调查取证。

对当事人的财物采取扣押等行政强制措施的,不适用行政处罚简易程序。依照简易程序作出的行政处罚决定是由行政机关的执法人员当场作出的,这一点与一般程序不同,在一般程序中,行政处罚决定是经调查程序后由行政机关负责人或者其集体经审查后作出的。如果需要采取扣押等行政强制措施,一是该案案情较为复杂,或者违法事实还没有查清;二是根据《行政强制法》第 18 条规定,行政强制措施实施前须向行政机关负责人报告并经批准,如果按照该规定向行政机关负责人报告并经批准,一般情况下当场难以完成。

二、行政处罚简易程序适用的法定程序

(1)表明执法身份。即通常所说的"亮证"处罚。了解执法人员的执法身份,是当事人应有的权利;当其对当事人当场作出行政处罚决定时,必须向当事人出示其合法的执法证件,表明其执法身份。

(2)调查取证。

(3)告知当事人作出行政处罚决定的事实、理由及依据,告知当事人依法享有的权利。

（4）听取当事人的陈述、申辩并复核。

（5）填写并交付行政处罚决定书。

（6）执法人员当场作出行政处罚决定后,必须依法向其所在的行政机关备案。

三、相关法律文书

按照交通运输部《交通行政处罚行为规范》的规定,主要文书有:检查、询问笔录、《行政（当场）处罚决定书》等

（一）《询问笔录》

在交通运输行政执法中,《询问笔录》既是实体性证据材料,也可以是程序性证据材料,在制作中主要包括以下方面:

1. 基本情况询问

（1）询问时间。该"时间"是指执法人员询问被询问人的时间,既不是违法行为发生的时间,也不是违法事实查获的时间,应当填写询问开始至结束的时间,询问时间应当精确到年、月、日、时、分。（2）询问地点。填写询问活动的具体地点。既不是违法行为发生的地点,也不是违法事实查获的地点。询问地点要填写具体。（3）询问人及记录人。询问人是直接参与询问活动的执法人员,应当为持有符合规定的执法证件的执法人员。询问应当两名执法人员共同操作,实践中,容易出现一名执法人员代行两名执法人员的权力,代替他人签名等问题。记录人可以由询问人兼任,也可由其他执法人员承担。

2. 法律依据

《行政处罚法》第37条:"行政机关在调查或者进行检查时,执法人员不得少于两人,并应当向当事人或者有关人员出示证件。当事人或者有关人员应当如实回答询问,并协助调查或者检查,不得阻挠。询问或者检查应当制作笔录。"

3. 被询问人的情况

被询问人的范围较广,可能是车主,也可能是司机、证人或者其他了解案件情况的人,但均为自然人。被询问人与案件的关系非常重要,如果被询问人就是本案的当事人就填写"本案当事人",如果是雇员,就填写"雇员",如果是其他见证人,就填写"见证人"。按照交通运输部《交通行政处罚行为规范》规定的《询问笔录》文书格式,被询问人的基本情况包括姓名、性别、年龄、身份证号码、联系电话、工作单位及职务、联系地址等内容。需要注意的是:被询问人上述情况要与收集的书证相一致,如姓名、性别、年龄、身份证号码等内容要与身份证等有效证件记载的内容一致。

4. 正文部分

（1）行政执法人员告知事项。一是本交通运输执法机关依法进行调查或者进行检查;二是告知执法人员的身份,并告知被询问人对有利害关系人执法人员有申请回避❶的权利,同时

---

❶法律法规规定回避的情形有三种:一是本案的当事人或者当事人近亲属的;二是本人或者其近亲属与本案有利害关系的;三是与本案当事人有其他关系,可能影响案件公正处理的。

应当询问被询问人是否申请回避。三是告知当事人诬告和作伪证的法律责任。

（2）询问事项。询问的核心是查清事实，一是要围绕是否构成违法以及情节进行询问，包括谁是行为的实施者、行为的基本情况、是否造成相应的后果等。二是对未取得行政许可，擅自从事禁止性交通运输、涉路施工等活动的，应当在询问中要求当事人提供，当事人拒绝提供或不能提供的，可以以此证明当事人未取得相关许可。三是就与已经取得的其他书证、物证的关联、相互印证进行询问。四是通过询问发现新的证据线索。

（3）弥补程序证明不足。在行政处罚调查决定一般程序中，交通运输执法机关要向当事人制作并送达《违法行为通知书》，告知当事人有陈述、申辩以及要求听证的权利，但是在简易程序中，无需制发《违法行为通知书》，也就没有相关文书证明已经履行了相关程序，保障了当事人的相关权利，因此需要在《询问笔录》中予以体现，在询问当事人的同时，告知当事人作出行政处罚决定的事实、理由及依据，并告知当事人依法享有的权利，并记录到《询问笔录》中。需要注意的是，我国行政执法机关在行政处罚过程中，对违法行为人、相关当事人、证人的询问均一律使用《询问笔录》，所以只有对违法行为当事人询问时，需要通过上述办法弥补程序证明不足的问题。

最后，核实所询问内容的真实性。即询问结束后交被询问人阅卷，核实无误后，由被询问人签署"以上内容与我所说的一致"或者"以上内容属实"等类似的内容。以此证明案件事实和询问过程均为真实。

（4）签字。询问结束后，由被询问人在"被询问人"处签署姓名，并在所签姓名上加按指纹。询问人要在"询问人"处分别签署姓名，不得代签。

5.《询问笔录》的使用要求

《询问笔录》应当如实记载询问过程及内容，询问必须依法进行。询问不满 16 周岁的未成年人时，应当通知其父母或者其他监护人到场，其父母或者其他监护人不能到场的，可以通知其教师到场。违法嫌疑人、相关当事人、证人请求自行提供书面材料的，应当准许。

《询问笔录》式样，见图 9-1。

（二）《行政（当场）处罚决定书》

《行政（当场）处罚决定书》是交通运输行政执法机关按照简易行政处罚程序，对违反交通运输法律、法规和规章的行为人处以相应行政处罚而制作和使用的文书。

（1）关于执法文书的编注案号。按照《交通运输行政执法程序规定》的要求，编号模式为：交通运输行政执法部门简称＋执法门类＋文书类别＋年份＋文书顺序号。例如：河北省石家庄市交通运输局 2016 年作出的第 10 号行政处罚决定书应编号为：冀石交罚〔2016〕00010 号。

（2）关于当事人。根据案件调查确定的当事人对该一栏进行填写，"公民"、"法人或其他组织"两栏不能同时填写。

当事人为公民的，应当尽可能填写身份证或者户口簿上的姓名，当然，驾驶证、从业资格证属于有关国家执法机关依法核发的有效证件，其上记载的姓名也可以填写。

当事人为法人或其他组织的，应当填写单位名称、法定代表人、地址等事项，且与工商登记的内容相一致，当然如果车辆行驶证记载的内容也可作为依据进行填写。

询 问 笔 录

时间：_____年___月___日___分___分至___时___分　　第___次询问

地点：_____

询问人：_____　记录人：_____

被询问人：_____　与案件关系：_____

性别：_____　年龄：_____

身份证号：_____　联系电话：_____

工作单位及职务：_____

联系地址：_____

我们是_____的执法人员_____,这

是我们的执法证件,执法证件号码分别是_____、_____,请你确

认。现依法向你询问,请如实回答所问问题,执法人员与你有直接利害关系的,你可以申请回避。

问:你是否申请回避?

答:_____

问:_____

_____

_____

_____

答:_____

_____

_____

_____

_____

被询问人签名及时间:　　　　　　询问人签名及时间:

_____　　_____

备注:

图9-1　询问笔录

行政处罚的当事人是违法行为人,即违法行为的实施者。违法行为当事人分为两类,一类是公民,即公民个人实施了违法行为;另一类为法人或其他组织,其他组织为非法人社会组织。公民作为违法行为当事人,应当有身份证或其他有效证件予以证明,文书填写的当事人应当与前述证据的复印件证明的当事人相一致。法人或其他组织作为违法行为当事人,也要有相应证据予以证明。此外,应当严格区分个人行为和职务行为,有些违法行为是个人作为单位职工或雇员受单位指派从事的活动,比如经营性运输活动、超限运输活动,这样的活动为职务行为,违法行为的当事人应当为单位;有些违法行为虽然使用的是单位或雇主的设备或车辆,但属于个人私自活动,这样的活动为个人行为。

(3)关于违法事实。违法事实的内容要填写准确,如某货运车辆无超限运输通行证,擅自超限运输,不能仅填"无超限运输通行证",而应当填写该车超限的具体情况以及无超限运输

通行证擅自行驶公路。要写明违法行为发生的时间、地点、违法行为的情节、性质、手段等;有危害后果的,应当填写危害后果。对于有从轻或减轻情节、从重情节,依法从轻或减轻、从重处罚的,应当同时写明。同时要将有关证据进行填写。

(4)关于处罚依据。要写明给予行政处罚所依据的法律、法规和规章的全称及具体的条、款、项。

(5)关于处罚内容。处罚的内容不得超过《行政处罚法》规定的处罚种类和法律法规规定幅度(需要注意一点,罚款不可以超过法律、法规或规章规定的上限,但可以低于其规定的下限。低于规定的下线属于减轻处罚,应根据《行政处罚法》第 27 条规定执行)。作出罚款的行政处罚的,应当写明制定的缴纳罚款的收款银行名称和账号。

(6)关于告知救济途径。交通运输执法机关分为县级以上人民政府交通运输主管部门、法律法规授权管理公共事务的组织、受交通运输部门委托实施处罚的组织三类。对交通运输主管部门作出的处罚决定不服的,按照《行政复议法》第 12 条的规定,告知当事人向该部门的本级人民政府申请行政复议,也可以向上一级主管部门申请行政复议;对法律法规授权管理公共事务的组织(如公路管理机构、道路运输管理机构、海事管理机构等)作出的处罚决定不服的,按照《行政复议法》第 15 条的规定,告知当事人向直接管理该组织的交通运输主管部门申请行政复议;对受交通运输部门委托的组织作出的处罚决定不服的,告知当事人按照《行政复议法》第 12 条的规定申请复议,以该交通运输部门为被申请人,复议机关为该交通运输部门的上级交通运输主管部门或本级人民政府。

需要注意:本文书应当当场送达当事人。

《行政(当场)处罚决定书》式样,见图 9-2。

行政(当场)处罚决定书

_____简罚(　　)_____号

当事人	公民	姓名		性别		身份证号	
		住址				职业	
	法人或者其他组织	名称				法定代表人	
		地址					

违法事实及证据:_____

_____

_____

以上事实违反了_____的规定,依据

_____的规定,决定给予_____的行政处罚。

罚款的履行方式和期限(见打√处):

□当场缴纳。

□自收到本决定书之日起 15 日内缴至_____,账号_____,到期不缴每日按罚款数额的 3%加处罚款。

图　9-2

如果不服本处罚决定,可以依法在 60 日内向＿＿＿＿＿＿＿＿人民政府或者＿＿＿＿＿＿＿申请行政复议,或者在六个月内依法向人民法院提起行政诉讼,但本决定不停止执行,法律另有规定的除外。逾期不申请行政复议、不提起行政诉讼又不履行的,本机关将依法申请人民法院强制执行或者依照有关规定强制执行。

当事人或委托代理人签名及时间: 执法人员签名及执法证号:

＿＿＿＿＿＿＿＿＿＿＿ ＿＿＿＿＿＿＿＿＿＿＿

＿＿＿＿＿＿＿＿＿＿＿

交通运输行政执法机关(印章)

年 月 日

(本文书一式两份:一份存根,一份交当事人或其代理人)

图 9-2 行政(当场)处罚决定书

第二节 行政处罚的一般程序

所谓行政处罚的一般程序,即作出行政处罚决定应经过的正常的普通程序。它包括调查取证、审查、告知当事人权利、听取陈述申辩、作出决定、处罚决定书的交付、送达等内容。

一、行政处罚一般程序适用的条件

除《行政处罚法》第 33 条规定适用行政处罚简易程序之外的行政处罚,均适用一般程序。

二、行政处罚一般程序适用的法定程序

(一)立案

立案是一般程序的开始,是一个独立的阶段。交通运输执法机关实施行政检查或者通过举报、其他机关移送、上级机关交办等途径,发现公民、法人或者其他组织有依法应当给予行政处罚的交通运输违法行为的,应当自发现或接收之日起 7 日内决定是否立案。行政处罚的案件,除依法采用简易处罚程序作出处罚决定的案件以外,都必须有立案程序,先立案再进行调查处理,但是按照《交通行政处罚行为规范》的规定,交通行政执法机关主动实施监督检查过程中发现的违法案件,可不经过立案环节。

立案往往是调查取证阶段的前期步骤。立案,可以防止交通运输执法机关无根据地实施行政处罚,保护相对人的合法权益;同时通过立案程序,可以促使交通运输执法机关迅速组织力量调查取证,查处违法行为,避免案件的推诿和久拖不决。立案应当填写《立案审批表》,同时附上相关材料(现场笔录、举报记录、上级机关交办或者有关部门移送的材料、当事人提供

的材料、监督检查报告等),由交通运输执法机关负责人批准。对于决定立案的,交通运输执法机关负责人应当指定办案机构和两名以上办案人员负责调查处理。对于不予立案的举报,经交通运输执法机关负责人批准后,将不予立案的理由告知具名的举报人。交通运输执法机关应当将不予立案的相关情况作书面记录留存。

(二)调查取证

根据《交通行政处罚程序规定》第9条规定,首次向案件当事人收集、调取证据的,应当告知其有申请办案人员回避❶的权利。

根据《交通行政处罚程序规定》16条的规定,调查取证应当遵循以下规定:

(1)不得少于两人。

(2)询问证人和当事人,应当个别进行并告知其作伪证的法律责任;制作《询问笔录》须经被询问人阅核后,由询问人和被询问人签名或者盖章,被询问人拒绝签名或者盖章,由询问人在询问笔录上注明情况。

(3)对与案件有关的物品或者现场进行勘验检查的,应当通知当事人到场,制作《勘验检查笔录》,当事人拒不到场的,可以请在场的其他人员见证。

(4)对需要采取抽样调查的,应当制作《抽样取证凭证》,需要妥善保管的应当妥善保管,需要退回的应当退回。

(5)对涉及专门性问题的,应当指派或者聘请有专业知识和技术能力的部门和人员进行鉴定,并制作《鉴定意见书》。

(6)在证据可能灭失或者以后难以取得的情况下,经交通运输主管部门负责人批准,可以先行登记保存,制作《证据登记保存清单》,并应当在7日内作出处理决定。

(三)审核

交通运输执法机关负责法制工作的内设机构审核案件采取书面形式进行。

主要内容包括:一是案件是否属于本交通行政执法机关管辖;二是当事人的基本情况是否清楚;三是案件事实是否清楚,证据是否确实、充分;四是定性是否准确;五是适用法律、法规、规章是否准确;六是行政处罚是否适当;七是涉及行政强制措施的,还要审查该程序是否合法。

交通运输执法机关负责法制工作的内设机构审核后提出书面审核意见:

(1)违法事实清楚,证据确实、充分,行政处罚适当、办案程序合法的,同意办案机构的意见,建议报批后告知当事人。

(2)违法事实清楚,证据确实、充分,但定性不准、适用法律不当、行政处罚不当的,建议办案机构修改。

(3)违法事实不清、证据不足的,建议办案机构补正。

---

❶回避来自于"任何人不能担任自己案件的法官"这一基本法则,其基本理念一是执法人员和案件不能有利害关系;二是执法人员不能对当事人有偏见;三是执法人员对案件不能存在先入为主的预断;四是执法人员在外观上不能让人产生合理的怀疑,使当事人产生不信任。

（4）办案程序不合法的，建议办案机构纠正。

（5）不属于交通行政执法机关管辖的，建议移送其他有管辖权的机关处理。

（四）审查

办案人员应将《违法行为调查报告》、案卷及审核意见及时报交通行政执法机关负责人审查批准决定。

（五）告知

交通运输执法机关负责人对《违法行为调查报告》批准后，拟对当事人予以行政处罚的，办案人员应当制作《违法行为通知书》，以交通运输行政执法机关的名义，告知当事人拟作出行政处罚的事实、理由、依据、处罚内容，并告知当事人依法享有陈述、申辩权或要求听证权。通过交通运输行政机关"告知"获知相关情况和权利，对于当事人来说，是其法定的权利；而对于行政机关来说，则是其法定的义务。实施行政处罚，无论是适用简易程序，还是适用一般程序，如果行政机关未依法履行告知程序❶即作出行政处罚的决定，就违反了法定程序。交通运输执法机关履行告知义务，必须是在作出行政处罚决定之前，这是保障当事人享有的告知权利的需要。如果交通运输执法机关在作出行政处罚决定之后才予以告知，则属于违反了法定程序。

（六）听取当事人陈述、申辩或者应当事人的要求举行听证

陈述，是指当事人表明自己的意见和看法，提出自己的主张和证据。申辩，是指当事人进行解释、辩解，反驳对自己不利的意见和证据。行政机关实施行政处罚的过程中，无论是适用简易程序，还是适用一般程序，当事人都享有陈述权和申辩权。从当事人的角度讲，陈述和申辩是《行政处罚法》规定的当事人所享有的重要权利，当事人有权为自己的行为作出陈述、说明、解释和辩解；从交通运输执法机关的角度讲，听取当事人的陈述和申辩，是行政处罚法规定的其必须履行的法定义务，在当事人未明确表示放弃此项权利的情况下，未经当事人陈述和申辩，交通运输执法机关不应给予当事人任何种类的行政处罚。因为处罚一个人，必须给他机会表达自己的想法、理由和不满，只有充分听取当事人的意见，最后的处罚才能让他心服口服，这样的处罚才具有正当性，否则即使结果再正确，不给当事人参与的机会，也无法让他对处罚过程和结果产生尊重和信服。当事人提出的事实、理由和证据，包括其没有违法的行为，不应受到行政处罚的事实、理由和证据，也包括其违法行为情节较轻，应受较轻的处罚的事实、理由和证据。

（七）行政处罚决定

根据《行政处罚法》第 38 条的规定，对于经过立案、调查终结的案件，交通运输行政执法机关必须依法作出相应的行政处罚决定。交通运输行政执法机关在作出行政处罚决定时，对

---

❶由于行政处罚简易程序要求当场作出行政处罚决定，可口头告知当事人有陈述、申辩的权利，并记录在案。

于一般的案件具体由交通运输行政执法机关负责人作出,但对情节复杂或者重大违法行为给予较重的行政处罚的,交通运输行政执法机关的负责人应当集体讨论决定。

(1)有效的行政处罚决定。交通运输行政执法机关应根据调查取证的结果在调查取证程序终结后,区别不同的情况,相应地作出是否处罚、如何处罚的决定及其他处理决定。①决定予以行政处罚。当事人确有违法行为,且应受行政处罚的,根据情节轻重和案件的具体情况作出适当的行政处罚决定。这类行政处罚决定包括各种处罚形式和适用方法,如罚款决定,责令停产停业决定,吊销许可证决定,从轻、减轻处罚决定等。②决定不予行政处罚。违法事实不能成立的或者依法不应当给予行政处罚的,不得给予行政处罚;属于违法行为轻微,依法可以不予行政处罚的,可决定不予行政处罚。③依法应当移送司法机关。认为当事人的违法行为已构成犯罪的,移送有管辖权的司法机关。这种决定本身并不是行政处罚决定而是移送决定。例如,公路管理机构在处理盗取公路交通设施的案件时,就要考虑该盗取行为是否足以使汽车发生倾覆,如足以导致汽车倾覆或者已经导致倾覆的,就应当移送有管辖权的司法机关。当然,该移送并不影响对该违法者民事责任的追究。

(2)不能成立的行政处罚决定。凡不符合行政处罚决定的条件和要求的行政处罚决定都属无效或不能成立。《行政处罚法》第41条特别强调了下列几种违法法定程序而作出的行政处罚决定不能成立:①没有依法告知相对人而作出的行政处罚决定。根据《行政处罚法》的规定,交通运输行政执法机关在作出行政处罚决定前,应当将作出行政处罚决定的事实、理由及依据告知当事人,并告知其依法享有的权利。告知程序为行政机关作出行政处罚决定前的法定义务,交通运输主管行政执法机关如不告知,不仅表明交通运输行政执法机关未履行法定的义务,而且也使当事人的权利行使受到影响,因而没有经过告知程序而作出的行政处罚决定无效,不能发生拘束当事人的效力。②拒绝听取当事的陈述、申辩而作出的行政处罚决定。当事人有陈述、进行申辩的权利。根据《行政处罚法》的规定,交通运输执法机关必须充分听取当事人的意见,对当事人提出的事实、理由成立的,交通运输行政执法机关应当采纳;交通运输行政执法机关不得因当事人的申辩而加重处罚。交通运输主管部门或公路管理机构如违反此项规定,不听取意见,不尊重当事人的申辩、陈述权而予以拒绝的,该行政处罚决定不能成立。但这里应注意的是,如当事人放弃陈述、申辩权的则不在此范围之内。

(3)制作《行政处罚决定书》。行政处罚决定书,是行政处罚决定的书面文书。凡决定给予行政处罚的,都应制作行政处罚决定书。行政处罚决定书应规范化,内容应明确、具体。根据《行政处罚法》第39条的规定,行政处罚决定书应载明下列事项:①受处罚人的姓名、性别、年龄、职业、工作单位或地址(单位的名称、地址、法定代表人的姓名和职务)。②违反法律、法规行为的事实及定案证据。③行政处罚的法律、法规及规章依据,处罚的种类、幅度、数额。④行政处罚的履行方式及期限。⑤不服行政处罚决定的法律救济途径,告知如何行使行政复议和行政诉讼的权利和期限。⑥作出行政处罚决定的交通运输行政执法机关的名称。⑦作出行政处罚决定的日期。最后行政处罚决定书必须加盖作出行政处罚决定的交通运输行政执法机关的印章。

(4)行政处罚决定书的送达。行政处罚决定书应及时送达被处罚人。一般情况下,对依法未经听证程序而决定行政处罚的,或决定书制作完毕后当事人不在场的,决定书应在7日内及时送达当事人及利害关系人。在送达方式上依照《民事诉讼法》的有关规定进行。送达方式除直接送交受送达人外,还可根据具体情况采取邮寄送达、留置送达、委托送达、公告送达等方式。送达应有送达回证,由受送人在送达回证签名或盖章,当事人拒绝签收的,则应在送达回证上注明情况和日期,由送达人签名即视为送达;邮寄送达的以邮戳为准。

三、听证程序

听证程序不是交通运输行政处罚的必经程序,只有符合法定条件,才可能举行听证程序,其条件:一是在作出较大数额罚款、责令停产停业、吊销证照的行政处罚决定之前,交通运输行政执法机关应当告知当事人有要求举行听证的权利;二是当事人要求听证的,交通运输行政执法机关应当组织听证。需要注意的是,听证程序是行政处罚一般程序中的特别程序,没有行政处罚一般程序,就没有行政处罚的听证程序。

1. 行政处罚听证的概念与意义

行政处罚的听证,是一种正式的听证。它是反映在作出行政处罚决定前由交通运输执法机关在调查取证人员、案件当事人及其他利害关系人参加的情况下,听取各方陈述、辩明、对质及证据证明的程序。在我国行政处罚程序中设置听证程序的意义十分重大的:(1)有利于行政机关客观、全面地查清案件事实,听取各方当事人的意见,从而使行政处罚决定建立在正确、公正、合法的基础上。(2)有利于减少行政争议,提高行政效率。(3)可以形成公民对行政机关的监督和强化行政机关内部的自我约束和监督。

2. 听证程序的适用条件

听证程序较为复杂,它并非所有的行政处罚都必经的程序,它只能适用于部分行政处罚案件。根据《行政处罚法》第 42 条的规定,适用听证程序须符合下列条件:

(1)较重的行政处罚。对于适用较轻的行政处罚的警告或者小数额的罚款,可采取当场作出处罚的决定。对于一般的行政处罚,则只需依调查取证程序获取充分的违法事实后即可作出行政处罚决定。但对于某些重大的违法行为事实、行为人可能会受到较重行政处罚的,则适用听证程序。《行政处罚法》第 42 条所规定的这些较重的行政处罚主要是指行政机关作出的责令停产停业、吊销许可证或者执照、数额较大的罚款等行政处罚。根据交通部《行政处罚程序规定》第 25 条的规定,听证程序只适用于责令停产停业、吊销证照、较大数额的罚款。较大数额罚款的“较大”为“地方交通管理部门按省级人大常委会或者人民政府或其授权的部门规定的标准执行;交通部直属的交通管理机构按 5000 元以上执行,港务(航)监督机构按 10000 元以上执行”。各省、市、自治区根据本地实际就“较大数额罚款”作出了规定,例如,山西省《关于贯彻实施〈中华人民共和国行政处罚法〉的通知》(晋政发〔1996〕92 号)规定,“听证范围中的‘较大数额的罚款’一项,我省暂定为对非经营活动中的违法行为处以 1000 元以上的罚款;对经营活动中的违法行为,没有违法所得的处以 10000 元以上的罚款,有违法所得的处以 30000 元以上的罚款。”

(2)对主要违法事实的认定有分歧。交通运输行政执法机关对公民、法人或其他组织的违反行政管理秩序行为的违法事实的认定,当事人对此有异议,因而使听证成为必要。如果交通运输行政执法机关与当事人之间对违法事实的认定没有分歧,也就无必要进行正式的双方对质和辩明的程序。

(3)有当事人的听证要求。不仅有双方对违法事实认定的分歧,而且还要当事人提出进行正式的听证要求(不仅仅是当事人行使申辩的权利),这种听证要求既可以书面提出,也可以口头提出。如果当事人没有提出听证的要求,交通运输行政执法机关认为举行听证有助于查清事实,对违法案件予以正确定性,即有进行听证的必要时,也可主动组织听证。

(4)听证必须由行政处罚管辖权的交通运输行政执法机关组织。

3. 听证的内容

交通运输行政执法机关组织的听证应符合下列方式和内容:

(1)听证的提出。当事人对交通运输行政执法机关所认定的违法事实有异议的,有权要求交通运输行政执法机关组织听证,这一要求的提出在形式上一般是书面的,也可以口头形式,在时限上,应当在交通运输行政执法机关告知后3日内提出。

(2)听证通知。组织听证的交通运输行政执法机关应当在听证开始的7日前书面通知当事人。交通运输行政执法机关就举行听证的具体时间、地点等应及时通知,以便当事人有提出各种事实、证据及时对争议的问题进行申辩机会。调查取证人员在举行听证前应就其所认定的地违法事实向组织的交通运输主管部门或公路管理机构提出当事人违法的事实和有关证据材料,并提出行政处罚建议。

(3)主持人员。听证的主持人应该由有管辖权的交通运输行政执法机关中具有相对独立地位的专门人员来担当。他们应是交通运输行政执法机关中非直接参与该案件调查取证的人员,以便能客观、公正地依据事实和法律作出判断。交通运输行政执法机关中下列人员不得被任命为听证主持人:案件的调查取证人员;行为人的近亲属;与案件有利害关系的人员。当事人对主持人有异议的,有权申请回避。

(4)当事人和其他参加人。当事人是指违法行为或违法行为嫌疑人。当事人在听证程序中可以亲自参加,也可以委托他人(1至2人)代理。当事人有申请听证的权利,也有放弃质证和申辩的权利,对经合法通知无正当理由不参加听证的,则视为放弃要求听证的权益。在听证中当事人有权辩论、提出有关的证据、提出回避、最后陈述等。与案件有利害关系的人也有权要求参加听证,在听证中享有与当事人相同的权利并承担相同的义务。调查取证人员在听证程序中是当然的参加人,否则无法质证和相互辩论。调查取证人员在听证程序中应与当事人地位平等。此外,在听证程序中还有证人和鉴定人员等。

(5)公开举行。听证除涉及国家秘密、商业秘密或者个人隐私及法律规定的不宜公开的其他情况外,听证一般都应公开举行。

(6)听证笔录。听证应当制作笔录。凡在听证举行中出示的证据材料,当事人的陈述、辩论等过程和情况都应制作笔录,笔录应交当事人及其他参加人审核无误后签字或者盖章;如认为记录有遗漏或者有差错的,可以请求补充或者改正。

(7)听证费用的负担。当事人不承担交通运输行政执法机关组织听证的费用,该费用支出应由国家财政开支。

第三节　行政处罚一般程序适用的相关法律文书❶

一、《举报记录》的适用情形及填写

（一）适用情形

《举报记录》是指交通运输执法机关对自然人、法人或者其他组织通过电话、信件、传真、网络、上访等形式举报揭发交通运输违法行为所进行的记录。举报是案件线索的主要来源之一。

（二）填写

（1）"举报人"及相关信息栏应尽可能详尽，举报人不愿留下姓名或要求保密以及声明其举报材料的可靠程度等内容应在举报内容栏反映出来。

（2）"举报类别"栏应当根据举报方式填写，如电话、信件、传真、网络、上访等。

（3）"举报内容"栏应当写清楚所举报的时间、地点、主要情节、同案人、知情人、证明人等。

（4）网络举报的，应当下载举报内容或制作网页截图；若案情复杂，应请举报人递交书面举报材料。

（5）《举报记录》制作完毕后，按照规定转交承办机构或人员，由其进行核实或核查。核实或核查主要通过调查取证的方式进行，如询问、现场检查等。

《举报记录》范本，见图9-3。

二、《立案审批表》的适用情形及填写

（一）适用情形

行政处罚案件中的立案是指行政机关执法人员发现违法行为，进行初步核实后，确认有违法行为依法应当给予行政处罚而进行的一种行政法律活动。立案程序作为行政处罚程序的启动程序，是案件程序中的一个独立部分，除依法适用简易程序以及国家有关规定可以不经过立案程序的案件外，都要经过立案程序，否则就会引起程序违法。

按照《交通行政处罚行为规范》的规定，交通运输行政执法机关主动实施监督检查过程中发现的违法案件，可不经过立案环节。

立案的具体条件有：

---

❶《询问笔录》的制作在本节行政处罚简易程序中已有讲述。《现场笔录》属于行政强制措施中必须使用的文书，该文书的制作将在行政强制措施程序中讲述。

(1)有明确的违法嫌疑人。

(2)有确定的违法事实(包括初步证据和可能违反的法律条款)。

(3)属于本交通运输执法机关的管辖范围。

以上三个条件缺一不可。这里的"违法事实"不是指已经过法定程序确认的违法行为,而是只要求简单地符合违法行为构成要件即可,包括有明确的涉嫌违法的当事人、有客观的违法事实及初步的证据资料等。

举 报 记 录

举报时间:_____年___月___日___时___分;举报类别_____

举报人:_____性别:_____年龄:_____

住所或工作单位:_____

联系电话:_____

身份证号:_____

举报内容:_____

_____

_____

_____

_____

_____

_____

_____

_____

_____

_____

_____

_____

举报人签名及时间:　　　　　　　记录人签名及时间:

_____　　　　　_____

备注:

图 9-3　举报记录

(二)依据

《交通行政处罚行为规范》第 5 条:除依法可以当场作出的交通行政处罚外,交通行政执法机关通过举报、其他机关移送、上级机关交办等途径,发现公民、法人或其他组织有依法应当处以行政处罚的交通行政违法行为,应当自发现之日起 7 日内决定是否立案。

交通行政执法机关主动实施监督检查过程中发现的违法案件,可不经过立案环节。

第 6 条:立案应当填写《立案审批表》,同时附上相关材料(现场笔录、举报记录、上级机关交办或者有关部门移送的材料、当事人提供的材料、监督检查报告等),由交通行政执法机关负责人批准。

(三)填写

(1)"案件来源"栏应当根据实际情况分别注明办案机关在监督检查中发现的,以监督检查工作中已获取的证据为主;如属于投诉、申诉、举报的,则要附上投诉、申诉、举报材料;如属于上级交办或有关部门移送的材料,则以这些材料为主,还可以根据情况,辅以办案机关的相关工作资料。

(2)"受案时间"栏应当填写受理案件的具体时间。

(3)案由统一填写为"当事人姓名(名称)+违法行为初步定性+案"。

(4)当事人基本情况。当事人一栏的填写,应当以立案时查清的情况为准,已经查清的要如实填写,立案时没有查清而在立案后调查过程中查清的,就不能补充填写。

(5)案件基本情况。应当填写立案的事实依据,摘要叙述案情和违法事实。如果是在监督检查中发现的违法事实,应当写明检查方法、违法行为嫌疑人、违法行为以及相关证据;如果是单位或个人举报或者是接受移交的案件,应当将举报人、移送机关陈述、介绍的违法事实需要如实写明。

(6)立案依据。由受案机构填写违法行为违反的法律、法规和规章的全称及具体的条、款、项。

(7)受案机构意见。受案机构根据案情提出是否立案的明确意见,同时由承办人员签名并注明提出意见的时间。

(8)负责人审批意见。交通运输执法机关负责人根据案情提出明确意见,同意立案的,签署"同意立案",并明确两名以上执法人员具体承办该案;不同意立案的,应当签署"不予立案";交通运输执法机关负责人应当签名并注明日期。

《立案审批表》式样,见表 9-1。

立 案 审 批 表

表 9-1

案号:　　　字　第　　　号

案件来源	□1. 在监督检查中发现的; □2. 公民、法人及其他组织举报的; □3. 上级机关_____交办的; □4. 下级机关_____报请查处的; □5. 有关部门_____移送的; □6. _____(媒体)披露的; □7. 其他途径发现的:_____
案由	

受案时间						
当事人基本情况	个人	姓名		性别		年龄
		住址		身份证号		联系电话
	单位	名称			法定代表人	
		地址			联系电话	
案件基本情况						
立案依据			受案机构意见		签名： 时间：	
负责人审批意见					签名： 时间：	
备注						

三、《协助调查函》的适用情形及填写

（一）适用

《协助调查函》是交通运输行政执法机关调查案件时，请求有关单位和个人进行协助调查时使用的文书。

一般情况下，交通运输行政执法机关请求协助调查的对象有：没有隶属关系的机关或其他单位、下级交通运输行政执法机关、公民。

《交通行政处罚行为规范》的规定中"交通行政执法文书式样"中的《协助调查通知书》内容，可以认为该文书适用范围为交通运输行政执法机关执法人员到协助调查单位取证时使用的，此种情况下使用《协助调查通知书》。

但在交通运输执法中，执法机关经常因路途遥远，执法人员不便到协助调查单位取证，通过向协助调查单位发函请求协助调查有关情况。在此情况下，上述文书样式就需要做必要的改动。对没有隶属关系的机关或其他单位请求协助调查的，使用《协助调查函》更为妥当。主要情形：请求公安交通管理部门协助调查机动车的所有人情况、请求其他公路管理机构、道路运输管理机构协助调查超限运输许可或道路运输许可情况、请求村民委员会协助调查公路建筑控制区内非法建筑物或地面构筑物的当事人情况等。此种情况下使用《协助调查函》。

（二）《协助调查函》的填写

①处填写需要协助调查的单位和个人；②处写明所有协助调查的案由；③处填写需要协助调查的内容，如本机关在执法检查中发现本案当事人所持《超限运输车辆通行证》（记载的核发时间、对应的机动车号牌等）涉嫌伪造，该证记载的许可机关为你单位，请对上述情况进行核实。

《协助调查函》式样，见图9-4。

协助调查函

＿＿＿协调（　　）＿＿＿号

＿＿＿＿＿＿＿＿①＿＿＿＿＿＿＿＿：

我机关在处理＿＿＿＿＿＿②＿＿＿＿＿＿＿＿＿＿＿＿＿＿＿＿＿＿

＿＿＿＿＿＿＿＿＿＿一案中，涉及部分情况需要核实。为此，特请你单位协助调查以下情况：

（需要调查的内容）。

1.＿＿＿＿＿③＿＿＿＿＿＿＿＿

2.＿＿＿＿＿＿＿＿＿＿＿＿＿＿

3.＿＿＿＿＿＿＿＿＿＿＿＿＿＿

4.＿＿＿＿＿＿＿＿＿＿＿＿＿＿

请予以协助，并请将调查结果函告本机关。

联系人：＿＿＿＿＿＿＿＿＿＿＿＿＿＿＿

联系电话：＿＿＿＿＿＿＿＿＿＿＿＿＿＿

联系地址：＿＿＿＿＿＿＿＿＿＿＿＿＿＿

邮政编码：＿＿＿＿＿＿＿＿＿＿＿＿＿＿

交通运输行政执法机关（印章）
年　　月　　日

图9-4　协助调查函

四、《勘验（检查）笔录》的适用情形及填写

（一）适用情形

《勘验（检查）笔录》是指交通行政执法人员对与涉嫌违法行为有关的物品、场所等进行检查或者勘验的文字图形记载和描述。一般适用于公路建设施工质量和安全方面的现场勘验、未经许可涉路施工的现场勘验、公路及附属设施损害的现场勘验、未经许可进行驾驶员培训的场地设施等方面的现场勘验等，此外也适用于对被许可人从事许可活动的监督检查等。

（二）法律依据

《行政处罚法》第37条：行政机关在调查或者进行检查时，执法人员不得少于两人，并应当向当事人或者有关人员出示证件。当事人或者有关人员应当如实回答询问，并协助调查或者检查，不得阻挠。询问或者检查应当制作笔录。

《行政许可法》第61条：行政机关依法对被许可人从事行政许可事项的活动进行监督检查时，应当将监督检查的情况和处理结果予以记录，由监督检查人员签字后归档。公众有权查阅行政机关监督检查记录。

（三）填写

内容主要包括现场笔录、现场拍照和现场绘图三个部分。具体内容包括：

（1）现场保护人员的基本情况，到达现场的时间和采取的保护措施，以及保护过程中所发现的情况。

（2）参加勘查人员和见证人员的基本情况。

（3）勘验工作开始和结束的时间，勘验的程序。

（4）现场所在地的位置及周围的环境，现场中心处所及有关场所，勘查所见到的情况。

（5）违法行为的遗留物和痕迹的详细情况，以及在现场所见到的反常现象。

（6）说明采取的物证（包括物品和痕迹）、书证的名称、数量；说明现场拍照的内容、拍照的数量；说明绘制现场图的种类和数量。

1. 案由

案由一栏要用简明扼要的语言指出案件的内容，属于立案拟给予行政处罚的，填写"当事人姓名（名称）＋违法行为初步定性＋案"；属于采取"双随机"检查的，简明扼要说明检查的事项。

2. 勘验检查的时间

勘验检查的时间一栏中，时间的填写勘验检查的起始时间和截止时间，即某年、月、日、时、分至某年、月、日、时、分。

3. 天气情况

天气情况一栏填写一般天气知识，可按当天天气预报中发布的天气情况填写，如晴天、多云、多云转晴、阴天、小雨、中雨、大雨、暴雨等。

4. 勘验检查地点

勘验地点为案件发生的现场，检查地点为当事人的营业场所、执法检查站的，填写当事人的营业场所、执法检查站名称。勘验检查地点要明确具体。

5. 勘验检查人员

勘验检查人员包括勘验主持人和两名勘验人员。勘验主持人负责勘验工作的组织指挥，勘验人员负责现场勘验和检查，上述人员必须是执法人员。

6. 当事人

行政处罚案件的当事人或者从事许可活动的当事人。

7. 被邀请人（见证人）

我国当前行政处罚见证人制度在立法上较为粗疏，导致该项制度在行政处罚实践中并未发挥预期的作用，从而沦为一项可有可无或者毫不起眼的制度，以致于未能引起民众和立法者的充分注意和重视。需要注意的是，文书中的"被邀请人"具有见证人功能，其主要作用是监督现场勘验和证明现场勘验，因此，被邀请人应当是与案件及案件的当事人无利害关系的第三人。被邀请人的单位和职务一定要清楚明确，在案件发生纠纷（当事人提起行政诉讼）后需要进一步核实验证。

8. 记录人

记录人的任务是对勘验检查过程、结果等情况进行记录和绘图。可以单独制定记录人,也可以由勘验检查人员兼任。

9. 勘验检查情况及结果

这是勘验检查笔录的核心内容。制作勘验(检查)笔录要注意记录时应当抓住重点,在记录全面内容的前提下突出重点;笔录文字要符合规范、简练的要求,切忌使用不必要的形容词、成语等含糊不清、夸张的记录方法;文字记录与制图、照相、录像相结合,使勘验笔录更加具体、直观。勘验笔录中要准确表述违法行为现场的各种现象或物品、工具、车辆的名称、外部特征和方位。其准确程度要达到结合勘验图、照片等再现现场全貌;检查笔录要记录依法查阅或者要求被许可人报送有关材料、当事人从事行政许可事项的活动情况❶以及是否存在违法情况、处理结果等。

10. 签字

由当事人、利害关系人、见证人等在场人签名或盖章。在场人拒绝签名或盖章的,应予以说明。

《勘验(检查)笔录》式样,见图9-5。

勘验(检查)笔录

案由:＿＿＿＿＿＿＿＿＿＿＿＿＿＿＿＿＿＿＿＿＿＿＿＿＿＿＿＿＿＿＿＿＿

勘验(检查)时间:＿＿＿＿年＿＿月＿＿日＿＿时＿＿分至＿＿月＿＿日＿＿时＿＿分

勘验(检查)场所:＿＿＿＿＿＿＿＿＿＿＿＿天气情况:＿＿＿＿＿＿＿＿＿＿

勘验(检查)人:＿＿＿＿＿＿单位及职务:＿＿＿＿＿＿执法证号:＿＿＿＿＿＿＿

勘验(检查)人:＿＿＿＿＿＿单位及职务:＿＿＿＿＿＿执法证号:＿＿＿＿＿＿＿

当事人(当事人代理人)姓名:＿＿＿＿＿＿性别:＿＿＿＿＿年龄:＿＿＿＿＿＿

身份证号:＿＿＿＿＿＿＿＿＿＿＿＿单位及职务:＿＿＿＿＿＿＿＿＿＿

住址:＿＿＿＿＿＿＿＿＿＿＿＿联系电话:＿＿＿＿＿＿＿＿＿＿＿＿

被邀请人:＿＿＿＿＿＿＿＿＿＿＿单位及职务:＿＿＿＿＿＿＿＿＿＿＿

记录人:＿＿＿＿＿＿＿＿＿＿＿单位及职务:＿＿＿＿＿＿＿＿＿＿＿

勘验(检查)情况及结果:＿＿＿＿＿＿＿＿＿＿＿＿＿＿＿＿＿＿＿＿＿

＿＿＿＿＿＿＿＿＿＿＿＿＿＿＿＿＿＿＿＿＿＿＿＿＿＿＿＿＿＿＿＿＿

＿＿＿＿＿＿＿＿＿＿＿＿＿＿＿＿＿＿＿＿＿＿＿＿＿＿＿＿＿＿＿＿＿

当事人或其代理人签名:＿＿＿＿＿＿＿＿＿勘验(检查)人签名:＿＿＿＿＿＿＿

被邀请人签名:＿＿＿＿＿＿＿＿＿

记录人签名:＿＿＿＿＿＿＿＿＿＿＿＿＿＿

备注:＿＿＿＿＿＿

图9-5　勘验(检查)笔录

_____

❶见《行政许可法》第61条。

五、《委托鉴定书》的适用情形及填写

（1）《委托鉴定书》是指交通运输行政执法机关在调查取证过程中，对相关专业问题委托专业机构进行鉴定的文书。《委托鉴定书》并不是每个处罚案件都必须使用的文书，只有执法人员对某些专业问题确需鉴定的情况下才使用。为了查明案情，需要对专门性技术问题进行鉴定的，应当指派或者聘请具有专门知识的人员进行。需要聘请本交通运输执法机关以外的人进行鉴定的，应当经交通运输执法机关负责人批准后，制作《委托鉴定书》。

关于专业机构，一是具有相应法定资质的专门鉴定机构。二是有关生产企业，例如《道路运输条例》中规定的机动车维修企业使用的"假冒伪劣配件"，可以委托机动车生产企业或零配件生产企业进行鉴定，虽然这些企业不是法定的鉴定机构，但是由于其所具有的专业知识，对该零配件是否为本企业生产以及是否符合有关标准具有辨别能力，由其进行鉴定并无不妥。三是行政机关，由于行政机关的专业优势，行政机关对其专业管理领域内的事项也可以鉴定，特别是对其制发的公文、许可证件等，具有超乎其他机构的鉴定能力。

（2）填写：

①主送栏应当填写受委托鉴定机构的全称。

②详细填写受委托鉴定的物品名称、规格型号、数量。

③填写具体的委托鉴定的事项、目的和要求。

④提交的相关物品、材料等满足鉴定目的和要求，确保送检材料的真实性和完全性。介绍与鉴定有关的情况，并且明确提出要求鉴定解决的问题。

《委托鉴定书》式样，见图9-6。

委托鉴定书

_____：

    因调查有关交通违法案件的需要，本机关现委托你单位对下列物品进行鉴定。

物品名称	规格型号	数量	备注

鉴定要求：_____

_____

_____

请于_____年____月____日前向本单位提交鉴定结果。

交通运输行政执法机关（印章）

年　　月　　日

注：鉴定结果请提出具体鉴定报告书，并由鉴定人员签名或盖章，加盖公章。

图9-6　委托鉴定书

六、《鉴定意见书》的适用情形及填写

《鉴定意见书》,以前也称《鉴定结论》❶,是指受交通行政执法机关的委托,相关专业机构对专业问题出具的专业鉴定意见。该文书由受委托进行鉴定的机构在鉴定完毕后填写。

一般情况下,按照鉴定意见所确定的事实与案件的关系,可分为认定同一的、认定种类的、认定事实真伪的、确定事实有无的、确定事实程度的和确定事实因果的鉴定意见。

《鉴定意见书》的内容:

(1)鉴定的内容,即需要鉴定的事项,含送鉴的案由、鉴定目的和要求等。

(2)鉴定时提交的相关材料,如送检样本、样品的名称、数量、种类、性状等。

(3)鉴定的依据和使用的科学技术手段,以便于执法机关审查鉴定方法是否科学、先进、有效。

(4)鉴定的过程,即鉴定主体在鉴定活动中应共同遵守的规则、步骤和方法。

(5)明确的鉴定意见,这是鉴定书中最为重要的组成部分,必须符合法律规定和行业规范要求,且不能超出鉴定人的职权范围,不得对案件定性及得出法律上的结论。一是分析,即对委托人提供的鉴定事项和各种检查结果进行分析,找出它们与委托鉴定的能反映产品鉴定事项本质属性特征的肯定点与否定点、符合点与差异点的特征。二是鉴别和判断,即在前面分析的基础上,对这些肯定点与否定点、符合点与差异点特征进行鉴别、推理和判断,针对委托鉴定的事由作出明确回答。三是说明,这里主要是指用通俗准确的文字概括性地反映由检查结果如何得出鉴定结论的过程,即对以上分析、鉴别、推理和判断的过程进行阐述和释明。

(6)鉴定机构和鉴定人鉴定资格的说明,如鉴定机构的授权证明、营业执照,鉴定人的授权证明、身份证件等。

(7)鉴定人及鉴定机构的签名、盖章,如鉴定机构公章或鉴定专用章、鉴定日期,以及多页鉴定书加盖骑缝章等。

需要注意的是,《鉴定意见书》应当附有鉴定机构和鉴定人的资质证明或者其他证明文件。

《鉴定意见书》式样,见图9-7。

七、《证据登记保存清单》的适用情形及填写

(一)适用及相关注意事项

《证据登记保存清单》适用于交通运输行政执法调查取证过程中,在证据可能灭失或者以后难以取得的情况下,经本机关负责人批准,对涉案证据进行登记保存时使用的文书。

---

❶1989年发布的《行政诉讼法》中称为"鉴定结论"。自2013年1月1日相继实施的《刑事诉讼法》《民事诉讼法》特别是2015年5月1日实施的《行政诉讼法》中把作为证据之一的"鉴定结论"改为"鉴定意见"。把"结论"改为"意见",是第十届全国人大常委会第十四次会议通过的《关于司法鉴定管理问题的决定》中提出来的,因为鉴定结果,只是鉴定人个人的认识和判断,表达的也只是鉴定人个人的意见,对整个案件来说,这些意见只是诸多证据中的一种(如果被法官采信的话),同时要与其他证据形成证据链。所以,用"鉴定意见"来表示更为恰当,有利于摆正这类证据在诉讼中的位置。

鉴定意见书

鉴定内容及目的：_____

_____

_____

委托鉴定单位：_____

鉴定人：_____ 职务和职称：_____

地点：_____

时间：_____

鉴定意见：_____

_____

_____

鉴定人签名或盖章：_____

鉴定单位(印章)

年　月　日

图 9-7　鉴定意见书

1. 证据登记保存的地点。

《行政处罚法》第 37 条第 2 款和《交通行政处罚程序规定》都没有明确规定证据登记保存的地点，但也没有禁止异地保存。从执法实践看，与违法行为有关的物品，如果实行就地保存，就必须安排执法人员在现场看管，执法人员的人身安全无法保障，假设不安排执法人员在现场看管，就无法制止当事人转移、毁灭证据，登记保存就失去了意义，所以就地保存难度较大，执法成本也很高。有些地方的立法活动就支持异地保存，如《北京市实施行政处罚程序若干规定》第 13 条第 3 款规定："登记保存物品时，在原地保存可能妨害公共秩序或者公共安全的，可以异地保存。"选择实行异地保存，既不损害当事人的合法权益，同时又提高了执法效率，减轻了执法成本，况且不违背《行政处罚法》的规定，应当认定合法。

2. 证据登记保存的期限

一种意见认为，登记保存的物品超过 7 天而未作出处理，登记保存自行解除。另一种意见认为，登记保存的物品超过 7 天而未作出处理的，交通运输行政执法机关应赔偿因保存相对人的财产而给相对人造成的直接损失。因为交通运输行政执法机关的逾期保存，使相对人无权支配其财产和对保存的财产进行处分、收益。所以，逾期保存会影响到相对人的权益，给相对人造成一定的损失。对由此造成的损失，行政机关应当赔偿。

交通运输执法机关在执法检查中，对于一些可能是违法的物品当场检查只能是凭直觉对所查物品的真假作出判断，是真是假有待于专门机构作出鉴定来确认，对所登记保存的物品进行鉴定需要一定的时间，7 天的法定时间，如物品有待送检的，则可能比较紧张。《行政处罚法》在立法时，虽然对于登记保存的时间提出了 3 天、7 天、15 天的建议，最后考虑到对行政相对人的保护确定为 7 天,如果行政机关在 7 日内不能作出处理,则应将登记保存的证据发还给所有人,否则便是程序违法,行政机关就要承担败诉的法律后果。因此,按照目前的法律规定:交通运输执法机关逾期保存给相对人带来财产损失的,应予相应赔偿。

3. 证据登记保存的范围。

实行证据先行登记保存,必须是在特殊、紧急情况下,如证据有可能灭失、时过境迁后将难以取得等,交通运输执法机关才能实施。对没有必要进行证据登记保存,或通过询问笔录、证人证言、现场笔录等其他证据就能够确定行政相对人违法事实的,则不能采取该措施。在执法中,交通运输执法机关往往把握不准实施证据登记保护的条件,在没有必要采取证据登记保存或用其他证据就足以认定行政相对人违法的情况下,任意扩大其范围。

（二）证据登记保存适用的法律依据

《行政处罚法》第 37 条:行政机关在收集证据时,可以采取抽样取证的方法;在证据可能灭失或者以后难以取得的情况下,经行政机关负责人批准,可以先行登记保存,并应当在 7 日内及时作出处理决定。在此期间,当事人或者有关人员不得销毁或者转移证据。

（三）证据登记保存清单的制作

登记保存物品是行政执法很重要的一个环节,交通运输执法机关在现场提取证据后,应当制作登记保存物品的清单。但交通运输执法机关在执法中往往忽略了这一点,通常只考虑证据登记保存的"实质",在形式和程序上存在瑕疵,或者不制作证据先行登记保存单,或者不认真规范制作,马马虎虎、草率了事,漏填或者用"一车、半箱"等含糊单位标记,或者登记保存单与实际保存数量不一致,以至于不能完全、准确地反映登记保存的物品内容,容易与相对人在保存物品的名称、种类、数量、质量等方面产生分歧,引发行政复议或行政诉讼。由于行政诉讼实行举证责任倒置,而有些失误很难通过其他证据来证明,只能由交通运输执法机关承担败诉的后果,这方面的教训值得我们认真去反思。

（四）证据登记保存的批准

登记保存清单缺少交通运输执法机关负责人签字批准,亦违反法定程序。《行政处罚法》要求,进行证据登记保存,必须经交通运输执法机关负责人批准,这种批准可以是"一案一批",为了提高行政效率,便于对违法行为及时打击,也可以是"事先授权",即在明确具体标准的情况下,授予行政执法人员根据具体情况处置的权力,行政执法人员采取"先行登记保存"后,应及时向交通运输执法机关负责人汇报。但在实际操作中,执法人员往往凭借个人一时冲动,感情用事,在未经批准的情况下,随意采取先行登记保存措施;或者在情况紧急的情况下,为保全证据而采取这种措施,事后怠于向负责人汇报,以求追认,等以后发生了争议,再去补充,这两种情况都是违法的。

（五）需要注意的问题

证据登记保存属于行政强制措施,其适用应当遵循《行政强制法》关于行政强制措施规定的有关程序和要求,同时配套适用相关的执法文书。

《证据登记通知书》式样,见图9-8。

证据登记通知书

案号: 字 第 号

当事人	公民	姓名		性别		年龄	
		电话				职业	
		住址					
	法人或者其他组织	名称					
		地址					
		法定代表人					
		联系电话					

　　根据《中华人民共和国行政处罚法》第三十七条第二款的规定,需对你(单位)下列物品登记保存。在7日内当事人或有关人员不得销毁或转移。请＿＿＿＿于＿＿＿＿年＿＿月＿＿日前到＿＿＿＿＿＿＿＿＿＿＿＿＿接受处理。

序号	证据名称	规格	数量	登记保存地点

被取证人(或其代理人)签名及时间:　　　　执法人员签名执法证件号:

＿＿＿＿＿＿＿＿＿＿＿＿＿　　　　＿＿＿＿＿＿＿＿＿＿＿＿＿

＿＿＿＿＿＿＿＿＿＿＿＿＿

交通运输行政执法机关(印章)

年　　月　　日

(本文书一式两份:一份存根,一份交当事人或其代理人)

图9-8　证据登记通知书

八、《证据登记保存处理决定书》的适用情形及填写

(一)适用

《证据登记保存处理决定书》是指交通行政执法机关在规定的期限内对被登记保存的物品作出处理决定并告知当事人的文书。

(二)填写

(1)当事人姓名(名称)应与证据先行登记保存清单中的当事人一致。

（2）物品具体处理决定意见应当包括：全部或部分退还、送交有关机构检验或鉴定、依法予以没收、移送其他机关等。

（3）作出退还决定的，应当有当事人"上述物品已全部退还"的意见记载、接受时间以及两名以上执法人员的签名。

《证据登记保存处理决定书》式样，见图9-9。

<h2 style="text-align:center">证据登记保存处理决定书</h2>

_____先保（　　）_____号

_____：

　　本单位于_____年___月___日对你（单位）的_____

_____

等物品进行了先行登记保存。现依法对上述物品作出如下处理：_____

_____

_____

_____

_____

_____

_____

_____

_____

交通运输行政执法机关（印章）

年　　月　　日

图9-9　证据登记保存处理决定书

九、《责令改正通知书》的适用情形及填写

（一）适用情形

本文书是交通运输行政执法机关依据有关法律、法规的规定，责令违法行为人立即或在一定期限内纠正违法行为适用的文书。

责令改正违法行为不是一种行政处罚，而是相对独立的一种行政处理决定。法律设定责令改正的目的，是不能因行政处罚使违法行为取得合法性，教育违法行为实施者，制止轻微违法行为和防止重大违法行为的发生。

按照《关于印发交通行政执法风纪等5个规范的通知》（交体法发〔2008〕562号）中规定

格式文书的名称为《责令改正通知书》。根据《行政处罚法》及有关法律法规规定的本意,修改为《责令改正决定书》更符合其立法本意,如《公路安全保护条例》第56条"违反本条例的规定,有下列情形之一的,由公路管理机构责令限期拆除,可以处5万元以下的罚款。逾期不拆除的,由公路管理机构拆除,有关费用由违法行为人承担。"中规定的"责令限期拆除"即为责令改正,该"责令限期拆除"不仅需要当事人知悉,而且是具有确定力、强制力和执行力的行政决定。同时按照《行政强制法》第34条关于"行政机关依法作出行政决定后,当事人在行政机关决定的期限内不履行义务的,具有行政强制执行权的行政机关依照本章规定强制执行。"的规定,责令改正只有作为行政机关的决定,才符合《行政强制法》的规定。所以,将其修改为《责令改正决定书》更为科学,更符合立法本意。

责令改正的实施有以下三种情形:

(1)事前责令改正,对违法当事人而言具有一定的防范和行政救济功能。通过提醒、警示、劝导和告诫,教育和引导当事人不断增强法制观念和责任意识,及时发现并自觉纠正违法行为,防止事态扩大和蔓延,避免造成更大的损失和伤害。事前责令改正主要有两种情况:其一,《行政处罚法》规定对那些违法行为轻微,没有造成危害后果的,不予行政处罚,但并不意味着对轻微违法行为的放纵。如果不能及时制止或者纠正轻微的违法行为,很可能会导致违法行为的蔓延和升级,酿成不可料及的危害性后果,因此有必要责令当事人改正违法行为。其二,在现行的交通运输法律法规中,部分责令改正被设置为行政处罚的前提。如《道路运输条例》第72条第2款规定"违反本条例的规定,道路运输站(场)经营者擅自改变道路运输站(场)的用途和服务功能,或者不公布运输线路、起止经停站点、运输班次、始发时间、票价的,由县级以上道路运输管理机构责令改正;拒不改正的,处3000元的罚款;有违法所得的,没收违法所得。"针对当事人的违法行为,行政机关需要事前下达责令改正通知书,督促当事人正确履行守法经营,遵守交通运输管理秩序的义务。当事人接到责令改正通知书后,在规定期限内能够按照要求改正违法行为,并主动消除不良后果的,应当给违法当事人"改过"的机会,不予行政处罚;如果当事人接到责令改正决定后,没有改正违法行为,或者改正后再次出现相同违法行为时,应立即转入案件查处程序。

(2)事中责令改正,一般在现场检查或案件调查过程中,由执法人员根据实际情况以行政机关的名义依法作出。事中责令改正有利于客观、及时、全面地了解案发现场情况以及收集涉嫌违法的证据,保障相关调查工作顺利进行。

(3)事后责令改正,一般在实施行政处罚时一并作出,附带一定的强制性。《行政处罚法》第23条规定"行政机关实施行政处罚时,应当责令当事人改正或者限期改正违法行为。"可见责令改正在行政处罚中具有普遍适用性。交通运输执法机关实施行政处罚时,有权也有义务责令当事人纠正其违反交通运输秩序的行为。否则,可能导致"罚而不管"、"重罚轻管"等错误倾向,存在监管风险。从某种程度上讲,责令改正弥补了行政处罚结果预期的不足。在行政处罚中附带责令改正措施,借助行政处罚的威慑力,能够起到"罚、管并举"的效果。

无论哪种情形事实责令改正,交通运输执法机关应当有证据证明当事人的行为已经构成违法。

（二）法律依据

其法律依据为《行政处罚法》第 23 条："行政机关实施行政处罚时,应当责令当事人改正或者限期改正违法行为。"

（三）填写

（1）主送一栏填写违法行为当事人的姓名或名称。

（2）违法事实表述要简明、清晰,一般要注明违法时间、违法地点、违法行为性质、数量等情节。

（3）违反的法律和责令改正引用的法律要写全称,适用的专业法有责令改正依据的,应当引用专业法;适用的专业法没有责令改正依据的,应当引用《行政处罚法》第 23 条之规定。需要注意的是:有些违法行为在交通运输执法机关实施处罚后就失去了改正的内容,如《公路安全保护条例》第 65 条规定的"使用伪造、变造的超限运输车辆通行证的,由公路管理机构没收伪造、变造的超限运输车辆通行证。"《道路运输条例》第 70 条规定的"情节严重的,由原许可机关吊销道路运输经营许可证。"

（4）可以立即改正的,应当责令当事人立即改正,并可将改正结果注于责令改正通知书下方;不能立即改正的,应当写出明确的责令整改期限。

（5）责令改正的内容应当尽量明确,要按照作出行政处罚决定所适用法律条款规定作出具体的责令改正内容。如对按照《公路安全保护条例》第 56 条作出处罚决定的,可填写"接到本决定之日起 10 日内拆除建筑控制区内的违法建筑物",再如按照《中华人民共和国道路运输条例》对 64 条规定对未取得道路运输经营许可,擅自从事道路运输经营的,填写"责令停止经营"。

（6）被责令改正人签名处由违法行为的当事人或其委托代理人签名、填写时间。

（7）"执法人员签名及执法证号"处应当由两名以上执法人员签名,并填写执法证号。

《责令改正违法行为通知书》式样,见图 9-10。

十、《回避申请书》的适用情形及填写

（一）适用情形

《回避申请书》是当事人认为交通行政执法人员与案件有直接利害关系,向交通行政执法机关提出请求交通行政执法人员退出对该案件的调查和处理的文书。一般情况下,适用行政处罚简易程序不适用《回避申请书》,如果符合简易程序的有关规定,但当事人提出回避申请,则应当适用行政处罚一般程序。

按照《交通行政处罚程序规定》第 17 条的规定,当事人也有权向交通行政执法机关申请要求回避的,有三种情形:一是本案的当事人或者其近亲属;二是本人或者其近亲属与本案有利害关系;三是与本案当事人有其他关系,可能影响案件的公正处理的。

责令改正违法行为通知书

案号：　　　字　第　　　号

_____：

经调查，你(单位)存在下列违法事实：

1. _____

_____

2. _____

_____

3. _____

_____

4. _____

_____

根据_____的规定，现责令你(单位)对上述第_____项问题立即改正；对第_____项问题于_____年____月____日前整改完毕。

改正内容和要求如下：

1. _____
2. _____
3. _____
4. _____

被责令改正人签名及时间：　　　　执法人员签名及执法证号：

_____　　_____

　　　　　　　　　　　　　　　　　_____

交通运输行政执法机关(印章)

年　　月　　日

图9-10　责令改正违法行为通知书

(二)填写

(1)"申请人"一栏中填写当事人的姓名或名称，申请人的姓名或名称要与《立案审批表》中的当事人相一致。

①申请人是自然人的，写明其姓名、性别、年龄、民族、职业或工作单位和职务、住所。住所与经常居住地不一致的，写经常居住地；申请人是法人的，写明法人名称和住所，并另起一行写明法定代表人及其姓名和职务；申请人是不具备法人条件的组织或字号的个人合伙的，写明其名称或字号和住所，并另起一行写明主要负责人及其姓名和职务；申请人是个体工商户的，写明业主的姓名、性别、年龄、民族、住所。

②有法定代理人或指定代理人的，应列项写明其姓名、性别、职业或工作单位和职务、住

所,并在姓名后括注其与申请人的关系。

③有委托代理人的,应列项写明姓名、性别、职业或工作单位和职务、住所,如果委托人系律师,只写明其姓名、工作单位和职务。

(2)"被申请人"一栏中填写被申请回避的执法人员的姓名,并在"工作单位及职务"一栏中填写相关内容。在本案中所担负的职责,如负责调查处理或者在本案中担任记录、翻译或鉴定工作等。

(3)"申请事项及理由"一栏中填写具体申请事项、理由及依据,依据为《行政处罚法》《交通行政处罚程序规定》及有相关规定的地方性法规和规章。

《回避申请书》式样,见图9-11。

回避申请书

案号：　　字　第　　号

申请人：_____

联系方式：_____

被申请人：_____工作单位及职务：_____

申请人_____于_____年___月___日以_____为由提出要求办理_____案的_____(被申请人)回避的申请。

经审查,决定如下:

□与当事人有直接利害关系,决定回避。

□与当事人不存在直接利害关系,驳回回避申请。

交通运输行政执法机关(印章)
年　月　日

图9-11　回避申请书

十一、《同意回避申请决定书》的适用情形及填写

(一)适用情形

当事人认为交通运输行政执法人员有符合《交通行政处罚程序规定》第17条规定的情形,提出回避申请后,交通运输执法机关认为符合前述规定的,依职权作出的行政决定。

(二)相关法律规定

《交通行政处罚程序规定》第17条:案件调查人员有下列情况之一的,应当回避,当事人也有权向交通管理部门申请要求回避:

(1)是本案的当事人或者其近亲属。

(2)本人或者其近亲属与本案有利害关系。

(3)与本案当事人有其他关系,可能影响案件的公正处理的。

第 18 条：案件调查人员的回避，由交通管理部门负责人决定。

回避决定作出之前，案件调查人员不得擅自停止对案件的调查处理。

（三）填写

（1）申请人"一栏中填写当事人的姓名或名称。

（2）"联系方式"一栏中填写已经查证属实的当事人联系方式的信息。

（3）"被申请人"一栏中填写被申请回避的执法人员的姓名，并在"工作单位及职务"一栏中填写相关内容。

（4）"是由及依据"一栏中填写具体事由，依据为《行政处罚法》《交通行政处罚程序规定》及有相关规定的地方性法规和规章。

《同意回避申请决定书》式样，见图 9-12。

同意回避申请决定书

申请人：＿＿＿＿＿＿＿＿＿＿＿＿＿＿＿＿＿

联系方式：＿＿＿＿＿＿＿＿＿＿＿＿＿＿＿＿＿＿＿＿＿＿＿＿＿＿＿＿

被申请人：＿＿＿＿＿＿＿＿＿＿＿＿＿＿＿＿＿＿＿＿＿＿＿＿＿＿＿

工作单位及职务：＿＿＿＿＿＿＿＿＿＿＿＿＿＿＿＿＿＿＿＿＿＿＿＿＿

申请人＿＿＿＿＿＿＿＿＿＿＿于＿＿＿年＿＿月＿＿日以＿＿＿＿＿＿＿＿＿为由提出要求办理＿＿＿＿＿＿＿＿＿＿＿＿案的＿＿＿＿＿＿＿＿＿＿＿＿（被申请人）回避的申请。经审查，符合《＿＿＿＿＿＿＿＿＿＿＿＿＿＿》第＿＿＿条款＿＿＿＿项规定的情形，同意申请人的回避申请。

交通运输行政执法机关（印章）

年　　月　　日

图 9-12　同意回避申请决定书

十二、《驳回回避申请决定书》的适用情形及填写

（一）适用情形

当事人认为交通运输行政执法人员有符合《交通行政处罚程序规定》第 17 条规定的情形，提出回避申请后，交通运输执法机关认为当事人的申请不符合前述规定的，依职权作出的行政决定。

（二）填写

（1）"申请人"一栏中填写当事人的姓名或名称。

（2）"联系方式"一栏中填写已经查证属实的当事人联系方式的信息。

（3）"被申请人"一栏中填写被申请回避的执法人员的姓名，并在"工作单位及职务"一栏

中填写相关内容。

(4)"是由及依据"一栏中填写具体事由,依据为《行政处罚法》《交通行政处罚程序规定》及有相关规定的地方性法规和规章。

《驳回回避申请决定书》式样,见图9-13。

驳回回避申请决定书

申请人:＿＿＿＿＿＿＿＿＿＿＿＿＿＿＿＿＿

住址:＿＿＿＿＿＿＿＿＿＿＿＿＿＿＿＿＿＿＿＿＿＿＿＿＿＿

被申请人:＿＿＿＿＿＿＿＿＿＿＿＿＿＿＿

工作单位及职务:＿＿＿＿＿＿＿＿＿＿＿＿＿＿＿＿＿＿＿＿＿＿

　　　申请人＿＿＿＿＿＿＿＿＿＿＿于＿＿＿年＿＿月＿＿日以＿＿＿＿＿＿＿＿

为由提出要求办理＿＿＿＿＿＿＿＿＿案的＿＿＿＿＿＿＿＿＿(被申请人)回避的申请,经审

查,不符合《＿＿＿＿＿＿＿＿＿＿＿＿＿＿＿＿＿＿》第＿＿＿条＿＿＿款＿＿＿项规定的情形,决

定驳回申请人的回避申请。

交通运输行政执法机关(印章)

年　　月　　日

图9-13　驳回回避申请决定书

十三、《案件调查报告》的适用情形及填写

(一)适用情形

《案件调查报告》是指按照一般程序实施行政处罚的案件调查结束后,告知当事人有关违法事实、当事人享有的陈述申辩或听证权之前,交通运输执法人员就案件调查经过、相关证据材料、调查结论及处理意见报请交通运输执法机关负责人审批的文书。

(二)填写

(1)~(6)由负责本案的执法人员填写。

(1)"案由"统一填写为"当事人姓名(名称)+涉嫌违法行为性质+案",如无特殊情况(如在立案后,经过调查查证的有关情况与《立案审批表》中记载的不一致),案由应当与《立案审批表》中记载的当事人相一致。

(2)"案件调查人员"栏填写负责案件调查人员的姓名。

(3)"当事人"栏中,属于"公民"的,填写身份证或驾驶证上的姓名,"住址"填写户籍所在地地址或经常居住地❶;属于"法人或者其他组织"的,填写的单位名称、法定代表人(负责人)、地址等工商登记注册信息一致。"公民"、"法人或者其他组织"不能同时填写。

---

❶根据《最高人民法院关于适用〈中华人民共和国民事诉讼法〉若干问题的意见》第3条规定:公民的经常居住地是指公民离开住所地至起诉时已连续居住一年以上的地方。

（4）"案件调查经过及违法事实"。应当填写立案的事实依据,摘要叙述案情和违法事实,即违法行为发现的时间、案件来源和发现途径、违法行为嫌疑人、违法行为的基本事实、情节和后果,以及调查取证的全部过程。

（5）"证据材料"即证据目录、证据清单,填写具体证据的名称、规格和数量,也可按照证据材料的证明对象分为证据组。

（6）"调查结论和处理意见"栏中,填写对调查事实的定性、依据和是否给予处罚和处罚的种类,属于罚款的,应当为具体数额,不得为处罚幅度。

（7）"法制工作机构审核意见"由本执法机关内设的法制机构填写,法制机构按照主要证据能否认定违法事实,适用法律法规是否正确、是否遵循法定程序、行政处罚裁量是否适当、是否在职权范围之内等进行审查,提出具体审核意见,包括同意或部分同意"调查结论和处理意见",或者不同意"调查结论和处理意见",法制机构负责人签字,注明审核意见签署的时间。

（8）"行政执法机关意见"栏,由交通运输行政执法机关负责人（主要负责人或分管负责人）对案件调查经过及违法事实、相关证据材料、调查结论和处理意见、法制工作机构审核意见等审查后签署具体意见,由于办案人员的意见、法制机构的意见可能存在不一致的情况,因此不得只填写"同意"或"不同意"。

（三）注意

本文书应当附以下材料,以便于交通运输行政执法机关负责人进行全面审核。
（1）《立案审批表》。
（2）所有证据材料。
（3）制作《案件调查报告》之前其他所有程序性文书。
《案件调查报告》式样,见表9-2。

十四、《陈述申辩笔录》的适用情形及填写

（一）适用情形

《陈述申辩笔录》是当事人收到交通运输执法机关送达的《行政处罚告知书》之后,在要求期限之内,依法行使陈述、申辩权时,交通运输执法人员使用的文书。本文书适用于当事人口头陈述申辩,执法人员进行记录。如果当事人要求自书陈述申辩意见的,交通运输执法机关及执法人员应当允许。

（二）填写

（1）"时间"填写陈述申辩的具体日期,应当具体到时、分。
（2）"地点"填写当事人陈述申辩的具体地点,如交通运输执法机关的办公场所、当事人的住所等。
（3）"陈述申辩人"一栏中填写当事人的姓名或名称。

案 件 调 查 报 告　　　　　　　　　表 9-2

案号：　　　字　第　　　号

案由						案件调查人员		
当事人	公民	姓名		性别		年龄		
		住址				职业		
	法人或其他组织	名称						
		法定代表人						
		地址						
		联系电话						
案件调查经过及违法事实								
证据材料	序号		证据名称		规格		数量	
调查结论和处理意见		执法人员签名：_____ 、_____　　　　　　　年　月　日						
法制工作机构审核意见		签名：_____　　　　　年　月　日						
行政执法机关意见		签名：_____　　　　　年　月　日						

（4）"联系方式"一栏中填写的当事人联系方式的信息。

（5）"执法人员"一栏中填写执法人员的姓名,并在"工作单位及职务"一栏中填写相关内容。

（6）"记录人"一栏中填写负责记录的执法人员的姓名。

（7）"陈述申辩内容"一栏中应当如实填写当事人提出的事实、理由和证据,包括其没有违法的行为,不应受到行政处罚的事实、理由和证据,也包括其违法行为情节较轻,应受较轻的处罚的事实、理由和证据。

（8）"陈述申辩人签名及时间"及"执法人员签名及执法证号"、"记录人签名"填写的内容应当与本文书前述填写的内容相一致。

（三）需要注意的事项

如果当事人提出其没有违法的行为,不应受到行政处罚的事实、理由和证据,也包括其违法行为情节较轻,应受较轻的处罚的事实、理由和证据后,交通运输执法机关应当认真审核,认为不予采纳的,应当书面回复审核意见及理由。

《陈述申辩笔录》式样,见图9-14。

陈述申辩笔录

时间：_____年____月___日___时___分至___日___时___分

地点：_____

陈述申辩人：_____ 性别：_____ 单位职务：_____

电话：_____ 联系地址：_____ 邮编：_____

执法人员：_____ 执法证号：_____

_____ 执法证号：_____

记录人：_____

陈述申辩内容：_____

_____

_____

_____

陈述申辩人签名及时间：　　　　　　执法人员签名及执法证号：_____

_____

记录人签名：_____

图9-14　陈述申辩笔录

十五、《听证通知书》的适用情形及填写

（一）适用情形

《听证通知书》是当事人收到交通运输执法机关送达的《违法行为通知书》之后,在要求期

限之内,依法要求听证,在组织听证之前通知当事人举行听证的时间、地点等具体事项时使用的文书。

(二)填写

(1)主送一栏中填写要求召开听证会当事人的姓名或名称,为行政处罚案件的当事人。

(2)案由、听证会举行的具体时间、地点、方式要写明,如交通运输执法机关的办公场所、是否公开举行等。

(3)为确保听证程序的公正性,"听证主持人"、"听证员"、"书记员"是由交通运输执法机关指定的、该行政机关内熟悉相关业务的、非本案调查人员的工作人员。

(4)交通运输执法机关联系方式一栏中填写交通运输执法机关联系方式的信息,并加盖交通运输执法机关的印章。

(三)需要注意的事项

(1)当事人要求听证的期限。当事人应当在交通运输执法机关告知后的 3 日内,向该行政机关提出要求听证的请求。这里的"3 日内"是一个固定期限,《行政处罚法》没有作出可以延长的规定。

(2)行政机关在听证的 7 日前,应当通知当事人举行听证的时间、地点。在交通运输执法机关组织听证之前,应当给当事人以必要的准备期限,《行政处罚法》将这一期限规定为 7 日。交通运输执法机关必须履行在听证的 7 日前将举行听证的时间和地点通知当事人的义务。

(3)如果当事人对主持人、听证员、书记员有异议,有权申请其回避。如果交通运输执法机关认为当事人的异议申请成立,则应该另行指定听证程序的主持人。

《听证通知书》式样,见图 9-15。

十六、《听证公告》的适用情形及填写

(一)适用情形

本文书是交通运输执法机关对行政处罚案件正式决定听证,向当事人送达《听证通知书》之后,且在不涉及国家秘密、商业秘密和个人隐私的情况下,向社会公告举行听证使用的文书。

(二)具体填写

(1)第一部分为听证的事由及举行听证会的时间。主要填写行政处罚听证会举行的事由,包括法律依据、案件事由等,也有的行政机关制作的《听证公告》描述听证会系应行政处罚案件的当事人要求等内容。

(2)第二部分为告知申请参加听证会人员的条件、申请参加听证会的截止时间、办理报名的手续和地点。

(3)第三部分为注意事项,如听证会的旁听人员的名额限制、需携带有效身份证件进入听证会会场,以及旁听人员应当遵守听证纪律,不得录音录像和摄影,不得大声喧哗,不得鼓掌、哄闹或者进行其他妨碍听证秩序的活动。

听证通知书

＿＿＿＿＿听通（　　）＿＿＿号

＿＿＿＿＿＿＿＿＿＿＿＿＿＿＿＿＿＿＿：

　　根据你（单位）要求，关于＿＿＿＿＿＿＿＿＿＿＿＿＿＿＿案，现定于＿＿＿＿年＿＿月

＿＿日＿＿时＿＿分在＿＿＿＿＿＿＿＿＿＿＿＿＿＿（公开、不公开）举行听证会议，请准时出席。

听证主持人姓名：＿＿＿＿＿＿＿＿＿＿＿＿职务：＿＿＿＿＿＿＿＿＿＿＿＿＿＿

听证员姓名：＿＿＿＿＿＿＿＿＿＿＿＿＿职务：＿＿＿＿＿＿＿＿＿＿＿＿＿＿

听证员姓名：＿＿＿＿＿＿＿＿＿＿＿＿＿职务：＿＿＿＿＿＿＿＿＿＿＿＿＿＿

书记员姓名：＿＿＿＿＿＿＿＿＿＿＿＿＿职务：＿＿＿＿＿＿＿＿＿＿＿＿＿＿

　　根据《中华人民共和国行政处罚法》第四十二条规定，你（单位）可以申请听证主持人、听证员、书记员回避。

　　注意事项如下：

　　1.请事先准备相关证据，通知证人和委托代理人准时参加。

　　2.委托代理人参加听证的，应当在听证会前向本机关提交授权委托书等有关证明。

　　3.申请延期举行的，应当在举行听证会前向本行政机关提出，由本机关决定是否延期。

　　4.不按时参加听证会且未事先说明理由的，视为放弃听证权利。

　　特此通知。

　　交通行政执法机构联系地址：＿＿＿＿＿＿＿＿＿＿＿＿邮编：＿＿＿＿＿＿＿＿＿＿

联系人：＿＿＿＿＿＿＿＿＿＿＿＿联系电话：＿＿＿＿＿＿＿＿＿＿＿＿＿

交通运输行政执法机关（印章）
年　月　日

（本文书一式两份：一份存根，一份交当事人或其代理人）

图9-15　听证通知书

（4）第四部分为联系人及联系方式，填写承办听证会的联系人及联系方式。

（三）注意事项

　　一般情况下，听证程序应当公开举行。但是，《行政处罚法》也规定了几种例外情况，即出于保守国家秘密、商业秘密和个人隐私的需要，凡是涉及国家秘密、商业秘密或者个人隐私的听证程序，不公开举行，不予公告，不允许无关人员旁听，也不允许新闻工作者进行采访报道。国家秘密，是指关系国家安全和利益，依照法定程序规定，在一定时间内只限一定范围人员知悉的事项。商业秘密，是指不为公众所知悉、能为权利人带来经济利益、具有实用性并经权利人采取保密措施的技术信息和经营信息。个人隐私，是指公民个人不愿公开的、与其人身权密切相关的、隐秘事件或者事实。

　　《听证公告》式样，见图9-16。

听 证 公 告

_____听公(　　)_____号

　　根据_____(有关法律、法规、规章)的规定,本机关决定于_____年____月____日____时,在_____(具体地点)公开举行听证会。

　　欢迎符合下列须知要求的公民、法人或者其他组织参加听证会。申请参加听证会的,请在_____年____月____日前向_____(听证机构)提出书面申请。

　　请申请参加听证会的人员、法人或者其他组织的代表于_____年____月____日至_____月____日(每天____时至____时)持_____(要求的身份证件或者介绍信函)到_____(报名具体地点)向本机关办理听证报名手续。

　　参加本次听证会须知:

　　1.(条件一)

　　2.(条件二)

　　……

　　(注意事项一)

　　(注意事项二)

　　……

　　特此公告。

　　联系人:_____　　　　联系电话:_____

交通运输行政执法机关(印章)
年　　月　　日

图9-16　听证公告

十七、《听证委托书》的适用情形及填写

(一)适用情形

　　当事人可以亲自参加听证程序,也可以委托他人参加听证程序。参加听证是当事人的权利,当事人可以自己行使这一权利,亲自参加听证程序,自己进行陈述、辩解、反驳和辩论;也可以委托他人代理自己去行使这一权利,由他人代理自己参加听证程序。当事人如果委托他人代理,则需履行法定的委托手续;代理人代理他人参加听证,则需有委托人的明确授权,也就是说,听证程序中当事人的代理人必须有合法的代理权。关于代理人的人数,《行政处罚法》规定限于一至二人。

　　《授权委托书》适用于委托代理,在交通运输行政处罚听证中,委托代理是基于行政许可申请人的委托而发生代理权的代理。一般情况下,交通运输行政处罚听证的委托代理为职务代理,即单位的法定代表人委托本单位的工作人员以本单位名义申请行政许可。广而言之,《授权委托书》也适用于当事人委托代理人处理行政处罚、行政强制措施等事项的活动中。

（二）填写内容及相关注意事项

（1）"委托人"一栏中填写行政处罚当事人的姓名或名称，写明委托人的姓名，委托人为单位的，写明单位名称（全称）。委托人为公民的，填写"身份证号码"，委托人为法人或其他组织的，无需填写。

（2）"受委托人"一栏中，填写委托代理人的姓名。

（3）关于委托事项和委托权限。从代理的事项方面，可区分为一般代理和特别代理。一般代理是指对代理权限没有特别限定的代理。特别代理限定于某一特定法律行为的代理。本文书适用于委托代理人办理行政处罚听证方面的事宜，所以属于特别代理。

《听证委托书》式样，见图9-17。

听证委托书

委托人：_____ 性别：_____ 职务：_____

工作单位：_____ 联系电话：_____

联系地址：_____ 邮编：_____

代理人：_____ 性别：____ 职务：_____ 联系电话：_____

工作单位：_____ 联系地址：_____ 邮编：_____

委托人_____ 委托_____ 为_____

一案参加听证。

代理人_____ 的委托代理权限为：_____

_____

_____

_____

_____

_____

_____

_____

委托人签名或盖章及时间：_____

代理人签名或盖章及时间：_____

图9-17 听证委托书

十八、《听证笔录》的适用情形及制作

听证笔录是关于听证组织和进展情况的如实记录。制作听证笔录是《行政处罚法》的明确要求，因此，听证笔录是办理适用听证的行政处罚案件的法定文书之一。

制作听证笔录应注意以下几方面问题：

（1）听证之前要作好准备工作。要认真阅读案卷，熟悉案情，掌握案情的重点和关键，以

及有关法律、法规、规章、地名、人名等,以便听证时能迅速掌握和记录各方的发言。

（2）要如实记录。如实记录是对任何种类笔录的共同的、基本的要求,听证笔录也不例外。其要求就是要从始至终记录听证的组织、进展过程、情况,以及有关各方的发言。

（3）笔录要清楚明白,尽量体现出听证按程序、分阶段进行的特征,即在笔录正文栏可以按听证进展过程分几个分栏记录:第一,听证主持人宣布听证开始的情况,包括对当事人权利的告知和当事人申请主持人回避权的使用情况。第二,案件调查人员关于当事人违法的事实、证据、依据以及处罚建议的陈述。第三,当事人及其代理人的陈述和申辩。第四,第三人及其代理人的陈述。第五,相互的质证和辩论。第六,第三人、案件调查人员、当事人的最后意见,即最后陈述。第七,出现听证延期、中止、放弃情况的,该情况产生的缘由、过程及相关决定。

（4）记录应突出重点。对各方存在争议的地方及围绕争议所展开的质证和辩论,应详细记录。

（5）记录应当完整,不得缺少法定的要件和程序。根据《行政处罚法》的要求,笔录应在听证结束时交当事人审核无误后签字或盖章。因此,各方认为陈述或申辩有遗漏或差错的,应当进行补充或修改。

（6）举行听证时,当事人有权与调查人员进行辩论和质证。在听证程序中,针对调查人员提出的当事人违法的事实、证据以及作出相应行政处罚的建议,当事人有权提出对自己有利的证据,反驳对自己不利的证据;有权提出自己的意见和主张;有权与调查人员进行辩论、质问和对证。

（7）对于整个听证程序,行政机关应当制作笔录。笔录应当准确无误。行政机关工作人员应当将笔录交予当事人进行审核,如果当事人认为笔录中关于其陈述、申辩和反驳等内容的记载,与其自己所述的内容不符的,应当向行政机关提出,行政机关应当予以更正。当事人经审核笔录认为无误的,应当在笔录上签字或者盖章。

《听证笔录》式样,见图9-18。

十九、《听证报告书》的适用情形及制作

（一）适用情形

《听证报告书》是听证结束后,听证主持人依据听证中查明、核实的情况,向交通运输行政执法机关负责人报告听证情况和处理意见而制作、使用的文书。

（二）填写内容

《听证报告书》正文主要有两部分组成,一是听证会基本情况,二是听证结论和处理意见。

1. 听证会基本情况

听证会基本情况包括:

（1）听证主持人和听证参加人的基本情况。

（2）听证的时间、地点。

（3）听证的简要经过。

听 证 笔 录

案件名称：＿＿＿＿＿＿＿＿＿＿＿＿＿＿＿＿＿＿＿＿＿＿＿＿＿＿＿＿＿＿＿

主持听证机关：＿＿＿＿＿＿＿＿＿＿＿＿＿＿＿＿＿＿＿＿＿＿＿＿＿＿＿＿

听证地点：＿＿＿＿＿＿＿＿＿＿＿＿＿＿＿＿＿＿＿＿＿＿＿＿＿＿＿＿＿＿

听证时间：＿＿＿年＿＿月＿＿日＿＿时＿＿分至＿＿＿年＿＿月＿＿日＿＿时＿＿分主持人：

＿＿＿＿＿＿＿＿＿＿听证员：＿＿＿＿＿＿＿＿＿书记员：＿＿＿＿＿＿＿＿＿

执法人员：＿＿＿＿＿＿＿＿＿＿＿＿＿执法证号：＿＿＿＿＿＿＿＿＿＿＿＿

＿＿＿＿＿＿＿＿＿＿＿＿＿＿＿＿＿＿执法证号：＿＿＿＿＿＿＿＿＿＿＿＿

当事人：＿＿＿＿＿＿＿＿法定代表人：＿＿＿＿＿＿＿联系电话：＿＿＿＿＿＿＿

委托代理人：＿＿＿＿＿＿性别：＿＿＿年龄：＿＿＿工作单位及职务：＿＿＿＿

第三人：＿＿＿＿＿＿＿＿性别：＿＿＿年龄：＿＿＿工作单位及职务：＿＿＿＿

其他参与人员：＿＿＿＿＿＿性别＿＿＿年龄＿＿＿工作单位及职务：＿＿＿＿

听证记录：＿＿＿＿＿＿＿＿＿＿＿＿＿＿＿＿＿＿＿＿＿＿＿＿＿＿＿＿＿＿＿

＿＿＿＿＿＿＿＿＿＿＿＿＿＿＿＿＿＿＿＿＿＿＿＿＿＿＿＿＿＿＿＿＿＿＿＿

＿＿＿＿＿＿＿＿＿＿＿＿＿＿＿＿＿＿＿＿＿＿＿＿＿＿＿＿＿＿＿＿＿＿＿＿

＿＿＿＿＿＿＿＿＿＿＿＿＿＿＿＿＿＿＿＿＿＿＿＿＿＿＿＿＿＿＿＿＿＿＿＿

＿＿＿＿＿＿＿＿＿＿＿＿＿＿＿＿＿＿＿＿＿＿＿＿＿＿＿＿＿＿＿＿＿＿＿＿

＿＿＿＿＿＿＿＿＿＿＿＿＿＿＿＿＿＿＿＿＿＿＿＿＿＿＿＿＿＿＿＿＿＿＿＿

＿＿＿＿＿＿＿＿＿＿＿＿＿＿＿＿＿＿＿＿＿＿＿＿＿＿＿＿＿＿＿＿＿＿＿＿

＿＿＿＿＿＿＿＿＿＿＿＿＿＿＿＿＿＿＿＿＿＿＿＿＿＿＿＿＿＿＿＿＿＿＿＿

当事人或其委托代理人签名及时间：　　　　主持人签名：＿＿＿＿＿＿＿＿＿＿

　　　　　　　　　　　　　　　　　　　　书记员签名：＿＿＿＿＿＿＿＿＿＿

＿＿＿＿＿＿＿＿＿＿＿＿＿＿＿＿＿

交通运输行政执法机关（印章）

年　　月　　日

图 9-18　听证笔录

（4）案件事实，关于案件事实，应写明调查人、当事人、第三人之间是否存在争议。如有，应分别写明各方共同认可的事实和存在争议的事实以及所持依据。

2. 听证结论和处理意见

可以根据听证会的具体情况，分别提出以下建议：

（1）经过听证，当事人对拟作出的处罚决定的事实、理由、依据及具体处罚意见无异议的，建议直接按该决定制作处罚决定书。

（2）经过听证，认定拟作出的处罚决定的事实不实，且证据确凿的，建议按新认定的事实研究和决定处罚意见。

（3）经过听证，发现已认定的事实不实或存在疑点、尚需进一步查证的，建议有关机构查证。

（4）经过听证，发现拟作出处罚决定的理由、依据不准确或处罚过重的，建议重新研究决定。

（三）相关注意事项

（1）听证报告书是听证主持人用来向交通运输执法机关负责人报告情况的书面文件，属于行政机关内部文书，应当符合行政机关内部报告文件制作的一般要求，但在制作时必须依据听证笔录中查明的事实。扼要说明案件情况。

在报告正文中，应当重点说明调查人员或者办案人员提出的申请人应当承担行政处罚责任的事实、证据、依据、理由及处罚意见，同时摘要说明申请人提出的不应当或者应当从轻、减轻承担行政处罚的事实、证据、依据、理由。书写时可以首先概括双方争议的焦点，之后分别书写各自观点的要点和事实。

（2）要以听证会笔录的内容为依据。

听证报告用来摘要报告听证情况以及行政处罚的意见，所以必须以听证会笔录的内容为根本依据。制作听证报告时，不能撇开听证笔录另搞一套，听证报告只能是对听证笔录的摘要和提炼。因此，听证报告中的观点应当与听证笔录的内容一致，不能相互矛盾。

（3）处理意见明确、肯定。

听证的目的是在交通运输执法机关作出行政处罚决定前听取当事人的申辩意见，保障行政处罚的公平、公正和合法。听证程序结束后，应当对听证案件的行政处罚意见作出"是"或"否"的确定结论。因此，听证报告中的处理意见必须明确、肯定，不能使用含糊、不确定的语言。在一般情况下，处理意见通常是对调查人员或者办案人员提出的行政处罚意见的认可、否定或其他明确的不同意见。

《听证报告书》式样，见表9-3。

听 证 报 告 书

表9-3

案件名称：＿＿＿＿＿＿＿＿＿＿＿＿＿＿＿＿＿＿＿＿＿＿＿＿＿＿＿

主持人		听证员		书记员	
听证会基本情况摘要：（详见听证会笔录，笔录附后）					

听证结论及处理意见	听证主持人签名： 年　月　日
行政执法机关审核意见	负责人签名： 年　月　日
备注	

二十、《重大案件集体讨论记录》的适用情形及制作

（一）适用情形

《重大案件集体讨论记录》是对于重大、复杂、拟给予较重行政处罚的案件，由交通运输执法机关负责人组织对案件的性质、处理依据和内容进行集体研究讨论时所填写的文书。这里的"重大"是指社会影响大，危害后果严重，涉及面广等；"复杂"是指案情复杂、调查困难、认定困难等；"处罚较重"是指责令停产停业、吊销许可证或者批准证明文件、较大数额罚款。本文书是记录性文书，是对有关人员讨论重大、复杂案件的处理决定时所发表意见及讨论结果的一种客观记录，属于交通运输执法机关在行政处罚过程中内部使用的文书。

（二）文书的制作

制作要求如下所示：

（1）首部。包括文书标题、案由、讨论时间、地点、主持人、汇报人、参加人、记录人等在内的重大案件讨论的基本情况。

文书标题：即重大案件集体讨论记录。

指案件名称：具体应表述为，当事人＋涉嫌＋具体违法行为＋案。

讨论时间：应注明讨论全过程的时间。

地点：指进行集体讨论的具体场所。

主持人：指主持本次集体讨论的有关负责人。

汇报人：指向参加集体讨论的负责人具体汇报案件情况的人员。

记录人：指具体承担讨论会内容记录工作的人员。

出席人员姓名及职务：是指参与重大、复杂案件讨论的其他人员，一般包括出席会议的交通运输执法机关负责人和出席会议的有关人员。

（2）案件简介。包括案件来源、主要违法事实、情节后果、定案的证据材料、法律依据、处罚意见等。

主要违法事实，一般是本案的承办人员向参加讨论的人员介绍案件的基本情况，应当写明：当事人违法的事实，即违法行为发生的时间、地点、过程、后果等情况。

定案的证据材料：即收录在卷的物证、书证以及其他证据材料，包括当事人陈述、申辩的意见或者听证情况。

法律依据：即办理本案所依据的法律、法规、规章的具体条款。

办案程序：即案件从立案到调查终结、合议的办理过程。

处罚意见：主要是案件承办人员对案件提出的处理意见等内容。

（3）讨论记录。应载明参加案件讨论的人员对案件处理发表的具体意见。这是本文书的核心部分，要记载参加讨论的人员依次发表的意见，对不同意见和保留意见应如实记录，确保讨论记录的全面、准确。

（4）结论性意见。指经过讨论后，参加会议的人员就所讨论的重大、复杂案件形成的综合处理意见，一般应当写明对违法行为的定性结论，当事人违反的法律、法规、规章条款，处罚的依据和具体的处罚意见。参加讨论人员有不同意见的，应当予以注明。

（5）出席人员签名。这是主持人、参加人和记录人的签字部分。讨论结束后，记录人将讨论记录，交主持人和参加讨论人员核对无误后分别签字。

（三）制作注意事项

（1）"讨论记录"应当完整记载参加合议人员依次发表的意见，对不同意见和保留意见也有如实记录；并反映出案件所涉及重大问题的处理意见的讨论过程，如为何要对当事人从重处罚或为何对当事人实施减、免行政处罚等。

（2）"讨论决定"应当写明对违法行为的定性结论，当事人违反的法律、法规和规章条款，处罚的依据和具体的处罚意见。

（3）讨论结束后，主持人、参加讨论的人员均要签字。

《重大案件集体讨论记录》式样，见图9-19。

重大案件集体讨论记录

案件名称：_____

讨论时间：_____年____月____日____时____分至_____年____月____日____时____分

地点：_____

主持人：_____汇报人：_____记录人：_____

出席人员姓名及职务：_____
_____

案件简介：_____
_____
_____

讨论记录：_____
_____
_____
_____
_____
_____
_____

结论性意见：_____
_____
_____

出席人员签名：_____
_____
_____

图 9-19　重大案件集体讨论记录

二十一、《行政处罚决定书》的适用情形及制作

（一）《行政处罚决定书》的适用情形

《行政处罚决定书》是交通运输行政执法机关按照行政处罚一般程序，对违反交通运输法律、法规和规章的行为人处以相应行政处罚而制作和使用的文书。

《行政处罚法》第 39 条规定，行政机关依照本法第 38 条的规定给予行政处罚，应当制作行政处罚决定书。行政处罚决定书应当载明下列事项：

（1）当事人的姓名或者名称、地址。

（2）违反法律、法规或者规章的事实和证据。

（3）行政处罚的种类和依据。

（4）行政处罚的履行方式和期限。

（5）不服行政处罚决定，申请行政复议或者提起行政诉讼的途径和期限。

（6）作出行政处罚决定的行政机关名称和作出决定的日期。行政处罚决定书必须盖有作出行政处罚决定的行政机关的印章。

（二）《行政处罚决定书》的制作

（1）关于执法文书的编注案号。按照《交通运输行政执法程序规定》的要求，编号模式为：交通运输行政执法部门简称＋执法门类＋文书类别＋年份＋文书顺序号。例如：河北省石家庄市交通运输局 2016 年作出的第 10 号行政处罚决定书应编号为：冀石交罚〔2016〕00010 号。

（2）关于当事人。根据案件调查确定的当事人对该一栏进行填写，"公民"、"法人或其他组织"两栏不能同时填写。

当事人为公民的，应当尽可能填写身份证或者户口簿上的姓名，当然，驾驶证、从业资格证属于有关国家执法机关依法核发的有效证件，其上记载的姓名也可以填写。

当事人为法人或其他组织的，应当填写单位名称的全称、法定代表人、地址等事项，且与工商登记的内容相一致，当然如果车辆行驶证记载的内容也可作为依据进行填写。

行政处罚的当事人是违法行为人，即违法行为的实施者。违法行为当事人分为两类，一类是公民，即公民个人实施了违法行为；另一类为法人或其他组织，其他组织为非法人社会组织。公民作为违法行为当事人，应当有身份证或其他有效证件予以证明，文书填写的当事人应当与前述证据的复印件证明的当事人相一致。法人或其他组织作为违法行为当事人，也要有相应证据予以证明。此外，应当严格区分个人行为和职务行为，有些违法行为是个人作为单位职工或雇员受单位指派从事的活动，比如经营性运输活动、超限运输活动，这样的活动为职务行为，违法行为的当事人应当为单位；有些违法行为虽然使用的是单位或雇主的设备或车辆，但属于个人私自活动，这样的活动为个人行为。

（3）关于违法事实。违法事实应当写明违法行为发生的时间、地点、违法行为的情节、性质、手段等；有危害后果的，应当填写危害后果。对于有从轻或减轻情节、从重情节，依法从轻或减轻、从重处罚的，应当同时写明。

（4）关于处罚依据。要写明给予行政处罚所依据的法律、法规和规章的全称及具体的条、款、项。需要注意的是，正确适用法律、法规是行政行为合法的要件之一。法律、法规有新法与旧法，普通法与特别法，上位法与下位法，普通条款和特别条款等等区分。行政机关适用法律、法规错误的案件时有发生，应引起重视，注意提高法律应用能力。行政机关作出行政行为时，应当根据实际情况，遵循法律适用规则，准确选择作为行政行为依据的法律、法规。如果上位法对某违法行为设定了处罚，地方性法规、规章依据上位法的规定作出不同幅度的罚款规定，目的是使相关规定更具体、操作性更强，在与上位法不相抵触的情况下，应当优先适用。

（5）关于处罚内容。一是处罚的内容不得超过交通运输法律法规规定处罚种类和处罚幅度（需要注意一点，罚款不可以超过法律、法规或规章规定的上限，但可以低于其规定的下限。如果要减轻处罚，应根据《行政处罚法》第 27 条规定执行）。二是与《违法行为通知书》中告知当事人处罚种类和处罚金额的关系，处罚的种类要一致；按照《行政处罚法》关于"行政机关不得因陈述申辩而加重对当事人的处罚"的规定，罚款的金额只能小于或等于《违法行为通知书》中告知当事人处罚金额。

（6）关于履行方式及期限。行政处罚决定书应当明确履行的方式及履行的期限,作出罚款的行政处罚的,应当写明缴纳罚款的收款银行名称和账号。

（7）关于告知救济途径。交通运输执法机关分为县级以上人民政府交通运输主管部门、法律法规授权管理公共事务的组织、受交通运输部门委托实施处罚的组织三类。对交通运输主管部门作出的处罚决定不服的,按照《行政复议法》第12条的规定,告知当事人向该部门的本级人民政府申请行政复议,也可以向上一级主管部门申请行政复议;对法律法规授权管理公共事务的组织(如公路管理机构、道路运输管理机构、海事管理机构等)作出的处罚决定不服的,按照《行政复议法》第15条的规定,告知当事人向直接管理该组织的交通运输主管部门申请行政复议;对受交通运输部门委托的组织作出的处罚决定不服的,告知当事人以该交通运输部门为被申请人,按照《行政复议法》第12条的规定申请复议。

《行政处罚决定书》式样,见图9-20。

行政处罚决定书

_____罚(　　　　)_____号

当事人	公民	姓名		性别		身份证号	
		住址		职业			
	法人或者其他组织	名称			法定代表人		
		地址					

违法事实及证据:_____

_____

_____

_____

以上事实违反了_____

的规定,依据_____的规定,决定给予_____

_____的行政处罚。

处以罚款的,罚款自收到本决定书之日起15日内缴至_____,账号为_____

_____,到期不缴的依法每日按罚款数额的3%加处罚款。

如果不服本处罚决定,可以依法在60日内向_____人民政府或者_____

申请行政复议,或者在六个月内依法向人民法院提起行政诉讼,但本决定不停止执行,法律另有规定的除外。逾期不申请行政复议、不提起行政诉讼又不履行的,本机关将依法申请人民法院强制执行或者依照有关规定强制执行。

交通运输行政执法机关(印章)

年　　月　　日

(本文书一式两份:一份存根,一份交当事人或其代理人)

图9-20　行政处罚决定书

二十二、《不予行政处罚决定书》的适用情形及制作

（一）《不予行政处罚决定书》的适用

不予行政处罚的决定书是交通运输行政执法机关在对调查终结报告、当事人陈述和申辩意见或听证报告进行审查后，认为当事人确有违法行为，但由于存在法定不予行政处罚的事由，作出对当事人不予行政处罚的处理决定时使用的法律文书。不予行政处罚，也是承担违法责任的一种方式，确认构成违法是对行为的否定性法律评价，只是免除了对当事人的行政处罚。

（二）《不予行政处罚决定书》的法律依据

《行政处罚法》第 27 条第 2 款规定，违法行为轻微并及时纠正，没有造成危害后果的，不予行政处罚；第 38 条第一款第 2 项规定，违法行为轻微，依法可以不予行政处罚的，不予行政处罚。

（三）《不予行政处罚决定书》的制作

（1）关于当事人。根据案件调查确定的当事人对该一栏进行填写。

（2）关于查明的违法事实。违法事实应当写明违法行为发生的时间、地点、违法行为的情节、性质、手段等，以及查明的违法行为轻微并及时纠正，没有造成危害后果，或者违法行为轻微。

（3）关于不予处罚依据。要写明给予行政处罚所依据的法律为《行政处罚法》第 27 条第 2 款，或者第 38 条第一款第 2 项。

（4）关于救济途径告知。尽管不予当事人行政处罚，但从性质上讲《不予行政处罚决定书》确认当事人已经构成违法，虽然对当事人的权利不构成实质性影响，但对当事人的声誉会造成一定的不良影响；同时，不予行政处罚决定也是具体行政行为，按照我国有关法律法规的规定，对具体行政行为不服的，当事人有权申请行政复议或者提起行政诉讼。所以，《不予行政处罚决定书》应当告知当事人救济途径。

交通运输执法机关分为县级以上人民政府交通运输主管部门、法律法规授权管理公共事务的组织、受交通运输部门委托实施处罚的组织三类。对交通运输主管部门作出的处罚决定不服的，按照《行政复议法》第 12 条的规定，告知当事人向该部门的本级人民政府申请行政复议，也可以向上一级主管部门申请行政复议；对法律法规授权管理公共事务的组织（如公路管理机构、道路运输管理机构、海事管理机构等）作出的处罚决定不服的，按照《行政复议法》第 15 条的规定，告知当事人向直接管理该组织的交通运输主管部门申请行政复议；对受交通运输部门委托的组织作出的处罚决定不服的，告知当事人以该交通运输部门为被申请人，按照《行政复议法》第 12 条的规定申请复议。

《不予行政处罚决定书》式样，见图 9-21。

不予行政处罚决定书

_____不罚(   )_____号

_____:

经调查,现已查明_____
_____
_____(事实及证据)。上述事实、行为违反了《_____
_____》第_____条_____款_____项的规定。鉴于违法行为轻微,根据《中华人民共和国行政处罚法》第三十八条第一款第(二)项的规定,现决定不予行政处罚。

如果不服本决定,可以依法在 60 日内向_____人民政府或者_____申请行政复议,或者在六个月内依法向人民法院提起行政诉讼。

交通运输行政执法机关(印章)
年　月　日

(本文书一式两份:一份存根,一份交当事人或其代理人)

图 9-21　不予行政处罚决定书

二十三、《文书送达回证》的适用情形及制作

(一)《文书送达回证》的适用情形

《文书送达回证》适用于交通运输执法机关送达法律、法规规定应当送达当事人相关法律文书时,记载相关文书已经送达受送达人时适用的文书或凭证。

送达具有重要意义。依法送达法律文书,不仅有利于保障交通运输执法机关有效实施行政管理,也有利于保护当事人的合法权益,符合《行政处罚法》第一条所规定的立法目的。执法文书依法送达后才产生法律后果,概括而言,主要表现为:第一,当事人接受送达的执法文书后,其行政法上的某些权利、义务就得以确定,若未依据法律规定或执法文书的要求履行某些义务,将要承担相应的法律后果;第二,受送达人行使权利(如诉讼、复议、听证等)、履行义务(如缴纳罚款等)的起始日期得以确定;第三,可能引起行政复议、诉讼等法律关系的发生;第四,送达是执法文书发生法律效力的条件之一。为了体现法定文书送达的严肃性和有效性,送达执法文书应使用送达回证。《违法行为告知书》《责令改正通知书》《行政处罚决定书》《不予行政处罚决定书》等均需送达当事人。

(二)相关法律规定

(1)《行政处罚法》第 40 条:行政处罚决定书应当在宣告后当场交付当事人;当事人不在场的,行政机关应当在 7 日内依照民事诉讼法的有关规定,将行政处罚决定书送达当事人。

(2)《民事诉讼法》第 84 条:送达诉讼文书必须有送达回证,由受送达人在送达回证上记明收到日期,签名或者盖章。

受送达人在送达回证上的签收日期为送达日期。

(3)《交通行政处罚程序规定》第 24 条：《交通行政处罚决定书》应当在宣告后当场交付当事人；当事人不在场的，交通管理部门应当在七日内送达当事人，由受送达人在《交通行政处罚文书送达回证》上注明收到日期、签名或者盖章，受送达人在《交通行政处罚文书送达回证》上的签收日期为送达日期。

①当事人不在场的，交其同住的成年家属签收，并且在备注栏内写明与当事人的关系。

②受送达人已指定代收人，交代收人签收。

③受送达人拒绝接收的，送达人应当邀请有关基层组织的代表或者其他人员到场，说明情况，在《交通行政处罚文书送达回证》上写明拒收事由和日期，由送达人、见证人签名或者盖章，把交通行政处罚文书留在受送达人的住处，即视为送达。

④直接送达交通行政处罚文书困难的，可以委托其他交通管理部门代为送达，或者以邮寄、公告的方式送达。

邮寄送达，挂号回执上注明的收件日期为送达日期；公告送达，自发出公告之日起经过 60 天，即视为送达。

（三）填写

(1)案件名称：具体应表述为，当事人＋涉嫌＋具体违法行为＋案。

"送达文书名称"一栏，应写清所送达的文书的具体称谓，如"责令改正通知书"、"行政处罚决定书"。

(2)"受送达人"一栏，填写该文书所指的当事人的姓名或名称。

(3)"收件人签章"一栏，从前面所涉及的规定看，收件人并不局限于当事人本人，其他人也可以作为收件人签收文件。在填写这一栏时，根据送达时的具体情况而定。

(4)"送达方式"，填写直接送达、邮寄送达、委托送达、公告送达等。

(5)"备注"一栏主要是记载送达过程中出现的情况，如文书是由当事人以外的其他人签收的，其中的缘由；当事人拒收的情况等内容。

《文书送达回证》式样，见表 9-4。

文 书 送 达 回 证　　　　　　　　　　　　　　　　表 9-4

案件名称：＿＿＿＿＿＿＿＿＿＿＿＿＿＿＿＿＿＿＿＿＿＿

送达单位					
受送达人					
代收人					
送达文书名称、文号	收件人签名(盖章)	送达地点	送达日期	送达方式	送达人
				交通运输行政执法机关(印章) 年　月　日	
备注：					

注：1. 如受送达人不在场的，可交其同住的成年家属签收，并且在备注栏中写明与受送达人的关系。

2. 受送达人已经指定代收人的，交代收人签收，受送达人为单位的，交单位收发室签收。

3. 受送达人拒绝签收的，送达人应当邀请有关基层组织的代表或其他人员在场，说明情况，并在备注栏中写明拒收事实和日期。送达人在备注中签字。

二十四、《处罚结案报告》的适用情形及制作

(一)适用

《处罚结案报告》适用于交通运输行政处罚案件调查处理终结后,交通运输执法人员报请交通运输执法机关负责人结案所使用的文书。

(二)《处罚结案报告》的制作

(1)案件名称一栏填写案由。

(2)关于当事人。根据案件调查确定的当事人对该一栏进行填写,"公民"、"法人或其他组织"两栏不能同时填写,应当与《行政处罚决定书》记载的当事人相一致。

(3)处理结果栏应当对案件的办理情况进行总结,对给予行政处罚的,写明违法事实、相关证据以及处罚决定的内容;不予行政处罚的应当写明理由;予以撤销案件的,写明撤销的理由。

(4)执行情况栏应当根据案件终结的具体情况写明:"当事人自觉履行了法定的义务"、"当事人未履行法定的义务由人民法院依法强制执行完毕"、"当事人死亡或者被注销、被解散,经法定程序无法执行相应义务"等内容。

(5)法制机构审核意见栏由交通运输执法机关法制工作机构填写具体审核意见。

(6)行政执法机关审批意见栏由交通运输执法机关负责人签署相关意见并签名、填写日期。

《处罚结案报告》式样,见表9-5。

处 罚 结 案 报 告   表 9-5

案件名称:_____

当事人基本情况	公民		年龄		性别	
	所在单位		联系地址			
	联系电话		邮编			
	法人或其他组织		地址			
	法定代表人		职务			
处理结果						
执行情况			执法人员签名:_____、_____ 年 月 日			
法制工作机构审核意见	签名: 年 月 日		行政执法机关审批意见	签名: 年 月 日		

第十章　交通运输行政强制执行 程序及文书制作

　　按照《行政强制法》的规定,在行政强制措施程序中,法律、法规规定交通运输执法机关适用的主要为扣押财物程序;在行政强制执行程序中,有交通运输执法机关强制执行,也有交通运输行政执法机关申请人民法院强制执行。

第一节　交通运输行政强制执行适用的条件及相关规定

　　按照《行政强制法》第 2 条的规定,交通运输行政强制执行,是指交通运输执法机关或者交通运输执法申请人民法院,对不履行行政决定的公民、法人或者其他组织,依法强制履行义务的行为。

　　现有交通运输相关法律法规规定的行政强制执行有以下几个方面:

　　共同规定为加处罚款,具体规定见《行政处罚法》第 51 条,当事人逾期不履行行政处罚决定的,作出行政处罚决定的行政机关可以采取下列措施:到期不缴纳罚款的,每日按罚款数额的百分之三加处罚款。

　　公路路政方面:

　　(1)强制拆除公路建筑控制区内修建、扩建建筑物、地面构筑物或者未经许可埋设管道、电缆等设施。《公路安全保护条例》第 56 条,该《条例》规定了代履行。

　　(2)恢复原状。《公路法》第 80 条,未经批准在公路上增设平面交叉道口的,由交通主管部门责令恢复原状;《道路交通安全法》104 条,未经批准,擅自挖掘道路、占用道路施工或者从事其他影响道路交通安全活动的,由道路主管部门责令停止违法行为,并恢复原状。

　　(3)强制拖离故意堵塞固定超限检测站点通行车道的车辆,《公路安全保护条例》第 67 条,采取故意堵塞固定超限检测站点通行车道、强行通过固定超限检测站点等方式扰乱超限检测秩序的,由公路管理机构强制拖离或者扣留车辆。

　　(4)依法拍卖扣留的车辆、工具。《行政强制法》第 46 条,没有行政强制执行权的行政机关应当申请人民法院强制执行。但是,当事人在法定期限内不申请行政复议或者提起行政诉讼,经催告仍不履行的,在实施行政管理过程中已经采取查封、扣押措施的行政机关,可以将查封、扣押的财物依法拍卖抵缴罚款。《公路安全保护条例》第 72 条,公路管理机构扣留车辆、工具的,应当当场出具凭证,并告知当事人在规定期限内到公路管理机构接受处理。逾期不接受处理,并且经公告 3 个月仍不来接受处理的,对扣留的车辆、工具,由公路管理机构依法处理。

收费公路管理方面:

(1)强制拆除收费设施。《收费公路管理条例》第 49 条,情形为:擅自在公路上设立收费站(卡)收取车辆通行费或者应当终止收费而不终止的;《收费公路管理条例》第 53 条,情形为:收费公路终止收费后,收费公路经营管理者不及时拆除收费设施的,由省、自治区、直辖市人民政府交通主管部门责令限期拆除;逾期不拆除的。

(2)强制养护。《收费公路管理条例》第 54 条,情形为:收费公路经营管理者未按照国务院交通主管部门规定的技术规范和操作规程进行收费公路养护的,由省、自治区、直辖市人民政府交通主管部门责令改正;拒不改正的,责令停止收费。《收费公路管理条例》规定了代履行。

道路运输管理方面:强制卸货。《道路运输条例》第 62 条,道路运输管理机构的工作人员在实施道路运输监督检查过程中,发现车辆超载行为的,应当立即予以制止,并采取相应措施安排旅客改乘或者强制卸货。需要注意的是,本条规定的"安排旅客改乘"属于行政决定,不属于行政强制措施。

海事管理方面:

(1)强制拆除种植、养殖设施(《港口法》第 54 条)。

(2)强制消除港口安全隐患(《港口法》第 55 条)。

(3)消除船舶致水污染(《水污染防治法》第 80 条)。

(4)强制打捞(《海上交通安全法》第 40 条、《内河交通安全管理条例》第 75 条)。

(5)强制拆除擅自设置的渡口、强制恢复擅自撤销的渡口(《内河交通安全管理条例》第 72 条)。

(6)强制设置标志(《内河交通安全管理条例》第 75 条)。

(7)强制拖离违法停泊的船舶(《内河交通安全管理条例》第 69 条)。

(8)强制卸载船舶超载运输货物(《内河交通安全管理条例》第 82 条)。

第二节　交通运输执法机关实施行政强制执行适用的程序

行政强制执行以当事人不履行已经生效的决定为前提,如果没有行政决定,就无行政强制执行。一般情况下,交通运输方面的行政决定有责令改正、责令限期拆除、责令恢复原状、行政处罚等决定。

一、行政强制执行的一般程序

(1)交通运输行政强制执行催告。

催告程序是指当义务人逾期不履行生效法律文书中指定的义务时,交通运输执法机关通知义务人在一定期限内自觉履行义务,并告知相对人不履行义务时要产生的对其不利后果的程序,其目的是使相对人明悉强制执行的可能性,督促其履行义务,是对相对人的再一次说服教育,有助于实现"自动履行"的原则。故催告执行通知书虽然是一个法定程序,但该通知书不是交通运输执法机关或者申请法院执行的对象,也不是法院实际执行的依据,它不对相对人的权利义务产生实际影响。根据《最高人民法院关于执行〈中华人民共和国行政诉讼法〉若干问题的解释》第1条第2款:"……公民、法人或者其他组织对下列行为不服提起诉讼的,不属于人民法院行政诉讼的受案范围:……(六)对公民、法人或者其他组织权利义务不产生实际影响的行为。"之规定,交通运输执法机关作出的催告执行通知书,不属于人民法院行政诉讼的受案范围。

交通运输行政强制执行催告,一是要书面催告;二是催告书载明的内容。载明的内容包括:

①履行义务的期限。行政机关根据当事人应当承担义务的具体情况,合理设定期限,一是预留当事人正常履行义务的时间;二是预留当事人陈述和申辩的时间。

②履行义务的方式。

③涉及金钱给付的,应当有明确的金额和给付方式。

④当事人依法享有的陈述权和申辩权以及当事人行使陈述申辩权的期限。

不需要催告的情形:

A. 立即实施的代履行。《行政强制法》第52条规定:"需要立即清除道路、河道、航道或者公共场所的遗洒物、障碍物或者污染物,当事人不能清除的,行政机关可以决定立即实施代履行;当事人不在场的,行政机关应当在事后立即通知当事人,并依法作出处理。"立即实施代履行所针对的事项时间紧迫,如不及时处理,可能会影响正常的行政管理秩序,也会给他人带来不便。而催告程序需要一定的期限,实施立即代履行无法适用催告程序。

B. 加处罚款。《行政强制法》第45条规定:"行政机关依法作出金钱给付义务的行政决定,当事人逾期不履行的,行政机关可以依法加处罚款或者滞纳金。"根据这一规定,行政机关的执行罚不以催告为前提。

(2)催告书送达。按照《行政强制法》第38条的规定,催告书以直接送达当事人为一般要求,只有在当事人拒绝接收或者无法直接送达当事人的情况下,交通运输执法机关才可以依照《民事诉讼法》规定的其他方式送达。

(3)当事人陈述、申辩。

(4)交通运输行政机关听取当事人的意见进行记录、复核并决定是否采纳。

(5)经催告,当事人逾期且无正当理由不履行行政决定,行政机关作出并送达《行政强制执行决定书》,载明以下内容:

①当事人的姓名或者名称、地址。

②强制执行的理由和依据。

③强制执行的方式和时间。

④申请行政复议或者提起行政诉讼的途径和期限。

⑤行政机关的名称、印章和日期。

按照《行政强制法》第38条的规定,《行政强制执行决定书》以直接送达当事人为一般要求,只有在当事人拒绝接收或者无法直接送达当事人的情况下,交通运输执法机关才可以依照《民事诉讼法》规定的其他方式送达。

(6)属于对违法的建筑物、构筑物、设施等需要强制拆除的,应当由行政机关予以公告,限期当事人自行拆除。

（7）强制执行。

①对违法的建筑物、构筑物、设施（包括知道所有人和不知道所有人的两种情形）等需要强制拆除的，在公告之日的次日起 3 个月内，当事人在法定期限内不申请行政复议或者提起行政诉讼，又不拆除的，行政机关可以依法强制拆除。

②对需要立即清除道路、航道的遗洒物、障碍物或者污染物（如车载货物遗洒路面、故障车辆占用公路路面的），行政机关可以不受前述规定程序的限制，执行分两种情况：一是当事人在场的，责令当事人清除，当事人不能清除的，行政机关可以决定立即实施代履行；二是当事人不在场的，行政机关应当在事后立即通知当事人，并依法作出处理。

③公路管理机构扣留车辆、工具的，当事人在逾期不接受处理，并且经公告 3 个月仍不来接受处理的，对扣留的车辆、工具，公路管理机构可以按照《行政强制法》第 46 条第三款、第 48 条的规定处理。

二、代履行

代履行体现了对当事人人格和自由的尊重，立法者认为代履行是被普遍授权的，它与执行罚（加处罚款和加收滞纳金），都属于间接强制，是一项轻微、缓和的行政处理措施，而直接强制执行方式须有专门的特别授权。

1. 关于代履行及法律特征

代履行是指当事人拒绝履行或者没有能力履行义务时，行政机关决定由他人代替当事人履行义务，履行费由当事人承担。代履行是与执行罚、直接强制执行并列的一种强制执行方式。

交通运输行政执法机关依法作出要求当事人履行排除妨碍、恢复原状等义务的行政决定，当事人逾期不履行，经催告仍不履行，其后果已经或者将危害交通安全、造成环境污染或者破坏自然资源。

第一，从主体上看，代履行的主体可以是交通运输执法机关，也可以是第三人。代履行作为行政强制执行的一种方式，其实施行政强制的行政主体应当是交通运输执法机关，在实施代履行中也一样。但代履行与其他执行方式不同的是，它除了作为执行主体的交通运输执法机关外，还存在代履行的主体。这个代履行主体，可以是作为原行政执行机关的行政机关，也可以是交通运输执法机关以外的第三人。这里所说的第三人，与当事人没有关系，其具有独立地位，不依附于行政机关，根据与行政机关之间的委托协议履行义务，其委托内容是当事人应当履行的义务而不是行政强制执行权。其性质类似"慷他人之慨"，即将代履行限定在"做好事"事项（主要在后果已经或者将危害交通安全、造成环境污染或者破坏自然资源的情形下适用），如对车辆代为采取防护措施、代为种树等不涉及当事人财产或者不减损当事人价值的建设性代履行，而非拆违章建筑等破坏性行为。代履行主体在其他执行方式中是不可能出现，也不需要存在的。从行政法理上说，作为执行主体的交通运输执法机关行政机关与作为代履行主体的交通运输执法机关行政机关或者第三人，其法律身份是不同的：前者是行政主体，后者是行为主体。

第二，从适用义务上，代履行针对的只能是作为义务并且是可替代义务的情况。行政强制执行的本质是对当事人行政义务的执行，这种行政义务由行政决定所确定，并有多种类别，如有作为义务与不作为义务、可替代义务与不可替代义务之分。而代履行就是针对当事人的作为义务和可替代义务而实施的。这类义务用《行政强制法》第50条的表述，就是当事人负有"履行排除妨碍、恢复原状等义务"。针对此外的不作为义务和不可替代义务，采取代履行执行方式是无法达到目的的。

第三，从适用领域看，代履行只允许适用于交通安全、环境污染防治和自然资源保护这三个领域。之所以要做这一限制，是因为在代履行中，代履行主体可以向当事人收取执行费用，把握不好，会导致交通运输执法机关将不得收费的直接强制都转换为可收费的代履行。所以必须强调，代履行的适用不得超越上述三个领域。对三个领域不得做扩大解释。因此，例如对于由《国有土地上房屋征收与补偿条例》规定的对被征收人房屋的拆除的行为则不适用代履行。

第四，从执行手段上看，代履行属于间接强制而不是直接强制，而且其核心是"义务的替代履行"。正如有专家所解释的，"对当事人而言是作为义务转化为金钱给付义务，对交通运输执法机关而言是通过代履行，避免了强制手段的使用，实现了行政管理目的，恢复了行政管理秩序。"

第五，从收费上看，代履行的费用由当事人承担。从《行政强制法》的立法精神来看，交通运输执法机关实施行政强制执行不得向当事人征收执行费用。理由是，行政强制执行属于国家公务行为，国家公务行为的费用是纳入国家预算的，而国家的财政收入本身就部分来源于纳税人所纳的税。唯独代履行不同，因为代履行是由于当事人拒绝履行有关行政义务发生，并且形成了新的履行关系，就此导致的代履行费用是不该由行政机关或者第三人承担的。所以，《行政强制法》规定了由当事人承担代履行费用原则。

第六，从法律依据上看，代履行必须由法律设定。在《行政强制法》的制定过程中，有人主张代履行是否可以根据工作的需要，放宽到由行政法规设定，因为在现实中确有不少行政法规规定了代履行。最后，《行政强制法》还是坚持了由法律设定代履行的原则，以与"行政强制执行由法律设定"的原则相一致。《行政强制法》不仅规定了代履行由法律设定原则，而且通过第50条和第52条直接作了普遍性授权，即"只要符合法定代履行的情形，所有行政机关都可以实施代履行，不需要法律法规的单个授权。"

2. 交通运输执法机关法规定的具体情形

(1)代为清除掉落、遗洒、飘散车辆装载物。《公路安全保护条例》第43条。

(2)代为拆除公路建筑控制区内修建、扩建建筑物、地面构筑物或者未经许可埋设管道、电缆等设施以及在公路建筑控制区外修建的遮挡公路标志或者妨碍安全视距的建筑物、地面构筑物以及其他设施。《公路安全保护条例》第56条。

(3)代为养护收费公路。《收费公路管理条例》第54条。

(4)交通运输法律法规规定的其他代履行。

3. 代履行的一般程序

(1)催告。

①履行义务的期限。交通运输行政执法机关根据当事人应当承担义务的具体情况，合理设定期限，一是预留当事人正常履行义务的时间；二是预留当事人陈述和申辩的时间。

②履行义务的方式。

③当事人依法享有的陈述权和申辩权以及当事人行使陈述申辩权的期限。

（2）经催告仍不履行，制作并送达《代履行决定书》。《代履行决定书》的内容包括：当事人的姓名或者名称、地址，代履行的理由和依据、方式和时间、标的、费用预算以及代履行人。

（3）再次催告。

代履行3日前，催告当事人履行。

（4）实施代履行。

代履行时，作出决定的行政机关应当派员到场监督。代履行完毕，交通运输行政执法机关到场监督的工作人员、代履行人和当事人或者见证人应当在执行文书上签名或者盖章。

4.代履行的费用

（1）在代履行决定书中应当载明预算费用，要求代履行费用应当事先明确。

（2）明确代履行费用按成本合理确定，代履行本身不应是惩罚机制，不应以加大当事人的负担为目的。因此，代履行收费不能是纯商业性的，可以有一定的利润，但应当以成本为基准将利润控制在合理范围内。

（3）代履行费用原则上由当事人承担，但法律另有规定的除外。

三、即时代履行

即时代履行，是指在法定的紧急情况出现时，当事人因不具备履行能力或者由于不在现场而不能履行的，为了立即解决出现的紧急情况或者危险状态，行政机关可以当即决定实施代履行。即《行政强制法》第52条："需要立即清除道路、河道、航道或者公共场所的遗洒物、障碍物或者污染物，当事人不能清除的，行政机关可以决定立即实施代履行；当事人不在场的，行政机关应当在事后立即通知当事人，并依法作出处理。"

条件：第一，法定紧急情况或者危险状态的出现。《行政强制法》第52条将即时代履行限定在影响公共交通安全与顺畅和影响公共场所安全与环境的范围内。第二，当事人对紧急情况或者危险状态的出现有责任，负有清除障碍、恢复原状的义务。第三，当事人由于不具备履行能力或者不在现场，而无法履行义务。

一般代履行需要催告，但即时代履行中，由于情况紧急，没有催告程序，当事人在场的，交通运输行政执法机关可以责令当事人履行义务，当事人不同意履行的，交通运输行政执法机关可以立即实施代履行。当事人不在场的，行政机关可以径直实施代履行，事后立即将出现的紧急情况、交通运输行政执法机关所做的即时代履行决定、代履行实施情况以及当事人应承担的责任和费用等情况通知当事人，并依法就责任追究、费用承担等问题作出处理。

第三节　申请人民法院强制执行

一、交通运输行政执法机关申请人民法院强制执行的概念、特征及功能

交通运输行政执法机关申请人民法院强制执行，是当事人在法定期限内不申请行政复议或者提起行政诉讼，又不履行行政决定的，没有行政强制执行权的交通运输行政执法机关可以

在法定期限内,依照法律规定向人民法院提出强制执行的申请,由人民法院进行审查并作出是否执行的裁定,从而实现行政决定所确定义务的制度。

交通运输行政执法机关申请人民法院强制执行,是行政强制执行制度的重要组成部分。在我国,交通运输行政执法机关申请人民法院行政强制执行的案件包括两类:一是行政诉讼案件判决或裁定的执行,即公民、法人或者其他组织拒绝履行人民法院生效的判决、裁定的,交通运输行政执法机关可以向人民法院申请强制执行;二是公民、法人或者其他组织拒不履行交通运输行政执法机关作出的行政决定,在法定期限内又不申请行政复议或者提起行政诉讼的,行政机关可以依照法律规定申请人民法院强制执行;由于此类强制执行并非因行政审判而发生,因而被称为行政非诉执行或非诉行政执行。

一般来说,交通运输行政执法机关申请人民法院强制执行的案件主要有以下特征。第一,案件的起因是公民、法人或者其他组织在法定期限内,不申请行政复议或提起行政诉讼,又不履行行政决定所确定的义务。第二,案件的申请人是没有行政强制执行权的交通运输行政执法机关,被执行人是公民、法人或者其他组织。第三,案件执行的内容是交通运输行政执法机关作出的具体行政行为,即行政决定。而且该行政决定还要有可执行的对象,包括对物和行为的执行。第四,案件执行的目的是保障没有行政强制执行权的行政机关作出的行政决定得以实现。由于承载具体行政行为内容的行政决定没有进入行政诉讼程序,因而不同于人民法院对经过行政诉讼判决维持的具体行政行为的执行,后者虽然实际执行的仍是具体行政行为的内容,但该具体行政行为已经过人民法院裁判,转化为司法决定。这是行政非诉执行案件与行政诉讼执行案件的本质区别。

交通运输行政执法机关依法申请人民法院强制执行,由人民法院对其申请以及行政决定进行审查和裁定,该制度设计的现实功能有三个方面。

一是规范功能。交通运输行政执法机关依法申请人民法院强制执行,有利于规范强制执行行为。行政决定是否合法,是否必须动用公权力保障其执行,涉及公权力和私权利之间的博弈。经过人民法院审查,发挥司法机关对行政权力的规范和监督作用,有利于减少强制执行中的盲目性和非理性,尤其是避免因地方政绩工程而带来的冲动,使交通运输行政执法机关在公权力行使过程中更加慎重。

二是保障功能。交通运输行政执法机关依法申请人民法院强制执行,有利于保障当事人的合法权益。在申请人民法院强制执行制度中,不经过司法机关的审查裁定,没有行政强制执行权的交通运输行政执法机关所作的行政决定及其确立的义务就不能实现。由地位相对超脱的第三方即人民法院来审查行政机关的申请,判断行政决定的合法性,可以在一定程度上降低甚至避免交通运输行政执法机关权力滥用的可能性,从而保障当事人的合法权益。

三是维护功能。交通运输行政执法机关依法申请人民法院强制执行,有利于维护公共利益。当事人在法定期限内不申请行政复议或者提起行政诉讼,又不履行行政决定,必然不利于公共利益的实现,因而需要国家公权力的介入。依法没有行政强制执行权的交通运输行政执法机关,申请人民法院对行政决定进行审查并作出裁定,有利于及时启动强制执行程序,促进行政目标的实现,维护公共利益。

二、行政机关的申请

1. 申请强制执行的前提条件

《行政强制法》第 53 条规定:"当事人在法定期限内不申请行政复议或者提起行政诉讼,又不履行行政决定的,没有行政强制执行权的行政机关可以自期限届满之日起 3 个月内,依照本章规定申请人民法院强制执行。"据此,交通运输行政执法机关申请人民法院强制执行,有两个基本的前提条件。一是当事人对交通运输行政执法机关作出的行政决定,不申请行政复议或者提起行政诉讼,又不自觉履行。二是向人民法院提出强制执行申请的,必须是没有行政强制执行权的交通运输行政执法机关。据此,行政强制执行权的设定遵循法律保留原则,凡是法律没有授权行政机关强制执行的,作出行政决定的行政机关都必须申请人民法院强制执行。

2. 申请强制执行的期限

申请强制执行的期限,是交通运输行政执法机关有权请求人民法院依法审理其强制执行申请的时间阶段。交通运输行政执法机关申请人民法院强制执行,必须遵守一定的期限,只有在法定期限届满之后,才能依法向人民法院提出强制执行的申请。同时,为提高强制执行的效率,尽快实现行政决定所确立的义务,保证法律的严肃性和有效性,法律对交通运输行政执法机关申请法院强制执行应当有一定的时限要求,交通运输行政执法机关不能无限期向人民法院申请强制执行其行政决定。

第一,如果法律规定当事人可以选择申请行政复议或者提起行政诉讼,当事人获知行政决定后,在法律期限内没有申请行政复议或者提起行政诉讼,又不履行行政决定的,没有强制执行权的交通运输行政执法机关可以在法定期限届满后申请人民法院强制执行。这种情况下的时间计算方法是,以当事人知道作出具体行政行为之日起的 3 个月为期满之日,以期满之日的次日为起点开始的 3 个月内,没有行政强制执行权的交通运输行政执法机关可以申请人民法院强制执行。

第二,如果交通运输行政执法机关作出具体行政行为时,未告知当事人诉权或者起诉期限的,应以当事人在知道或者应当知道诉权或者起诉期限之日起的 3 个月为期满之日,以期满之日的次日为起点开始的 3 个月内,没有行政强制执行权的交通运输行政执法机关可以申请人民法院强制执行。当然,当事人必须在从知道或者应当知道具体行政行为内容之日起的 2 年内行使诉权。

第三,如果当事人不知道交通运输行政执法机关作出的具体行政行为内容的,应以当事人在知道或应当知道该具体行政行为内容之日起的 3 个月为期满之日,以期满之日的次日为起点开始的 3 个月内,没有行政强制执行权的交通运输行政执法机关可以申请人民法院强制执行。当事人行使诉权的时间限制是,对涉及不动产的具体行政行为从作出之日起不超过 20 年,其他具体行政行为从作出之日起不超过 5 年。

第四,如果由于不属于当事人自身的原因超过起诉期限的,被耽误的时间不计算在起诉期间内。因人身自由受到限制而不能提起诉讼的,被限制人身自由的时间不计算在起诉期间内。在这种情况下,应以当事人不属于其自身原因消除或恢复人身自由之日起的 3 个月为期满之日,以期满之日的次日为起点开始的 3 个月内,没有行政强制执行权的行政机关可以申请人民法院强制执行。

第五，如果法律规定行政复议是最终的救济程序，而当事人在法定的 60 日期限内又没有申请行政复议的，这种情况下的时间计算方法是，以当事人知道作出具体行政行为之日起的 60 日为期满之日，以期满之日的次日为起点开始的 3 个月内，没有强制执行权的行政机关可以申请人民法院强制执行，超过 3 个月的，人民法院应当依法不予受理。

3. 催告

催告，是交通运输行政执法机关在申请人民法院强制执行前，应当先向在法定期限内不申请行政复议或者提起行政诉讼，又不履行行政决定的当事人发出通知，要求和督促其自觉履行行政决定的程序。

申请人民法院强制执行前的催告，主要内容是告知当事人违法的事实及可能的强制执行后果，使其意识到自己的错误，并在规定期限内自觉履行行政决定。行政机关申请人民法院强制执行前，催告是一个重要的必经程序。从目的来看，一方面是给当事人提供自我纠错的机会，为其留有自我履行义务的一定期限。另一方面，是避免行政机关的"突然袭击"，减轻当事人与行政机关之间的对抗情绪。通过事先的通知和告诫，使当事人意识到自己不履行行政决定所确立的义务，将必然导致公权力依法介入，产生对自己不利的后果，从而促使其自觉履行法律规定的义务。如果不经催告就直接申请人民法院强制执行，不仅不利于保护当事人的合法权益，也可能引发当事人与行政机关的对立局面，甚至还可能会激化矛盾。因此这样的制度设计符合立法精神，有利于降低执法成本，同时也是对当事人进行法治教育的机会。

《行政强制法》第 54 条规定，行政机关申请人民法院强制执行前，应当催告当事人履行义务，同时确定了催告书的书面载体形式。参照《行政强制法》第 35 条的规定，催告书应载明以下内容：当事人的权利、义务和责任；当事人履行义务的期限；当事人履行义务的方式，涉及金钱给付的，应有明确的金额和给付方式；当事人逾期仍不履行义务将可能产生的后果；当事人依法享有的陈述权和申辩权。

催告书送达 10 日后当事人仍未履行义务的，行政机关就可以向人民法院申请强制执行。值得注意的是，为有效保护当事人的合法权益，实现程序正义的价值，应参考《行政强制法》第 36 条的规定，允许当事人收到催告书后作出陈述和申辩，行政机关应当充分听取当事人意见，对其提出的事实、理由和依据应当进行记录和复核。如果当事人提出的事实、理由或者证据成立的，行政机关应当予以采纳，并重新审视之前作出的行政决定；如果当事人提出的事实、理由或证据不成立，行政机关就应当依法向人民法院提出强制执行的申请。

4. 提出申请

没有行政强制执行权的交通运输行政执法机关向人民法院提出强制执行的申请，是人民法院受理和审查程序的启动环节。人民法院只有在收到交通运输行政执法机关的申请以后，才能启动强制执行的审查程序，并裁定是否执行。

《最高人民法院关于执行〈中华人民共和国行政诉讼法〉若干问题的解释》第 91 条第 1 款规定："行政机关申请人民法院强制执行其具体行政行为，应当提交申请执行书、据以执行的行政法律文书、证明该具体行政行为合法的材料和被执行人财产状况以及其他必须提交的材料。"在此基础上，《行政强制法》第 55 条对行政机关向人民法院提交的材料，在形式和内容上都作了更为细致的要求。根据规定,行政机关向人民法院申请强制执行,应当提供的材料有:强制执行申请书;行政决定书及作出决定的事实、理由和依据;当事人的意见及行政机关催告情况;申请强制执行标的情况;法律、行政法规规定的其他材料。法律同时要求,强制执行申请书应当由行政机关负责人签名,加盖行政机关的印章,并注明日期。

三、人民法院的审理

交通运输行政执法机关向人民法院提出强制执行申请后,强制执行案件就进入人民法院的审理程序。

1. 管辖

人民法院强制执行案件的管辖,是人民法院系统内同级人民法院或者上下级人民法院之间,就受理执行案件所进行的权限分工。行政机关申请人民法院强制执行案件的管辖,主要涉及地域管辖和级别管辖。

根据《行政强制法》和《最高人民法院关于执行〈中华人民共和国行政诉讼法〉若干问题的解释》,行政非诉执行案件由申请人所在地的人民法院管辖,即行政机关向其所在地有管辖权的人民法院申请强制执行,这个所在地一般是指交通运输行政执法机关办公地点的所在地。如果强制执行的对象是不动产,交通运输行政执法机关应向不动产所在地的人民法院申请强制执行。这样的制度设计有利于提高强制执行的效率,节约司法资源。

2. 受理

受理是人民法院对交通运输行政执法机关申请人民法院强制执行的申请书以及有关材料进行初步审查,对符合法律规定的申请决定立案审理的行为。

人民法院接到交通运输行政执法机关强制执行的申请后,应当在 5 日内作出是否受理的裁定。对于不属于本院管辖的强制执行申请,可以裁定不予受理。《行政强制法》第 56 条第 2 款的规定:"行政机关对于人民法院不予受理的裁定有异议的,可以在 15 日内向上一级人民法院申请复议,上一级人民法院自收到复议申请之日起 15 日内作出是否受理的裁定。"据此,如果上一级人民法院经过复议,作出不予受理的裁定,则该裁定为产生效力的终局裁定,交通运输行政执法机关必须遵守。

值得说明的是,《行政强制法》第 56 条第 1 款规定:"人民法院接到行政机关强制执行的申请,应当在 5 日内受理。"从字面意思来看,这是要求人民法院在接到申请的 5 日内必须受理,而该条第 2 款又规定"行政机关对人民法院不予受理的裁定有异议的……"结合立法精神,我们认为,如果将"应当在 5 日内受理"理解为"应当在 5 日内作出是否受理的裁定",也许更能准确地表达出法律本身的应有之义。

3. 审查

人民法院裁定受理行政机关强制执行的申请后,案件进入审查程序。行政强制法对人民法院的审查环节规定了两类程序,即形式审查和实质审查。在审查方式上,实行"以形式审查为原则,实质审查为例外"的模式。

(1)形式审查

《行政强制法》第 57 条规定:"人民法院对行政机关强制执行的申请进行书面审查,对符合本法第 55 条规定,且行政决定具备法定执行效力的,除本法第 58 条规定的情形外,人民法院应当自受理之日起 7 日内作出执行裁定。"这里的书面审查是人民法院对交通运输行政执法机关所提供的书面材料进行的审查,相当于形式意义上的审查。审查的内容主要有:

一是审查交通运输行政执法机关是否依法提供了完整齐全的申请材料。《行政强制法》第 55 条规定:"行政机关向人民法院申请强制执行,应当提供下列材料:①强制执行申请书;②行政决定书及作出决定的事实、理由和依据;③当事人的意见及行政机关催告情况;④申请强制执行标的情况;⑤法律、行政法规规定的其他材料。强制执行申请书应当由行政机关负责人签名,加盖行政机关的印章,并注明日期。"行政机关提供的材料只有符合法律规定的要求,人民法院才能在此基础上对行政机关的申请予以审查,并作出是否执行的裁定。

二是审查交通运输行政执法机关所作出的行政决定是否具备法定执行效力。这里的"具备法定执行效力",主要是行政机关作出的行政决定已经发生法律效力,当事人在法定期限内没有申请行政复议或者提起行政诉讼,又不自觉履行。行政机关所作出的行政决定只有发生了法律效力,才具有执行效力,才有可能进入实施程序。

三是审查交通运输行政执法机关所作出的行政决定是否存在《行政强制法》第 58 条规定的"明显缺乏事实根据的,明显缺乏法律、法规依据的,其他明显违法并损害被执行人合法权益的"法定情形。如果存在这三项情形之一,人民法院就要听取被执行人和行政机关的意见,而不能仅仅实行书面审查后就作出裁定。

如果上述内容符合法律规定,人民法院应当自受理之日起 7 日内作出执行裁定。

(2)实质审查

根据《行政强制法》,人民法院在形式审查过程中,发现行政决定存在明显缺乏事实根据,明显缺乏法律、法规依据,或者其他明显违法并损害被执行人合法权益的情形,要予以实质审查,即《行政强制法》第 58 条第 1 款和第 2 款规定:"人民法院发现有下列情形之一的,在作出裁定前可以听取被执行人和行政机关的意见:①明显缺乏事实根据的;②明显缺乏法律、法规依据的;③其他明显违法并损害被执行人合法权益的。人民法院应当自受理之日起 30 日内作出是否执行的裁定。裁定不予执行的,应当说明理由,并在 5 日内将不予执行的裁定送达行政机关。"

人民法院对发现存在法定情形的行政决定予以实质审查,是从事实层面和法律层面对行政机关作出的行政决定予以审查。这涉及审查标准问题。人民法院审查交通运输行政执法机关申请强制执行案件的标准,是人民法院审查判断行政机关所做出的行政决定以及强制执行的申请是否合法,并以此作出裁定的法律标准。根据《行政强制法》第 58 条第 1 款和第 2 款的规定,我们可以看出,人民法院对行政机关申请强制执行案件的审查标准是,交通运输行政执法机关所作出的行政决定是否存在明显违法现象,也就是"明显违法标准",即明显缺乏事实根据,明显缺乏法律、法规依据,其他明显违法并损害被执行人合法权益。如果行政决定具备这些条件之一,人民法院在作出裁定前,可以听取被执行人和交通运输行政执法机关的意见,并作出是否执行的裁定。

根据《行政强制法》,在法定情况下,人民法院可以听取被执行人和行政机关的意见。至于听取被执行人和交通运输行政执法机关意见的方式,法律没有明确规定,实践中可以有座谈会、论证会、个别访谈、实地访问等形式。有观点主张,为了让人民法院更具体地了解实际情况,维护公共利益和当事人的合法权益,建议可以通过正式的听证会来听取当事人和交通运输行政执法机关的意见。

4. 裁定

行政机关申请人民法院强制执行程序中的裁定,是人民法院在依照法定的权限和程序对行政机关强制执行的申请进行审查后,就是否强制执行行政决定所作出的决定。人民法院作出裁定后,可能发生的法律程序有两种:如果人民法院裁定准予执行行政决定,案件进入强制执行的实施程序。如果裁定不予执行,人民法院应当说明理由,并在5日内将不予执行的裁定送达行政机关。

对于人民法院不予执行的裁定,行政机关如有异议的,法律赋予了其提起复议的权力,即《行政强制法》在第58条第3款规定:"行政机关对人民法院不予执行的裁定有异议的,可以自收到裁定之日起15日内向上一级人民法院申请复议,上一级人民法院应当自收到复议申请之日起30日内作出是否执行的裁定。"据此,上一级人民法院收到行政机关的复议申请后,如果作出的是执行裁定,那么案件就进入执行的实施阶段;如果作出的是维持下级人民法院不予执行的裁定,那么意味着该案件正式终结,行政机关的决定不再执行。行政强制法在此环节中规定复议程序,有利于规范和监督人民法院的审查权,提醒其依法审慎地作出是否强制执行的裁定,维护公共利益和当事人的合法权益。

四、强制执行裁定的实施

(一)强制执行裁定的实施主体

在实践中,行政机关申请人民法院强制执行的案件,既可以由人民法院组织实施,也可以由行政机关组织实施,其制度依据是《行政诉讼法》及其司法解释。例如,《行政诉讼法》第97条规定:"公民、法人或者其他组织对具体行政行为在法定期间不提起诉讼又不履行的,行政机关可以申请人民法院强制执行,或者依法强制执行。"《最高人民法院关于执行〈中华人民共和国行政诉讼法〉若干问题的解释》第87条对此作了补充规定:"法律、法规没有赋予行政机关强制执行权的,行政机关申请人民法院强制执行的,人民法院应当依法受理。法律、法规规定既可以由行政机关依法强制执行,也可以申请人民法院强制执行,行政机关申请人民法院强制执行的,人民法院可以依法受理。"

(二)强制执行裁定的实施期限

强制执行裁定的实施期限,是人民法院作出强制执行的裁定后,在一定时间阶段内完成执行行为,从而实现行政决定所确定的义务的时间阶段。《行政强制法》没有对人民法院实施强制执行的一般期限作出明确规定,只是在第59条规定:"因情况紧急,为保障公共安全,行政机关可以申请人民法院立即执行。经人民法院院长批准,人民法院应当自作出执行裁定之日起5日内执行。"这是在"情况紧急"、"为保障公共安全"的前提下,对人民法院实施强制执行的期限所作的要求。虽然《行政强制法》和《行政诉讼法》对于"情况紧急"之外的一般情况下,人民法院实施强制执行的期限都没有作出规定,但这并不意味着人民法院实施强制执行可以不受时限的约束。这里可以适用《最高人民法院关于人民法院办理执行案件若干期限的规定》(法发〔2006〕35 号)第一条的规定,即"非诉执行案件一般应当在立案之日起 3 个月内执结。有特殊情况须延长执行期限的,应当报请本院院长或副院长批准。申请延长执行期限的,应当在期限届满前 5 日内提出。"

五、人民法院强制执行的费用

强制执行的案件起因是被执行人不履行行政机关的决定,为维护公共利益,只能通过国家公权力的强制介入,实现行政管理目标。由此而发生的费用,理应由被执行人承担。我国《行政强制法》第 60 条第 1 款和第 2 款明确规定,强制执行的费用由被执行人承担。人民法院以划拨、拍卖方式强制执行的,可以在划拨、拍卖后将强制执行的费用扣除。扣除了强制执行费用之后的其余款项再还给被执行人,这些都体现了被执行人承担执行费用的原则。

第四节　行政强制执行适用的相关法律文书

(一)《行政强制执行催告书》

1. 适用

《行政强制执行催告书》的适用有两种情形:

(1)交通运输执法机关在依法作出行政决定后,当事人在行政机关决定的期限内不履行义务的,交通运输执法机关作出行政强制执行决定前,事先催告当事人履行义务时适用该文书。

(2)交通运输执法机关在依法作出行政决定后,当事人在法定期限内不申请行政复议或者提起行政诉讼,又不履行行政决定的,没有行政强制执行权的交通运输行政机关申请人民法院强制执行前,事先催告当事人履行义务时适用该文书。

2. 法律依据

《行政强制法》第 35 条:"行政机关作出强制执行决定前,应当事先催告当事人履行义务。催告应当以书面形式作出。"《行政强制法》第 54 条:"行政机关申请人民法院强制执行前,应当催告当事人履行义务。催告书送达 10 日后当事人仍未履行义务的,行政机关可以向所在地有管辖权的人民法院申请强制执行。"

3. 填写

无论是作出强制执行决定还是申请人民法院强制执行,据以执行的法律文书是行政机关作出的行政决定,而不是交通运输执法机关作出的《行政强制执行催告书》;当事人履行义务的范围和方式,限于行政决定规定的内容。因此,《行政强制执行催告书》是将行政决定的内容进行"重述",不能单独为相对人设立义务。

(1)关于当事人。当事人应当与准备执行的行政决定记载的相一致。

(2)关于告知当事人行政决定的有关事由及情况。事由为当事人的违法行为;有关情况为行政决定送达的具体时间,要与送达回证上记载的时间一致。

(3)关于告知当事人行政决定文书的种类及履行的内容:

①行政决定的形式属于《交通运输行政处罚决定书》的,在其编号前面的"□"内打"√";"履行标的"处填写《交通运输行政处罚决定书》决定罚款的具体金额;"履行期限"处填写《交通运输行政处罚决定书》决定罚款缴纳的具体期限期满后,交通运输执法机关决定给予的"宽限期";"履行方式"为《交通运输行政处罚决定书》中指定的银行及账户。对于不属于法律规定可以"将查封、扣押的财物拍卖抵缴罚款"的,在"到期不缴纳罚款的,每日按罚款数额的百分之三加处罚款"、"申请人民法院强制执行"编号前面的"□"内分别打"√",对属于法律规定可以"将查封、扣押的财物拍卖抵缴罚款"❶的,仅在法律规定"将查封、扣押的财物拍卖抵缴罚款"编号前面的"□"内打"√"。

②行政决定的形式属于《交通运输责令停止(改正)违法违章行为通知书》的,如《公路安全保护条例》规定的"责令补种"、"责令限期拆除"等,在其编号前面的"□"内打"√";法律、行政法规规定交通运输执法机关有行政强制执行权的,在"依法代履行或者委托第三人:＿＿＿＿＿＿＿＿＿＿代履行"编号前面的"□"内打"√";法律、行政法规未规定交通运输执法机关有行政强制执行权的,在"申请人民法院强制执行"编号前面的"□"内打"√"。

③行政决定的形式属于《交通运输行政强制执行(代履行)决定书》❷的,在其编号前面的"□"内打"√",在"依法代履行或者委托第三人:＿＿＿＿＿＿＿＿＿代履行"编号前面的"□"内打"√"。

④"执法人员"签名处应当由办案执法人员分别签名,不得代签,并填写各自的执法证号。

⑤本文书是按照当场送达方式设计的,由当事人在"当事人签名"签名,并注明送达的具体时间。

《行政强制执行催告书》式样,见图10-1。

(二)《行政强制执行公告》

1.适用

适用于依法拥有行政强制执行权的交通运输执法机关对违法建筑物、构筑物、设施等需要进行强制拆除,限期当事人予以拆除时向当事人及社会公告的文书。

2.法律依据

《行政强制法》第44条:对违法的建筑物、构筑物、设施等需要强制拆除的,应当由行政机关予以公告,限期当事人自行拆除。当事人在法定期限内不申请行政复议或者提起行政诉讼,又不拆除的,行政机关可以依法强制拆除。

---

❶按照《行政强制法》第46条第3款的规定,当事人在法定期限内不申请行政复议或者提起行政诉讼,经催告仍不履行的,在实施行政管理过程中已经采取查封、扣押措施的行政机关,可以将查封、扣押的财物依法拍卖抵缴罚款。由于现行交通运输方面的法律、行政法规均未对可以实施扣押财物行政强制措施作特别规定,因此从扣押期限上难以满足上述规定的条件。

❷其法律依据为《行政强制法》第50条的规定,行政机关依法作出要求当事人履行排除妨碍、恢复原状等义务的行政决定,当事人逾期不履行,经催告仍不履行,其后果已经或者将危害交通安全、造成环境污染或者破坏自然资源的,行政机关可以代履行,或者委托没有利害关系的第三人代履行。

行政强制执行催告书

案号：　　　字第　　号

当事人(姓名或单位名称)_____：

因你(单位)_____，本机关于_____年____月____日依法向你(单位)送达下列文书：

□1.《交通运输行政处罚决定书》，案号：_____

□2.《交通运输责令停止(改正)违法违章行为通知书》，案号：_____

□3.《交通运输行政强制执行(代履行)决定书》，案号：_____

现就有关事项催告如下，请你(单位)按要求自觉履行：

1. 履行标的：_____

2. 履行期限：_____

3. 履行方式：_____

4. 履行要求：_____

你(单位)逾期仍不履行的，本机关将依法采取以下措施：

□1. 到期不缴纳罚款的，每日按罚款数额的百分之三加处罚款。

□2. 根据法律规定，将查封、扣押的财物拍卖抵缴罚款。

□3. 申请人民法院强制执行。

□4. 依法代履行或者委托第三人：_____代履行。

你(单位)可在接到本催告书之日起三日内向本机关进行陈述或申辩；逾期不陈述或者申辩的，视为放弃陈述和申辩的权利。

交通运输行政执法机关(印章)

年　　月　　日

_____

执法人员：_____　执法证号：_____

执法人员：_____　执法证号：_____

当事人签名：_____　签收日期：_____年___月___日___时___分

(本文书一式两份：一份存根，一份交当事人或其代理人)

图 10-1　行政强制执行催告书

3. 填写

公告是催告的形式之一，但公告是广而告之，其特点是公开性和严肃性，向社会公开相关信息，接收社会监督。所以，《行政强制执行公告》仍然是将行政决定的内容进行"重述"。

(1)关于当事人。当事人应当与准备执行的行政决定记载的相一致。

(2)关于告知当事人行政决定的有关事由及情况。事由为当事人的违法行为；行政决定名称应当与已送达的行政决定名称一致。

(3)"于_____年___月___日___时前自行拆除违法的"处具体时间的填写，涉及当事人收到(看到)《行政强制执行公告》后履行自行拆除建筑物、构筑物、设施等的合理期限,因此要考虑给予当事人合理的期限。

(4)"执法人员"签名处应当由办案执法人员分别签名,不得代签,并填写各自的执法证号。

(5)本文书既有向社会公告的目的,又有通过公告方式再次催告的目的,所以无需再直接送达当事人。

《行政强制执行公告》式样,见图10-2。

行政强制执行公告

案号: 字 第 号

当事人(姓名或单位名称)＿＿＿＿＿＿＿＿＿＿＿＿＿:

＿＿＿＿＿＿＿＿＿＿＿＿＿＿＿＿＿＿＿＿＿＿—案,本机关依法作

出了＿＿＿＿＿＿＿＿＿＿＿＿＿＿＿＿＿决定,并于＿＿＿年＿＿月＿＿日,

向当事人＿＿＿＿＿＿＿＿＿＿＿＿＿送达了《行政强制执行决定书》(案号:＿＿＿＿＿

＿＿＿＿＿＿)。

依据《中华人民共和国行政强制法》第四十四条的规定,现责令你(单位)立即停止并自行拆除违法的建筑物、构筑物、设施等于＿＿＿年＿＿月＿＿日＿＿时前自行拆除违法的建筑物、构筑物、设施等。当事人在法定期限内不申请行政复议或者提起行政诉讼,又不拆除的,本机关依法强制拆除。

特此公告。

交通运输行政执法机关(印章)

年 月 日

＿＿＿＿＿＿＿＿＿＿＿＿＿＿＿＿＿＿＿＿＿＿＿＿＿＿＿＿＿＿＿＿＿＿

执法人员:＿＿＿＿＿＿＿＿＿ 执法证号:＿＿＿＿＿＿＿＿＿

执法人员:＿＿＿＿＿＿＿＿＿ 执法证号:＿＿＿＿＿＿＿＿＿

当事人签名:＿＿＿＿＿ 签收日期:＿＿＿年＿＿月＿＿日＿＿时＿＿分

图10-2 行政强制执行公告

(三)《中止(终结、恢复)行政强制执行通知书》

1.适用

《中止(终结、恢复)行政强制执行通知书》是交通运输执法机关决定并告知当事人中止、终止或恢复行政强制执行时使用的文书。适用于法律、行政法规规定由交通运输执法机关实施的行政强制执行。

中止执行:是指行政强制执行程序开始后,由于出现致使强制执行无法进行下去的特殊情形,交通运输执法机关暂时停止强制执行程序,待该情形消除后,继续执行的法定程序。

终结执行:是指在行政强制执行程序中,由于发生致使强制执行没有必要或不可能继续进

行的情形,交通运输执法机关依法结束强制执行程序。

恢复执行:中止执行的情形消除后,交通运输执法机关依法恢复强制执行的程序。

2. 相关法律

《行政强制法》第 39 条:有下列情形之一的,中止执行:

(1)当事人履行行政决定确有困难或者暂无履行能力的。

(2)第三人对执行标的主张权利,确有理由的。

(3)执行可能造成难以弥补的损失,且中止执行不损害公共利益的。

(4)行政机关认为需要中止执行的其他情形。

中止执行的情形消失后,行政机关应当恢复执行。对没有明显社会危害,当事人确无能力履行,中止执行满三年未恢复执行的,行政机关不再执行。

第 40 条:有下列情形之一的,终结执行:

(1)公民死亡,无遗产可供执行,又无义务承受人的。

(2)法人或者其他组织终止,无财产可供执行,又无义务承受人的。

(3)执行标的灭失的。

(4)据以执行的行政决定被撤销的。

(5)行政机关认为需要终结执行的其他情形。

3. 填写

①处填写当事人的姓名或名称,应当与《行政强制执行决定书》中的当事人一致。

②处填写案由应当与《行政强制执行决定书》中的当事人一致。

③处填写《行政强制执行决定书》制作的具体时间。

④处填写《行政强制执行决定书》送达的具体时间。

属于中止执行的,在"1"前面的"□"中打"√",并在"当事人履行行政决定确有困难或者暂无履行能力的"、"第三人对执行标的主张权利,确有理由的"、"执行可能造成难以弥补的损失"、"行政机关认为需要中止执行的其他情形"选择一项填写至⑤处。

属于终结执行的,在"2"前面的"□"中打"√",并在"公民死亡,无遗产可供执行,又无义务承受人的"、"法人或者其他组织终止,无财产可供执行,又无义务承受人的"、"执行标的灭失的"、"据以执行的行政决定被撤销的"、"行政机关认为需要终结执行的其他情形"选择一项填写至⑥处。

属于恢复执行的,在"3"前面的"□"中打"√",并在⑦处填写与《行政强制执行决定书》一致的案由,并在之后填写作出中止执行决定作出的具体时间。

属于协议执行的,在"4"前面的"□"中打"√",并在⑧处填写与《行政强制执行决定书》一致的案由,并在之后填写作出中止执行决定作出的具体时间。

"执法人员"签名处应当由办案执法人员分别签名,不得代签,并填写各自的执法证号。

本文书是按照当场送达方式设计的,由当事人在"当事人签名"签名,并注明送达的具体时间。

《中止(终结、恢复)行政强制执行通知书》式样,见图 10-3。

中止(终结、恢复)行政强制执行通知书

案号： 字 第 号

_____①_____ ：

你(单位) _____②_____ 一案,本机关依法于

___③___ 年___月___日作出了行政强制执行决定于___④___年___月___日向你(单位)

送达了《行政强制执行决定书》(案号：_____)。

□1. 现因_____⑤_____ ,根据《中华人民共和国行政强制法》第三十

九条第一款的规定,本机关决定自_____年___月___日起中止该行政强制执行。中止执行的情形

消失后,本机关将恢复执行。

□2. 现因_____⑥_____ ,根据《中华人民共和国行政强制

法》第四十条的规定,本机关决定终结执行。

□3. 你(单位) _____⑦_____ 一案,本机关于_____年

___月___日决定中止执行,现中止执行的情形已消失,根据《中华人民共和国行政强制法》第三十

九第二款的规定,决定从即日恢复执行。

□4. 因与你(单位)达成执行协议,本机关于___⑧___年___月___日中止该案的强制执行,

现因你(单位)不履行执行协议,根据《中华人民共和国行政强制法》第四十二条第二款的规定,决定

从即日恢复该案件的强制执行。

特此通知。

交通运输行政执法机关(印章)

年 月 日

_____

执法人员：_____ 执法证号：_____

执法人员：_____ 执法证号：_____

当事人签名：_____ 签收日期：_____年___月___日___时___分

(本文书一式两份：一份存根,一份交当事人或其代理人)

图 10-3 中止(终结、恢复)行政强制执行通知书

(四)《行政强制执行协议书》

1. 适用

《行政强制执行协议书》是交通运输执法机关在不损害公共利益和他人合法权益的情况

下,与当事人达成执行协议使用的文书。

本文书适用于执行和解,执行和解的形式是达成执行协议。从性质上讲,执行协议属于行

政合同,它既不同于由行政机关单方决定的行政决定,需要由行政机关与被执行人自愿协商达

成,共同约定协议的内容；又不同民事合同当事人上访具有平等性。在执行和解中,行政机关

居主导地位,但行政机关不得强迫行政相对人签订执行协议。执行协议不能违背行政决定所

要实现的目的,不能放弃行政机关的责任,更不得以损害公共利益和他人合法权益为代价签订执行协议。

执行协议对交通运输执法机关和被执行人都有约束力,双方都应当履行协议的内容。如果当事人未按照执行协议履行义务的,交通运输执法机关可以单方面恢复强制执行。

2. 相关法律

《行政强制法》第 42 条:实施行政强制执行,行政机关可以在不损害公共利益和他人合法权益的情况下,与当事人达成执行协议。执行协议可以约定分阶段履行;当事人采取补救措施的,可以减免加处的罚款或者滞纳金。

执行协议应当履行。当事人不履行执行协议的,行政机关应当恢复强制执行。

3. 填写

(1)填写当事人的姓名或名称,应当与《行政强制执行决定书》中的当事人一致。

(2)关于告知当事人行政决定的有关事由及情况。事由为当事人的违法行为;有关情况为行政决定送达的具体时间,要与送达回证上记载的时间一致。根据行政决定的内容,选择在对应的行政决定名称前的"□"中打"√",并填写相应的案号。

(3)"现因"后的一栏中填写"达成执行协议不损害公共利益和他人合法权益"。

(4)"同意你(单位)"后的一栏填写执行协议的内容。

属于执行罚款的,执行协议包括两项内容:

①行政机关可以与行政相对人履行行政义务的时间进行协商,可以约定行政相对人分阶段履行行政义务,如行政相对人确有经济困难,需要延期或者分期缴纳罚款的,可以通过执行协议约定暂缓或者分期缴纳。

②由于行政相对人未能如期履行行政决定所确定的义务,而导致被加处罚款或者滞纳金的,如果行政相对人能够采取补救措施的,可以减免加处的罚款或者滞纳金。

属于执行拆除违法建筑物、构筑物或其他改正义务的,可以约定分阶段履行义务,执行协议需要约定执行的期限。

《行政强制执行协议书》式样,见图 10-4。

(五)《行政强制执行决定书》

1. 适用

《行政强制执行决定书》是交通运输执法机关决定实施行政强制执行时使用的文书。

本文书适用于交通运输执法机关决定直接实施行政强制执行。

2. 相关法律

《行政强制法》第 37 条:经催告,当事人逾期仍不履行行政决定,且无正当理由的,行政机关可以作出强制执行决定。

强制执行决定应当以书面形式作出,并载明下列事项:

(1)当事人的姓名或者名称、地址。

(2)强制执行的理由和依据。

(3)强制执行的方式和时间。

行政强制执行协议书

案号：　　　字第　　号

当事人(姓名或单位名称)_____：

　　因你(单位)_____，本机关于____年___月
____日依法向你(单位)送达下列文书：

　　□1.《行政处罚决定书》，案号：_____

　　□2.《责令改正违法行为通知书》，案号：_____

　　□3.《行政强制执行(代履行)决定书》，案号：_____

　　现因_____，
依照《中华人民共和国行政强制法》第四十二条的规定，同意你(单位)：

_____

_____

_____

_____

_____

　　本执行协议送达之日起即发生法律效力。你(单位)不履行本执行协议的，本机关将依法恢复
强制执行。

交通运输行政执法机关(印章)

年　　月　　日

_____

执法人员：_____　执法证号：_____

执法人员：_____　执法证号：_____

当事人签名：_____　签收日期：____年___月___日___时___分

(本文书一式两份：一份存根，一份交当事人或其代理人)

图 10-4　行政强制执行协议书

　　(4)申请行政复议或者提起行政诉讼的途径和期限。

　　(5)行政机关的名称、印章和日期。

　　在催告期间，对有证据证明有转移或者隐匿财物迹象的，行政机关可以作出立即强制执行
决定。

　　3. 填写

　　填写要件为《行政强制法》第 37 条第 2 款规定的全部内容。

　　(1)"当事人"栏中，属于"公民"的，填写身份证或驾驶证上的姓名；属于"法人或者其他
组织"的，填写的单位名称，并与行政决定、《行政强制执行催告书》记载的当事人一致。

　　(2)"地址"栏中，属于"公民"的，填写户籍所在地地址或经常居住地；属于"法人或者其

他组织"的,地址以工商登记注册信息为准。并与行政决定、《行政强制执行催告书》记载的相一致。

(3)第二部分填写行政决定、《行政强制执行催告书》的有关情况,包括交通运输执法机关作出决定的时间、文号和确定的义务、期限,以及催告情况等。

(4)第三部分填写交通运输执法机关决定强制执行的方式和时间。

(5)第四部分填写当事人申请行政复议或者提起行政诉讼的途径和期限。交通运输执法机关分为县级以上人民政府交通运输主管部门、法律法规授权管理公共事务的组织、受交通运输部门委托实施处罚的组织三类。对交通运输主管部门作出的处罚决定不服的,按照《行政复议法》第12条的规定,告知当事人向该部门的本级人民政府申请行政复议,也可以向上一级主管部门申请行政复议;对法律法规授权管理公共事务的组织(如公路管理机构、道路运输管理机构、海事管理机构等)作出的处罚决定不服的,按照《行政复议法》第15条的规定,告知当事人向直接管理该组织的交通运输主管部门申请行政复议;对受交通运输部门委托的组织作出的处罚决定不服的,告知当事人以该交通运输部门为被申请人,按照《行政复议法》第12条的规定申请复议。

《行政强制执行决定书》式样,见图10-5。

行政强制执行决定书

案号　　　字　第　　号

当事人:_____

地　址:_____

　本机关依法作出了_____

____决定(案号:_____),于____年___月___日送达你(单位),并于____年___月___日向你(单位)送达了《行政强制执行催告书》(案号:_____),要求你(单位)依法履行_____。

　因你(单位)逾期仍不履行行政决定,且无正当理由,现根据《中华人民共和国行政强制法》第37条第2款的规定,决定于____年___月___日对你(单位)_____。

　对本决定不服的,可以在收到本决定书之日起六十日内向_____或者_____申请行政复议,或者在六个月内向_____人民法院提起行政诉讼。

交通运输执法机关(印章)
年　月　日

执法人员:_____　执法证号:_____

执法人员:_____　执法证号:_____

当事人签名:_____　签收日期:____年___月___日___时___分

(本文书一式两份:一份存根,一份交当事人或其代理人)

图10-5　行政强制执行决定书

（六）《行政强制执行（代履行）决定书》

1. 适用

《行政强制执行（代履行）决定书》是交通运输执法机关决定实施代履行使用的文书。

本文书适用于交通运输执法机关决定直接实施代履行。

2. 相关法律

第50条：行政机关依法作出要求当事人履行排除妨碍、恢复原状等义务的行政决定，当事人逾期不履行，经催告仍不履行，其后果已经或者将危害交通安全、造成环境污染或者破坏自然资源的，行政机关可以代履行，或者委托没有利害关系的第三人代履行。

第51条：代履行应当遵守下列规定。

（1）代履行前送达决定书，代履行决定书应当载明当事人的姓名或者名称、地址，代履行的理由和依据、方式和时间、标的、费用预算以及代履行人。

（2）代履行三日前，催告当事人履行，当事人履行的，停止代履行。

（3）代履行时，作出决定的行政机关应当派员到场监督。

（4）代履行完毕，行政机关到场监督的工作人员、代履行人和当事人或者见证人应当在执行文书上签名或者盖章。

代履行的费用按照成本合理确定，由当事人承担。但是，法律另有规定的除外。

代履行不得采用暴力、胁迫以及其他非法方式。

第52条：需要立即清除道路、河道、航道或者公共场所的遗洒物、障碍物或者污染物，当事人不能清除的，行政机关可以决定立即实施代履行；当事人不在场的，行政机关应当在事后立即通知当事人，并依法作出处理。

3. 填写

其法律要件为《行政强制法》第51条第1项规定的全部内容。

（1）"当事人"栏中，属于"公民"的，填写身份证或驾驶证上的姓名；属于"法人或者其他组织"的，填写的单位名称，并与行政决定、《行政强制执行催告书》记载的当事人一致。

（2）"地址"栏中，属于"公民"的，填写户籍所在地地址或经常居住地；属于"法人或者其他组织"的，地址以工商登记注册信息为准。并与行政决定、《行政强制执行催告书》记载的相一致。

（3）"因你（单位）_____"栏填写当事人的违法行为，属于一般代履行的，在"1"之前是"□"打√，填写《责令改正违法行为通知书》送达的具体时间及案号，履行的义务一栏填写交通运输专业法律法规的相关规定，如《收费公路管理条例》第49条规定的"强制拆除收费设施"，依据的规定一栏填写交通运输专业法律法规的相关规定，如"《收费公路管理条例》第49条规定"；属于即时代履行的，在"2"之前的"□"打√，依据的规定一栏填写交通运输专业法律法规的相关规定，如"《公路安全保护条例》第43条第2款"（及时清除掉落、遗洒、飘散在公路上的障碍物。）

（4）"代履行决定"的填写。

代履行人为交通运输执法机关的，在"本机关"之前的"□"打√；代履行人为第三人的，在

"第三人"之前的"□"打√,并填写委托代履行单位的名称。

代履行标的按照交通运输法律法规的规定填写,如《收费公路管理条例》第54条规定的"强制养护收费公路"、《道路交通安全法》104条规定的"对擅自挖掘的道路恢复原状"等。

代履行的时间按照决定实施代履行的具体时间填写,具体方式可按交通运输法律法规的规定填写。

代履行的费用(预算)按照实际预算填写。

(5)关于填写当事人申请行政复议或者提起行政诉讼的途径和期限。交通运输执法机关分为县级以上人民政府交通运输主管部门、法律法规授权管理公共事务的组织、受交通运输部门委托实施处罚的组织三类。对交通运输主管部门作出的处罚决定不服的,按照《行政复议法》第12条的规定,告知当事人向该部门的本级人民政府申请行政复议,也可以向上一级主管部门申请行政复议;对法律法规授权管理公共事务的组织(如公路管理机构、道路运输管理机构、海事管理机构等)作出的处罚决定不服的,按照《行政复议法》第15条的规定,告知当事人向直接管理该组织的交通运输主管部门申请行政复议;对受交通运输部门委托的组织作出的处罚决定不服的,告知当事人以该交通运输部门为被申请人,按照《行政复议法》第12条的规定申请复议。

《行政强制执行(代履行)决定书》式样,见图10-6。

(七)《行政强制执行申请书》

1.适用

《行政强制执行申请书》适用于交通运输执法机关依法作出行政决定后,当事人在法定期限内不申请行政复议或者提起行政诉讼,又不履行行政决定,经催告仍不履行义务。没有行政强制执行权的交通运输执法机关自期限届满之日起3个月内,根据《行政强制法》第53条、第54条的规定,向人民法院申请强制执行的文书。

2.相关法律规定

(1)行政强制法

第53条:当事人在法定期限内不申请行政复议或者提起行政诉讼,又不履行行政决定的,没有行政强制执行权的行政机关可以自期限届满之日起3个月内,依照本章规定申请人民法院强制执行。

第54条:行政机关申请人民法院强制执行前,应当催告当事人履行义务。催告书送达10日后当事人仍未履行义务的,行政机关可以向所在地有管辖权的人民法院申请强制执行;执行对象是不动产的,向不动产所在地有管辖权的人民法院申请强制执行。

第55条:行政机关向人民法院申请强制执行,应当提供下列材料。

①强制执行申请书。

②行政决定书及作出决定的事实、理由和依据。

③当事人的意见及行政机关催告情况。

④申请强制执行标的情况。

⑤法律、行政法规规定的其他材料。

行政强制执行(代履行)决定书

案号： 字 第 号

当事人：_____

地　　址：_____

　　因你(单位)_____

　　□1. 本机关于_____年____月____日向你(单位)送达《责令改正违法行为通知书》(案号：__

_____)，责令你(单位)限期(立即)履行_____的义务你(单位)

逾期不履行，依照《中华人民共和国行政强制法》第五十条以及_____

_____的规定。

　　□2. 依照《中华人民共和国行政强制法》第五十二条以及_____

_____的规定。

　　本机关依法作出代履行决定如下：

　　1. 代履行人：□本机关　□第三人：_____

　　2. 代履行标的：_____

　　3. 代履行时间和方式：_____

　　4. 代履行费用(预算)：_____,代履行费用据实决

算后，由你(单位)承担。

　　对本决定不服的，可以在收到本决定书之日起六十日内向_____或者_____

_____申请行政复议，或者在六个月内向_____人民法院提起行政诉讼。

交通运输行政执法机关(印章)

年　　月　　日

执法人员：_____ 执法证号：_____

执法人员：_____ 执法证号：_____

当事人签名：_____ 签收日期：_____年____月____日____时____分

(本文书一式两份：一份存根，一份交当事人或其代理人)

图10-6　行政强制执行(代履行)决定书

强制执行申请书应当由行政机关负责人签名，加盖行政机关的印章，并注明日期。

(2)行政诉讼法

第97条：公民、法人或者其他组织对行政行为在法定期间不提起诉讼又不履行的，行政机关可以申请人民法院强制执行，或者依法强制执行。

(3)最高人民法院关于执行《中华人民共和国行政诉讼法》若干问题的解释

第91条：行政机关申请人民法院强制执行其具体行政行为，应当提交申请执行书、据以执行的行政法律文书、证明该具体行政行为合法的材料和被执行人财产状况以及其他必须提交的材料。

3. 填写

（1）关于申请人。"申请人"一栏填写交通运输行政执法机关全称，"法定代表人"一栏填写交通运输执法机关正职负责人或者主持工作的负责人；"地址"和"联系电话"分别填写交通运输执法机关的地址和联系电话。

（2）关于被申请人。"当事人"栏中，属于"公民"的，填写身份证或驾驶证上的姓名；属于"法人或者其他组织"的，填写的单位名称，并与行政决定、《行政强制执行催告书》记载的当事人一致。"当事人"为公民的，无需填写法定代表人的及有关情况。并填写当事人的住址、邮编、联系电话等。

（3）案件名称应当与行政决定、《行政强制执行催告书》记载的一致，时间的填写为送达时间而非作出时间。

（4）申请执行的事项为行政决定、《行政强制执行催告书》明确要求当事人履行的义务。

（5）关于申请法院的填写，强制执行的标的为建筑物、构筑物的，申请法院为该不动产所在地的基层人民法院；强制执行的标的为罚款的，申请法院为交通运输执法机关所在地的基层人民法院。

（6）附件按照向人民法院提交的有关法律文书的名称及编号填写，同时"当事人的意见及行政机关催告情况"、"申请强制执行标的情况"及"法律、行政法规规定的其他材料"也要作为附件的内容。

（7）交通运输执法部门负责人签名以手签更符合法律规定。

《行政强制执行申请书》式样，见图 10-7。

（八）《送达回证》

1. 适用

《送达回证》是将有关交通运输执法文书送达当事人或相关部门的凭证。执法文书经合法送达才会产生相应的法律效力。一般情况下，影响当事人权益的文书，包括实体性文书（行政决定如《行政处罚决定书》《行政强制措施决定书》等）和程序性文书（如《违反行为告知书》《延长行政强制措施期限通知书》）等外部文书均需送达当事人。《送达回证》适用于采取直接送达、留置送达的送达方式。

2. 有关法律法规的规定

（1）《行政许可法》

第 26 条：行政许可需要行政机关内设的多个机构办理的，该行政机关应当确定一个机构统一受理行政许可申请，统一送达行政许可决定。

第 44 条：行政机关作出准予行政许可的决定，应当自作出决定之日起十日内向申请人颁发、送达行政许可证件，或者加贴标签、加盖检验、检测、检疫印章。

（2）《行政强制法》

第 38 条：催告书、行政强制执行决定书应当直接送达当事人。当事人拒绝接收或者无法直接送达当事人的，应当依照《中华人民共和国民事诉讼法》的有关规定送达。

第 51 条：代履行应当遵守下列规定。

行政强制执行申请书

案号：　　　字第　　号

申请人：_____

法定代表人：_____　身份证号：_____

地址：_____　联系电话：_____

被申请人：_____　证件号码：_____

法定代表人：_____性别：____年龄：___民族：____

地址：_____　联系电话：_____

　　本机关对_____一案，已依法于_____年___月___日向被申请人送达了《　　决定书》（案号：_____），于_____年___月___日向被申请人送达了_____（案号）《行政强制执行催告书》。由于被申请人在法定期限内没有申请行政复议或提起行政起诉，又未履行该行政决定，根据《中华人民共和国行政诉讼法》第九十七条和《中华人民共和国行政强制法》第五十三条的规定，特申请贵院强制执行下列项目：_____

_____

_____

　　此致

　　　　　　　　　　　　　　　　　　　　　　　　_____人民法院

　　附件：

　　1.《　　　　决定书》（案号：_____）_____份

　　2.《行政强制执行催告书》（案号：_____）_____份

　　3.其他材料：行政处罚卷宗（案号：_____）_____份

交通运输执法部门负责人（签名）：_____

交通运输行政执法机关（印章）

年　　月　　日

（本文书一式两份：一份存根，另一份送交人民法院）

图 10-7　行政强制执行申请书

　　代履行前送达决定书，代履行决定书应当载明当事人的姓名或者名称、地址、代履行的理由和依据、方式和时间、标的、费用预算以及代履行人。

　　（3）《行政处罚法》

　　第 40 条：行政处罚决定书应当在宣告后当场交付当事人；当事人不在场的，行政机关应当在 7 日内依照民事诉讼法的有关规定，将行政处罚决定书送达当事人。

　　3. 填写

　　"案件名称"栏填写案由。

　　"送达单位"栏填写送达执法文书的交通运输行政执法机关的全称。

　　"受送达人"栏，受送达人为单位的，填写单位名称；受送达人为个人的，填写姓名。

　　"代收人"栏,受送达人为个人的,本人或法定代表人在场的,无需填写本栏。本人不在,代收人为其同住成年家属受送达人为单位的,法定代表人不在的,代收人为其代理人或其他负责人或负责收件的人员。

　　"送达文书名称、文号"栏,填写送达文书名称及文号。

　　"收件人签名(盖章)"栏,本人或法定代表人在场的,由受送达人本人在本栏签字。本人不在场的,受送达人为个人的,本人不在由其同住成年家属在此栏签名,并注明与受送达人关系;受送达人为单位的,法定代表人不在的,由其代理人或其他负责人或负责收件的人员在此栏签字。

　　"送达地点"栏,填写送达交通运输执法文书的具体地点。

　　"送达日期"栏,填写送达交通运输执法文书的具体时间,要具体到分钟。

　　"送达方式"栏,填写直接送达。在"备注"栏填写"受送达人拒收的理由"叙述有关邀请相关基层组织或其所在单位的代表作为见证人到场等情况,或者依照《民事诉讼法》的有关规定送达的情况。

　　"送达人"栏,填写负责送达的交通运输执法人员或委托的其他人员。

　　《文书送达回证》式样,见表10-1。

文 书 送 达 回 证

表 10-1

案件名称:＿＿＿＿＿＿＿＿＿＿＿＿＿＿＿＿＿＿＿＿＿＿＿＿＿＿＿＿＿＿＿

送达单位					
受送达人					
代收人					
送达文书名称、文号	收件人签名 (盖章)	送达 地点	送达 日期	送达 方式	送达人
				交通运输行政执法机关(印章) 年　　月　　日	
备注:					

　　注:1. 如受送达人不在场的,可交其同住的成年家属签收,并且在备注栏中写明与受送达人的关系。

　　2. 受送达人已经指定代收人的,交代收人签收,受送达人为单位的,交单位收发室签收。

　　3. 受送达人拒绝签收的,送达人应当邀请有关基层组织的代表或其他人员在场,说明情况,并在备注栏中写明拒收事实和日期。送达人在备注中签字。